《建筑工程施工发包与承包计价管理办法》释义

中国建设工程造价管理协会　编

中国计划出版社

图书在版编目（CIP）数据

《建筑工程施工发包与承包计价管理办法》释义/中国建设工程造价管理协会编. —北京：中国计划出版社，2014.4（2014.8 重印）
ISBN 978-7-80242-955-0

Ⅰ.①建… Ⅱ.①中… Ⅲ.①建筑造价管理－法律解释－中国 Ⅳ.①D922.297.5

中国版本图书馆 CIP 数据核字（2014）第 026538 号

《建筑工程施工发包与承包计价管理办法》释义
中国建设工程造价管理协会 编

中国计划出版社出版
网址：www.jhpress.com
地址：北京市西城区木樨地北里甲 11 号国宏大厦 C 座 3 层
邮政编码：100038 电话：（010）63906433（发行部）
新华书店北京发行所发行
三河富华印刷包装有限公司印刷

787mm×1092mm 1/16 17.25 印张 415 千字
2014 年 4 月第 1 版 2014 年 8 月第 2 次印刷
印数 5001—11000 册

ISBN 978-7-80242-955-0
定价：50.00 元

编写人员名单

徐惠琴　吴佐民　陈　东　谢洪学　张兴旺　朱宝瑞　席小刚　胡曙海　陈光云

编写说明

2001年10月25日原建设部发布了《建筑工程施工发包与承包计价管理办法》（建设部令第107号，以下简称107号部令）。107号部令发布施行以来，对规范建筑工程施工发包与承包计价行为，维护建筑工程发包与承包双方的合法权益，促进建筑市场的健康发展起到了重要作用。随着相关法律法规和标准规范的发布实施，107号部令部分内容显得比较滞后。为了适应建设市场和工程造价管理改革的需要，2009年住房城乡建设部启动了《建筑工程施工发包与承包计价管理办法》的修订工作。2013年12月，住房城乡建设部发布了修订后的《建筑工程施工发包与承包计价管理办法》（住房城乡建设部令第16号，以下简称《办法》），自2014年2月1日起施行。

为了更好地学习和实施《办法》，便于地方住房城乡建设主管部门以及建设、施工、监理、招投标及造价咨询企业等市场主体准确把握和理解《办法》内容，中国建设工程造价管理协会组织参与《办法》起草工作的有关同志编写了本书。本书分为三个部分：第一部分是修订概况，介绍了《办法》修订的过程、背景和主要内容；第二部分是条文释义，对《办法》逐条进行详细解释和说明；第三部分是附录，收录了与该《办法》有关的法律、行政法规、部门规章和部分规范性文件，以及有关省（直辖市、自治区）制定的工程造价管理条例或办法。在本书编写过程中，住房城乡建设部法规司、标准定额司给予了大力支持与具体指导，在此表示衷心地感谢！由于时间和水平有限，不妥和疏漏之处在所难免，敬请读者原谅，并不吝批评指正。

目　　录

第一部分 修订概况

一、修订过程

为了规范建筑工程施工发包与承包计价行为，维护建筑工程发包与承包双方的合法权益，促进建筑市场健康发展，2001 年 10 月 25 日原建设部以 107 号部令发布《建筑工程施工发包与承包计价管理办法》。107 号部令的相关规定源自 1999 年 1 月 5 日建设部发布的《建设工程施工发包与承包价格管理暂行规定》（建标〔1999〕1 号）。107 号部令自实施以来，对规范建筑工程施工发承包阶段，乃至实施、竣工阶段的计价行为起到了积极的促进作用。随着相关法律法规和标准规范的发布实施，部分内容显得比较滞后，为了适应建设市场和工程造价管理改革的需要，2009 年 6 月住房城乡建设部启动了《办法》修订工作。

在广泛调研的基础上，住房城乡建设部标准定额司会同法规司梳理了修订的主要内容，组织召开了《办法》修订工作大纲审查会，明确了修订的基本原则，并提出了具体的内容、时间、人员等要求。2009 年 9 月至 2010 年 3 月针对修订的主要内容，多次组织召开了专题研讨会，通过研讨确立了《办法》要完善工程量清单计价及其配套制度、解决工程款拖欠问题、推进全过程造价管理实施和工程造价纠纷调解制度等，经过反复研究和修改后完成了《办法》修订初稿。2010 年 6 月修订初稿送法规司后，法规司会同标准定额司进行了讨论修改，形成了征求意见稿，于 2010 年 7 月送部门和地方征求意见。根据各方意见，法规司会同标准定额司对征求意见稿逐条讨论修改。鉴于《办法》技术性强，涉及面广，法规司和标准定额司形成第二次征求意见稿，于 2012 年 11 月再次送国家发展改革委、财政部和各省（区、直辖市）建设行政主管部门征求意见。2012 年 12 月、2013 年 5 月，法规司和标准定额司先后在南宁、北京召开座谈会，听取地方建设主管部门（包括工程造价管理机构）、建设单位、施工单位、咨询企业、法律专家等的意见，重点讨论了最高投标限价、招标代理机构、合同价款约定方式、国有投资工程的竣工结算审核等问题。2013 年 11 月 28 日，住房城乡建设部第 9 次部常务会审议通过了《办法》草案，2013 年 12 月 11 日，住房城乡建设部以第 16 号部令向社会正式公布了修订后的《建筑工程施工发包与承包计价管理办法》，并自 2014 年 2 月 1 日起正式施行。

二、修订背景

修订《办法》，主要有几个考虑：一是推行工程量清单计价制度。2003 年原建设部发布了《建设工程工程量清单计价规范》GB 50500—2003，在全国推行工程量清单计价制度。目前已有超过 90% 的国有投资的招标工程实行了工程量清单计价。原建设部 107 号部令虽然规定了工程量清单制度，但只作为推荐性制度，是否采用由发包人自行决定，对此需要适应当前行业发展需求作出修改完善。二是落实最高投标限价制度。为了提高招标公开透明度，防止暗箱操作，有效控制投资总额，防止高价围标，2012 年 2 月实施的《中华人民共和国招标投标法实施条例》设定了最高投标限价制度，规定投标人的投标报价高于最高投标限价的，应否决其投标。《办法》需要落实《中华人民共和国招标投标法实施条例》的规定，建立最高投标限价制度，进一步明确最高投标限价的编制依据、公布方法等配套规定。三是预防和化解建设工程计价纠纷。2004 年，财政部会同原建设部印发了《建设工程价款结算暂行办法》（财建〔2004〕369 号），对合同价款内容、约定方式、价款调整等作了比较具体的规定，对于预防和化解价格纠纷作用显著。原建设部 107 号部令缺少这方面的规定，需要将规范性文件中成熟可行的做法上升为规章。四是加强监督检查。原建设部 107 号部令缺少对发承包计价活动的监管手段和监管措施，还需要进一步补充完善。

三、修订原则

《办法》修订中，坚持了以下几个原则：一是保持与现行国家法律、法规的一致性。本次修订内容主要是针对原建设部 107 号部令中不适应法律、法规要求的部分进行修订完善。重点是把握与现行法律、法规的一致性。二是保持原立法目的和框架体系不变。107 号部令的目的是规范承发包工程的计价行为，维护承发包双方的合法权益，立法目的明确，内容涵盖了从交易到结算的主要计价过程，其原则和框架体系能够满足其目的要求，本次修订在框架体系上不作调整。三是处理好与相关法规、规章的衔接和协调。本次修订在建筑法、合同法、招标投标法、价格法等上位法的框架下，突出细化和丰富涉及工程交易和工程实施阶段的工程造价管理内容，把国家法律与部门规章进行有效衔接。同时注重处理好与现行国家标准《建设工程工程量清单计价规范》GB 50500 的内容协调，并保持适当的前瞻性。四是强化监管，增强条文的可操作性和执行力。为了有效加强监督，本次修订对工程发承包计价的监管制度作了重点补充完善，既要规范工程交易阶段的价格确定原则、制度和程序，也要对实施阶段的工程合同价格履约、调整等进行必要的规定，为政府部门实施监督管理提供依据，同时便于相关人员的操作和执行。

四、修订的主要内容

与原建设部 107 号部令相比，本次修订主要作了以下修改完善：一是在《办法》中确立并完善了工程量清单制度。将编制工程量清单纳入《办法》的调整范围，规定国有资金投资的建筑工程，应当采用工程量清单计价；非国有资金投资的建筑工程，鼓励采用工程量清单计价；将工程量清单作为编制最高投标限价和投标报价的重要依据；规定工程量清单应作为招标文件的组成部分。二是导入了最高投标限价制度。将编制最高投标限价纳入《办法》的调整范围；规定国有资金投资的建筑工程招标的，应当设有最高投标限价；非国有资金投资的建筑工程招标的，招标人可以设有最高投标限价，也可以只设标底不设最高投标限价；规定最高投标限价的编制依据，即依据工程量清单、工程计价有关规定和市场价格信息等编制；规定最高投标限价的公布方法，除了公布最高投标限价的总价外，还应公布组成总价的分部分项费用；规定投标报价不得高于最高投标限价，如果高于最高投标限价的，评标委员会应当否决投标人的投标。三是预防和减少计价纠纷方面的完善。推广工程造价咨询制度，对建筑工程项目实行全过程造价管理；吸收了《建设工程价款结算暂行办法》和《建设工程工程量清单计价规范》的有关规定，补充完善了合同价款内容、合同价款的约定方式，以及合同价款的调整方法；规定预付工程款支付方式，明确按照合同价款或者年度工程计划额度的一定比例支付；完善了造价纠纷调解机制。四是加强政府主管部门的监督检查。为了加强监督管理，本次修订对工程发承包计价的监督管理作了重点补充，既要规范工程交易阶段的价格确定原则、制度和程序，也要对实施阶段的工程合同价格履约、调整等进行必要的规定。《办法》规定了最高投标限价及其成果文件，以及竣工结算文件应报县级以上地方人民政府建设主管部门备案；规定了建设主管部门有权采取的监督检查措施；对造价工程师、造价咨询企业的法律责任与有关规章作了衔接。

第二部分 条文释义

第一条 目的依据

【条文】第一条 为了规范建筑工程施工发包与承包计价行为，维护建筑工程发包与承包双方的合法权益，促进建筑市场的健康发展，根据有关法律、法规，制定本办法。

【要旨】本条是关于立法目的和立法依据的规定。

【释义】本条为立法目的和立法依据，属保留条款，与原建设部107号部令第一条表述完全保持一致，未作修改。

1. 立法目的

《办法》的立法目的是规范建筑工程施工发包与承包阶段的计价行为。对施工发包与承包阶段的理解应为施工招标策划开始至竣工验收后工程款支付完成，施工发包仅是建设工程计价活动的开始，招标投标、根据招标结果签订合同、履行合同阶段是发承包计价活动的组织实施，建设工程竣工和工程款支付完成是合同履约完毕和建设工程发承包计价活动的终结。维护发承包双方合法权益，促进建筑市场健康发展，是实现《中华人民共和国合同法》第一条“为了保护合同当事人的合法权益，维护社会经济秩序”的立法目的，以及第五条“当事人应当遵循公平原则确定各方的权利和义务”的立法原则，在工程发包与承包计价活动中的具体落实。工程造价管理立法工作在贯彻相关法律、法规和制度，体现规范工程计价行为的同时，要针对性地解决近年来社会公众日益关注的建筑市场中围标、串标、低价中标以及工程款拖欠、纠纷解决机制等突出问题，这就迫切需要规章作出相关制度安排。

这次对《办法》进行修订，主要目的在于：一是推行工程量清单计价制度的需要。2003年原建设部发布了《建设工程工程量清单计价规范》GB 50500—2003，在全国推行工程量清单计价制度。目前已有超过90%的国有投资的招标工程实行了工程量清单计价，工程量清单计价制度推广取得了显著成效。原建设部107号部令虽然规定了工程量清单制度，但只作为推荐性制度，是否采用由发包人自行决定，对此需要适应当前行业发展需求作出修改完善。二是落实最高投标限价制度的需要。为了提高招标公开透明度，防止暗箱操作，有效控制投资总额，防止高价围标，2012年2月实施的《招标投标法实施条例》设定了最高投标限价制度，规定投标人的投标报价高于最高投标限价的，应否决其投标。《办法》需要落实条例的规定，建立最高投标限价制度，进一步明确其编制依据、公布方法等配套规定。三是预防和化解计价纠纷的需要。2004年，财政部会同原建设部印发了《建设工程价款结算暂行办法》（财建〔2004〕369号），对合同价款内容、约定方式、价款调整等作了比较具体的规定，对于预防和化解价格纠纷作用显著。原建设部107号部令缺少这方面的规定，需要将规范性文件中成熟可行的做法上升为规章。四是加强监督检查的需要。原建设部107号部令缺少对发承包计价活动的监管手段和监管措施，还需要进一步补充完善。

2. 立法依据

《办法》的立法依据主要有《中华人民共和国建筑法》、《中华人民共和国招标投标法》、《中华人民共和国合同法》、《中华人民共和国价格法》（以下分别简称《建筑法》、《招标投标法》、《合同法》、《价格法》）四部主要法律，以及《中华人民共和国招标投标法实施条例》（以下简称《招标投标法实施条例》）等行政法规。此外，原建设部107号部令出台十余年来，关于建筑工程发包与承包计价管理，国家出台了许多重要的规范性文件，如：国务院办公厅发布了《关于切实解决建设领域拖欠工程款问题的通知》（国办发〔2003〕94号），最高人民法院出台了《最高人民法院关于审理建设工程施工合同纠纷案件适用法律问题的解释》（法释〔2004〕14号），建设部、财政部颁发了《建设工程价款结算暂行办法》（财建〔2004〕369号）。近年来，已有二十多个地方政府陆续以地方法规或地方规章的形式发布了工程造价管理条例或办法，对规范建设工程市场发承包的计价行为发挥了重要作用，也积累了成功的经验。这些行业发展证明切实可行的制度安排可以上升为规章。本次修订在符合《建筑法》、《合同法》、《招标投标法》、《价格法》等上位法的基础上，突出细化和丰富涉及工程交易与工程实施阶段的工程造价管理内容，把国家法律与部门规章进行有效衔接。同时注重处理好与有关规范性文件和规章的内容协调，并保持适当的前瞻性。

【名词解释】

（1）工程计价（Construction Pricing or Estimating）：指按照法律、法规和标准等规定的程序、方法和依据，对工程造价及其构成内容进行的预测或确定。《办法》所述的（发包与承包）计价是建设工程计价的简称。

（2）工程造价（Project Costs）：指工程项目在建设期预计或实际支出的建设费用。

（3）工程造价管理（Project Cost Management）：指综合运用管理学、经济学和工程技术等方面的知识与技能，对工程造价进行预测、计划、控制、核算、分析和评价等的工作过程。

第二条 适用范围

【条文】第二条 在中华人民共和国境内的建筑工程施工发包与承包计价（以下简称工程发承包计价）管理，适用本办法。

本办法所称建筑工程是指房屋建筑和市政基础设施工程。

本办法所称工程发承包计价包括编制工程量清单、最高投标限价、招标标底、投标报价，进行工程结算，以及签订和调整合同价款等活动。

【要旨】本条是关于适用范围和调整对象的规定。适用范围是中华人民共和国境内，调整对象是房屋建筑和市政基础设施工程施工发包与承包计价活动以及计价管理活动。

【释义】与原建设部107号部令第二条相比，适用范围未调整，即适用于在中华人民共和国境内的建筑工程施工发包与承包计价的管理。《办法》对房屋建筑和市政基础设施工程所表述的类别不再进行具体解释，以免挂一漏万。房屋建筑一般是指各类房屋建筑及其附属设施，以及与其配套的线路、管道、设备安装及装修等工程；市政基础设施工程一般是指城市道路、公共交通、供水、排水、燃气、热力、园林、环卫、污水处理、垃圾处理、防洪、地下公共设施，以及其附属设施的土建、线路、管道和设备安装等工程。

相关规章对工程造价咨询企业业务范围和注册造价工程师的执业范围都作了相应规定。《工程造价咨询企业管理办法》（建设部令第149号）第二十条规定了工程造价咨询业务范围：（一）建设项目建议书及可行性研究投资估算、项目经济评价报告的编制和审核；（二）建设项目概预算的编制与审核，并配合设计方案比选、优化设计、限额设计等工作进行工程造价分析与控制；（三）建设项目合同价款的确定（包括招标工程工程量清单和标底、投标报价的编制和审核）；合同价款的签订与调整（包括工程变更、工程洽商和索赔费用的计算）及工程款支付，工程结算及竣工结（决）算报告的编制与审核等；（四）工程造价经济纠纷的鉴定和仲裁的咨询；（五）提供工程造价信息服务等。工程造价咨询企业可以对建设项目的组织实施进行全过程或者若干阶段的管理和服务。《注册造价工程师管理办法》（建设部令第150号）第十五条规定了注册造价工程师的执业范围：（一）建设项目建议书、可行性研究投资估算的编制和审核，项目经济评价，工程概、预、结算、竣工结（决）算的编制和审核；（二）工程量清单、标底（或者控制价）、投标报价的编制和审核，工程合同价款的签订及变更、调整、工程款支付与工程索赔费用的计算；（三）建设项目管理过程中设计方案的优化、限额设计等工程造价分析与控制，工程保险理赔的核查；（四）工程经济纠纷的鉴定。

本条第三款是对工程发承包计价内容的解释，依据了《工程造价咨询企业管理办法》（建设部令第149号）、《注册造价工程师管理办法》（建设部令第150号），并结合了近年来行业发展的实践。与107号令相比，增加了“工程量清单”、“最高投标限价”内容，删除了“施工图预算”，将“签订合同价”修改为“签订和调整合同价款”。

1．将编制工程量清单纳入调整范围

目前，全国除西部个别省份外均已施行工程量清单制度，大多数省份还建立了配套的措施，取得了良好的效果。因为工程量清单制度已经在我国广泛实施，并取得了较好的效果，所以明确将编制工程量清单纳入《办法》调整范围是可行的，也是必要的。推广工程量清单计价制度有以下作用；①工程量清单反映了一个具体工程的实物消耗和有关费用，以工程量清单招标投标计价，能够结合工程的具体情况进行定价，更能反映工程的个别成本及实际造价；②工程量清单作为招标文件和合同文件的一部分，推行工程量清单招标，对于规范招标投标中计价行为能起到积极的作用；③推行工程量清单投标报价是工程造价管理改革的一项具体措施，施工企业或承包单位通过招标文件提供的工程量清单，根据企业的自身技术和管理水平进行自主报价，有利于市场竞争机制得到更充分的发挥；④推行工程量清单招标与投标报价可以加强工程实施中对结算与合同价的管理，工程量清单作为工程结算的主要依据之一，有利于工程变更、工程款支付与结算方面的规范管理。

2．将编制最高投标限价纳入调整范围

“最高投标限价”等同于《建设工程工程量清单计价规范》中规定的“招标控制价”。为了提高招标公开透明度，防止暗箱操作，有效控制投资总额，防止高价围标，2008年《建设工程工程量清单计价规范》GB 50500—2008实施后，工程招标投标领域建立了招标控制价制度。2012年2月实施的《招标投标法实施条例》设定了最高投标限价制度，规定投标人的投标报价高于最高投标限价的，应否决其投标。考虑到《招标投标法实施条例》是《办法》上位法之一，《办法》中使用了“最高投标限价”取代了行业习惯用语“招标控制价”一词，但两者含义完全相同。

3. 不再将编制施工图预算纳入调整范围

删除“施工图预算”，主要是基于以下几点原因：一是因为采用招标投标形式发包的工程一般不再使用通过施工图预算这种表现形式来确定招标标底、进行投标报价以及确定合同价款；二是非招标形式发包的工程，虽然仍存在通过这种表现形式来确定合同价款，但工程量清单计价亦可实现该目的，为了便于推广更适合市场经济要求的工程量清单这一形式，《办法》不再强调“施工图预算”这一表述方式。

4.“合同价”和“合同价款”的区别

关于“合同价”和“合同价款”的区别在于，一般认为“合同价”是一个确定的数值，侧重于表现合同对价的数量值，而“合同价款”则包括确定的数值及支付的条款，侧重于表现与合同对价有关的条款、内容。从逻辑关系上说，“合同价款”的内涵外延大于“合同价”。

地方在制订实施细则时，可结合各地实际情况对适用范围进行细化，也可以围绕确定和调整合同价款等内容进一步展开，如增加编制工程款支付文件、处理工程索赔，进行工程造价鉴定等。

【名词解释】

（1）工程量清单（Bill of Quantities）：指建设工程文件中载明各分部、分项工程名称、单位、特征和工程数量等的明细表（见《工程造价术语标准》GB/T 50875—2013）。在《建设工程工程量清单计价规范》GB 50500—2013中对工程量清单的定义是载明建设工程分部分项工程项目、措施项目、其他项目的名称和相应数量以及规费、税金项目等内容的明细清单，其是根据计价的费用构成来定义的，二者略有区别。

（2）最高投标限价（Control Price of Bid Invitation）：即招标控制价，是指根据国家或省（自治区、直辖市）人民政府住房城乡建设主管部门颁发的有关计价依据和办法，依据拟订的招标文件和招标工程量清单，结合工程具体情况发布的招标工程的最高投标限价。

（3）投标报价（或投标价，Bidding Price）：指投标人投标时响应招标文件要求所报出的在已标价工程量清单中标明的总价。

（4）标底（Bid Price）：指招标人对招标项目所计算的一个期望交易的价格。

（5）工程结算（Settlement）：指发、承包双方根据国家有关法律、法规规定和合同约定，对合同工程实施中、终止时、已完工后的工程项目进行的合同价款计算、调整和确认。

第三条　基本原则

【条文】第三条　建筑工程施工发包与承包价在政府宏观调控下，由市场竞争形成。

工程发承包计价应当遵循公平、合法和诚实信用的原则。

【要旨】本条作为工程发承包计价的基本原则，是保留条款，与107号部令第三条表述保持一致。

【释义】本条明确了发承包双方进行工程计价、定价的原则，也是《办法》的立法原则。按照《中华人民共和国立法法》的有关规定，立法应当坚持四个原则：一是宪法原则，立法不得同宪法相抵触；二是法治原则，立法应当依照法定的权限和程序，部门规章规定的事项应当属于执行法律或者国务院的行政法规、决定、命令的事项；三是民主原则，立法应当体现人民的意志，发扬社会主义民主，保障人民通过多种途径参与立法活动；四是科学原则，立法应当从实际出发，科学合理地规定公民、法人和其他组织的权利与义务、国家机关的权力与责任。

工程发承包计价应符合市场实际和价格运行机制。由于我国社会主义市场经济体制还在不断完善，建筑市场供大于求的状况比较明显，现阶段建筑市场秩序还不够规范，在强调市场竞争形成工程价格的同时，必须重视并发挥政府宏观调控的作用。对于工程发承包计价管理，政府调控主要表现在两个方面：一是制订有关工程发承包计价的法律、法规、标准（规则）、计价定额、价格信息等工程计价依据规范各方的行为、调整发承包双方的利益，引导市场的工程计价行为；二是加强对市场中不规范和违法计价行为的监督管理，以保证工程发承包计价的公平性、合法性和诚实信用性原则。最终达到“政府宏观调控，企业自主报价，竞争形成价格，监管有据可依”的目的。

根据全国人大常委会法制委员会制定的《立法技术规范（试行）（一）》（法工委发〔2009〕62号），“应当”与“必须”的含义没有实质区别，法律在表述义务性规范时，一般用“应当”，不用“必须”。“应当”的涵义与工程建设标准中的“必须”的涵义是一致的，均表示必须严格和无条件遵守的义务性规范。

第四条　职责分工

【条文】第四条　国务院住房城乡建设主管部门负责全国工程发承包计价工作的管理。

县级以上地方人民政府住房城乡建设主管部门负责本行政区域内工程发承包计价工作的管理。其具体工作可以委托工程造价管理机构负责。

【要旨】本条为工程发承包计价管理工作中各级主管部门的职责分工。

【释义】本条明确了各级政府主管部门的职责分工，为保留条款，与107号部令第四条表述保持一致，仅将“建设行政主管部门”修改为“住房城乡建设主管部门”。国务院住房和城乡建设主管部门负责全国工程发承包计价的统一监督管理工作。县级以上地方人民政府住房和城乡建设主管部门负责本行政区域内工程发承包计价的监督管理工作。国务院住房城乡建设主管部门的管理主要体现在：法律法规草案的起草、部门规章的制订，行业发展政策的制订，全国统一工程计价依据的制订，以及行业的管理与监督等。县级以上人民政府住房城乡建设主管部门负责本行政区域内的日常监督管理，对违法违规行为依法进行查处。鉴于工程造价管理是一项专业性和技术性极强的基础性工作，各地住房城乡建设主管部门可将具体工作委托工程造价管理机构负责。目前，各地基本都设有专门的工程造价管理机构，名称或许有一定的差异，无论是造价管理站（处），还是标准定额站（处），都可以接受政府主管部门的委托，负责相关的具体工作。为进一步明确其职责，本条进一步阐明具体工作可以委托工程造价管理机构负责。

对制订地方实施细则的建议：在制订地方实施细则时，可以根据《办法》进一步落实发承包计价工作在本地区的管理主体，明确工程造价管理机构的管理职责与内容。

第五条　造价咨询制度

【条文】 第五条　国家推广工程造价咨询制度，对建筑工程项目实行全过程造价管理。

【要旨】 本条明确了推广工程造价咨询制度，并鼓励实行全过程造价管理，本条为新增条款。

【释义】 工程造价咨询业是随着社会主义市场经济体制建立逐步发展起来的。在计划经济时期，国家以指令性的方式进行工程造价的管理，并且培养和造就了一大批工程概预算人员。20 世纪 90 年代中期以后，随着投资体制改革和投资主体多元化以及《招标投标法》的颁布，确定工程建设投资额更多的是通过招标投标竞争来实现。市场环境的变化，客观上要求有专门从事工程造价咨询的机构提供工程造价咨询服务。为了规范工程造价中介组织的行为，保障其依法进行经营活动，维护建设市场的秩序，在充分论证的基础上，原建设部发布了《工程造价咨询单位资质管理办法（试行）》（建标〔1996〕133 号），1996 年原人事部与原建设部发布了《造价工程师执业资格制度暂行规定》（人发〔1996〕77 号）。经过几年的发展，工程造价咨询企业的发展已具备一定的规模。为了加强对工程造价咨询企业资质的管理，2000 年 3 月，原建设部颁布了《工程造价咨询单位管理办法》（建设部令第 74 号）。为了规范工程造价咨询企业的发展，2000 年原建设部按照国务院办公厅《关于经济鉴证类社会中介机构与政府部门实行脱钩改制的意见》（国办发〔2000〕51 号）的精神，部署了工程造价咨询企业从人员、财务、业务、单位名称等方面与政府部门及受委托行使行政管理职能的事业单位、社会团体和集团公司脱钩，并改制为主要由造价工程师执业资格的人员出资的合伙制企业或有限责任制公司。工程造价咨询机构的脱钩改制，解除了工程造价咨询机构与政府部门的行政隶属关系，初步建立起工程造价咨询机构自主经营、自担风险、自我约束、自我发展、平等竞争的新秩序。2006 年 2 月原建设部修订了《工程造价咨询单位管理办法》，颁布了《工程造价咨询企业管理办法》。

工程造价咨询制度实施后，工程造价咨询业在市场的需求和部门政策的引导下，工程造价咨询业务和成果得到了各方的认可，工程造价咨询制度得到较好的推广，成为我国建设项目投资管理、工程审计以及司法鉴定的有效手段。通过委托专业的造价咨询企业进行工程造价控制，业主可以更加清楚自己的每一笔工程款花在什么地方，如何花出，有助于业主作出更好的决策，控制投资。与此同时，工程造价咨询业的业务不断拓展，逐步从阶段性的工程计价服务向全过程、全方位的更高层次的咨询服务发展，造价咨询企业在推广建设项目全过程造价管理方面取得了十分好的效果。目前，工程造价咨询业发展态势良好，造价工程师在工程建设项目中的地位显著提升，造价咨询企业在工程造价的确定与控制、以造价管理为核心的全面项目管理、建设项目全过程造价管理方面发挥着重要作用。因此，《办法》提出了通过造价咨询企业的全过程服务理念推行建设项目全过程造价管理，鼓励建设单位推行建设项目全过程造价控制。推广工程造价咨询制度和全过程造价管理符合2004年7月国务院颁布实施的《关于投资体制改革的决定》等我国现阶段投资管理体制改革的相关规定，符合国际惯例，有利于防止“三超”问题，加强投资项目工程造价的有效控制，提高投资效益。

为加强对工程造价咨询企业和造价工程师业务活动、执业质量的监管，住房城乡建设部标准定额司组织编制了国家标准《建设工程造价咨询规范》，即将发布实施。此规范针对当前工程造价行业改革与发展的要求，进一步明确了咨询业务范围、工作内容和有关技术要求，对提高工程造价咨询企业业务水平、规范执业行为等方面具有重要意义。目前，工程造价咨询业在法律法规的规范下，相关标准正在建立，这也为完善工程造价咨询制度，提高工程造价咨询质量，规范工程造价咨询企业和注册造价工程师、造价员的执业或从业行为提供了重要的技术保证。

对制订地方实施细则的建议：在制订地方实施细则时，可以将工程造价咨询制度、全过程造价管理的鼓励性条款在国有投资项目中进一步倡导和落实。

【名词解释】

（1）工程造价咨询（Construction Cost Consultancy）：指工程造价咨询企业接受委托方的委托，运用工程造价的专业技能，为建设项目决策、设计、发承包、实施、竣工等各个阶段工程计价和工程造价管理提供的有偿服务。

（2）工程造价咨询企业（Enterprise of Construction Cost Consultancy）：指取得工程造价咨询资质等级证书，接受委托从事建设工程造价咨询活动的企业。

（3）造价工程师（Cost Engineer）：指取得《造价工程师资格证书》，在一个单位注册从事建设工程造价管理活动的专业人员。

（4）全过程造价管理（Cost Management of Whole Construction Process）：指工程造价专业人员基于各自的工作岗位，应用工程造价管理的知识与技术，为实现建设项目决策、设计、发承包、施工、竣工等各个阶段的工程造价管理目标而进行的连贯性工作。工程造价咨询企业为投资方提供的建设项目全过程造价管理有偿服务即为全过程造价管理咨询。

第六条　施工发承包计价方式

【条文】第六条　全部使用国有资金投资或者以国有资金投资为主的建筑工程（以下简称国有资金投资的建筑工程），应当采用工程量清单计价；非国有资金投资的建筑工程，鼓励采用工程量清单计价。

国有资金投资的建筑工程招标的，应当设有最高投标限价；非国有资金投资的建筑工程招标的，可以设有最高投标限价或者招标标底。

最高投标限价及其成果文件，应当由招标人报工程所在地县级以上地方人民政府住房城乡建设主管部门备案。

【要旨】本条是对建筑工程计价方式的要求。一是对国有资金投资的建筑工程而言，采用招标形式发包的应采用工程量清单计价，并应当设有最高投标限价；二是对非国有资金投资的建筑工程而言，鼓励采用工程量清单计价，在招标时可以设最高投标限价，也可以编制标底；三是最高投标限价及其成果文件应由招标人报送到县级以上建设行政主管部门备案。

【释义】目前，我国建筑工程造价的计价主要有定额和清单两种方式。定额计价模式是建立在以政府定价为主导的价格管理模式，它所体现的是政府对建筑工程价格的直接管理和调控。改革开放以来，国务院、地方和行业有关部门在定额的发布方面作了大量的工作，并使其不断完善，任何建筑工程都可以在定额的子目下找到相应子项进行组价，为业主、企业计算工程价款提供了便利。但同时，定额也存在自身的缺陷：一是定额计价采取“量价”合一的计价模式，不利于风险的合理分担；二是定额计价模式对于工程量、价的表现形式不够直观，特别是在招投标阶段不利于管理和监督；三是我国加入 WTO 后，定额计价模式不能与国际惯例接轨。2003 年，为配合国家经济体制改革，建设主管部门开始推行与国际接轨的“量价分离”的清单计价模式。它是针对建筑工程施工发包与承包阶段，为适应建设工程招标投标制度需要，按照国家统一的规范，由招标人提供工程量清单，投标人自主报价的计价模式。此计价模式不仅能反映真实的市场价格和企业的技术、管理水平，而且增加了招投标的透明度。但基于目前的我国国情，工程量清单计价仍是基于定额的清单，需要政府部门发布的定额来组价，清单的表现形式相对固化。

1．“国有资金投资建筑工程”与“非国有资金投资建筑工程”在发承包计价管理上的区别

国有资金投资的建筑工程是指使用国有资金投资和国家融资投资的建筑工程项目。具体范围包括：使用各级财政预算资金的项目；使用纳入财政管理的各种政府性专项建设基金的项目；使用国有企事业单位自有资金，并且国有资产投资者实际拥有控制权的项目。与 107 号部令对应的第五条相比，主要是工程计价方法有所改变。目前，大多数地方以工程量清单计价方式取代了传统的定额计价方式，本条对国有资金投资和非国有资金投资的工程项目的计价方式进行了差异性规定。主要是基于以下几点原因：

一是符合法律的有关要求。《中华人民共和国合同法》规定：当事人依法享有自愿订立合同的权利，任何单位和个人不得非法干预。《中华人民共和国企业国有资产法》第三十六条规定，国家出资企业投资应当符合国家产业政策，并按照国家规定进行可行性研究；与他人交易应当公平、有偿，取得合理对价。《中华人民共和国审计法》第二十二条规定，审计机关对政府投资和以政府投资为主的建设项目的预算执行情况和决算，进行审计监督。《中华人民共和国审计法实施条例》第二十条规定：审计机关对政府投资和以政府投资为主的建设项目的总预算或者概算的执行情况、年度预算的执行情况和年度决算、单项工程结算、项目竣工决算，依法进行审计监督。《中华人民共和国政府采购法》规定，以合同方式有偿取得工程行为，包括建筑物和构筑物的新建、改建、扩建、装修、拆除、修缮等适用政府采购的有关规定。《中华人民共和国招标投标法》规定：“全部使用或者部分使用国有资金投资的项目必须进行招标”。基于上述法律的要求，对是否采用工程量清单计价参照《招标投标法》做法进行差异化对待，强调对国有资金投资的工程项目应采用工程量清单计价，促进国有投资项目，通过市场竞争形成工程价格，实现公平对价，便于对国有资金投资的建设工程在国家有关规定和标准的基础上实现更有效的监管。对非国有资金投资的工程项目鼓励采用工程量清单计价方式，是否采用工程量清单

计价方式由项目业主自主确定，这也符合《招标投标法》和《合同法》的基本原则和立法精神。

二是工程量清单计价是国际上通行的计价方法。工程量清单方式计价是市场经济下便于公平交易的一种计价方式，因其项目分类科学、规则清晰，较好地反映了工程交易的特点，是目前国际上施工发承包计价中较为通行的做法，无需法律强制。但是工程量清单不是唯一的计价方式，其他计价方式也可以实现交易阶段的工程计价，而且不同的发包方式或合同管理模式下工程量清单的项目划分、计算规则也是不同的。工程量清单计价是我国工程造价管理改革的一项制度设计，既有技术要求，也有管理要求。在"是否采用"的管理要求上区别对待是合适的。

三是国有投资采用工程量清单计价可起到示范带头作用。推行工程量清单计价是实现建筑产品市场调节价为主的价格属性的改革举措。在国有投资的建筑工程上强制采用工程量清单计价，有利于国有投资的透明交易、公平对价、有效监管、防止腐败，也可以总结经验，完善办法和规则，起到示范和导向作用。地方立法实践上，工程计价的管理方式上也普遍区别了国有投资建筑工程与非国有投资建筑工程。如《江苏省建设工程造价管理办法》第十一条第一款规定："全部使用国有资金投资、国有资金投资占控股或者主导的工程建设项目（以下统称国有资金投资项目），必须采用工程量清单方式计价。"《浙江省建设工程造价管理办法》第十六条规定："国有投资建设工程应当采用工程量清单计价"。《山东省建设工程造价管理办法》第二十一条规定："全部使用国有资金或者国有资金投资为主的工程以及公开招标的工程，应当采用工程量清单计价方法。"

2. 国有资金投资工程应强制应用工程量清单计价，鼓励社会投资工程采用工程量清单计价

工程量清单计价模式是适应市场经济体制的工程造价计价模式，目前在我国国有资金投资工程中强制应用清单计价，其主要原因在于：一是法律、法规规定了对清单计价的应用。《招标投标法》第三条规定：全部使用或者部分使用国有资金投资或者国家融资的项目必须进行招标。《招标投标法实施条例》第十五条规定："编制依法必须进行招标的项目的资格预审文件和招标文件，应当使用国务院发展改革部门会同有关行政监管部门制定的标准文本。"国家发展改革委、财政部等9部委联合发布的《〈标准施工招标资格预审文件〉和〈标准施工招标文件〉试行规定》（国家发展改革委令第56号）规定，将"工程量清单"作为《标准文件》的组成部分。因此，国有资金投资强制使用工程量清单计价有相应的法律、法规依据。二是有利于对国有资金使用的监督和管理。国有资金投资工程因其"公共性、公益性、公管性"，决定了其在工程计价上应执行统一、权威的计价规则，以保证国有资金投资的透明交易、公平对价和有效控制。清单计价模式更能体现招投标过程的公开、公平、公正原则，增加了招投标的透明度，对量价的控制更加直观，有利于对资金使用的监督和管理，防止暗箱操作，同时有效预防腐败行为的发生。三是有利于对清单计价制度的推广。工程量清单计价作为国际上通行的做法，在我国推广尚属初期，对国有资金投资工程规定采用工程量清单计价将起到示范效应，有利于总结经验，使全社会逐步应用这种计价模式。

鼓励社会投资工程对清单计价的应用。工程计价是一种市场行为，社会投资工程对清单计价的应用宜鼓励为主，理由如下：一是法律、法规未对社会投资采用何种计价模式作出明确规定。对国有资金投资工程强制推行使用清单计价，有法律、法规支撑；对社会投资工程采用何种计价方式，法律、法规没有强制要求，企业应有选择计价模式的权利。二是有利于清单计价的进一步完善。目前，我国一些民营企业采用企业自行编制的清单计价，其形式更加灵活；英、美等国家的清单经过近百年的发展，也存在多种不同表现形式，可适应企业对不同项目的实际需要。我国不强制社会投资工程使用政府统一发布的清单计价，有利于企业根据市场发展状况、企业管理技术水平、项目情况，发展适合本身的清单计价表现形式，也有利于借鉴国外清单计价模式，进一步完善我国清单计价制度，更好地服务企业、服务市场。三是有利于我国计价模式的创新和发展。定额计价在我国已使用多年，部分企业也习惯使用定额计价。对社会资金投资工程不强制推行某一种计价方式，多种计价方式并存，企业可根据项目实际情况，自行选择适合项目本身的、便捷的计价模式，将更有利于不同计价方式相互取长补短，不断创新发展我国工程计价模式，更好地满足市场需要。

2003 年原建设部发布了《建设工程工程量清单计价规范》GB 50500—2003，在全国推行工程量清单计价制度。目前已有超过 90% 的国有投资的招标工程实行了工程量清单计价，工程量清单计价制度推广取得了显著成效。107 号部令虽然规定了工程量清单制度计价制度，但只作为推荐性制度，是否采用由发包人自行决定，对此，《办法》为了适应当前行业发展需求作出修改完善，要求全部使用国有资金投资或者以国有资金投资为主的建筑工程（以下简称国有资金投资的建筑工程），应当采用工程量清单计价；非国有资金投资的建筑工程，鼓励采用工程量清单计价。

3．最高投标限价制度的引入

为了提高招标公开透明度，防止暗箱操作，有效控制投资总额，防止高价围标，2012 年 2 月实施的《招标投标法实施条例》设定了最高投标限价制度，规定投标人的投标报价高于最高投标限价的，应否决其投标。最高投标限价（招标控制价）是与工程量清单计价制度的一套配套制度。最高投标限价等同于《建设工程工程量清单计价规范》中的招标控制价，该制度是在 2008 年修订"计价规范"时首次提出的，即在工程发承包阶段以公开的招标控制价取代标底，招标控制价是公开的最高限额。其主要作用：一是对国有资金投资的建筑工程而言，当招标控制价超过批准概算时，可能存在项目投资不足问题，应重新审核；二是招标控制价可以有效控制项目投资，遏制高价围标，当投标报价高于招标控制价时，投标人的投标将被拒绝。三是投标人可对压低或不按国家有关规定编制的招标控制价进行质疑，防止个别招标人利用主体优势通过压低招标控制价，来恶意压低中标价的现象。《江苏省建设工程造价管理办法》第十一条第二款规定，国有资金投资项目采用招标方式发包的，应当编制招标控制价。《宁夏回族自治区建设工程造价管理条例》第二十四条规定，全部使用国有资金投资或者国有资金投资占主导地位的建设工程项目招标投标，应当设立招标控制价。

《招标投标法实施条例》设定的最高投标限价制度本质上与招标控制价是等同的，其目的有：一是防止"高价围标"和"低价诱标"，进一步实现公平交易；二是在特定的工程招标中取代标底制度。标底是招标人对招标项目所计算的一个期望交易的价格。相对于投标人而言，招标人在建设项目的工程管理及造价确定中，由于信息不对称的原因，相对处于弱势地位。尽管招标人通过标底确定了期望价格，但是该价格并不能直接反应市场供求关系，也不是通过公开竞争形成的，难以最大程度保护招标人利益。淡化标底，用最高投标限价制度取代标底，有利于促进竞争，同时也有利于防止泄露标底等违法和腐败现象的发生。对国有投资项目强制要求设立最高投标限价，与实施工程量清单计价的目的和意义是一致的，即促进国有投资项目在市场经济体制下，通过市场竞争形成工程价格，实现公平对价，同时加强对国有资金投资的建设工程监督管理。对于非国有资金投资项目可选择使用标底或者选择使用最高投标限价。

4．最高投标限价及其成果文件的备案制度

从目前大多数地方的实践来看，最高投标限价和竣工结算价备案制度有利于加强政府监管，对于规范合同订立、督促合同履行，减少合同纠纷，解决建设工程款拖欠等方面可以起到积极的作用，也可以在最高投标限价遇到投诉时作为重要的处理依据。同时，通过这两项备案制度能够收集、整理、更新、积累行业数据，解决工程造价管理机构信息渠道不畅、采集数据难、数据碎片化等问题，也有利于工程造价管理机构及时发布市场价格信息，更好地为行业提供公共服务。

本条明确了最高投标限价及其成果文件备案的报送人是招标人，接受备案单位是工程所在地县级以上地方人民政府住房城乡建设主管部门。关于最高投标限价的备案，是适用于各类招标工程的。该备案为告知性备案，不是行政许可，也不能变相当成行政许可，增加行政管理相对人的负担。所谓“告知性备案”，有两方面含义：对招标人而言，应当按照《办法》规定，及时将最高投标限价及其成果文件报工程所在地县级以上地方人民政府住房城乡建设主管部门；对县级以上地方人民政府住房城乡建设主管部门而言，对接受备案的材料一般不作实施审查，根据需要可进行形式审查。目的是便于政府主管部门接受对最高投标限价的投诉处理，加强对“高价围标”以及“低于工程成本”的监管。

对制订地方实施细则的建议：工程量清单计价制度和最高投标限价制度已经基本成熟，本条作了原则性规定。地方在制订时，一是可以进一步明确工程量清单和招标控制价施行的主体要求，二是进一步细化最高投标限价及其成果文件备案制度，对备案的程序、时限、内容、格式等作出相应规定。

【名词解释】

（1）工程量清单计价制度：指发承包双方通过工程量清单形式明确双方主要权利义务的一种制度。招标人发布工程量清单，投标人依据发布的招标工程量清单进行报价，招标人依据投标报价择优确定中标人（承包人）。工程量清单的作用贯穿于工程施工及合同履约的全过程，包括合同价款的确定、预付款的支付、工程进度款的支付，合同价款的调整，工程变更和工程索赔的处理，以及竣工结算和工程款最终结清等。

（2）最高投标限价：招标人根据国家或省级、行业建设主管部门颁发的有关计价依据和办法，按设计施工图纸计算的，对招标工程限定的最高工程造价。国有资金投资的工程建设项目应实行工程量清单招标，并应编制最高投标限价。

第七条　工程量清单编制

【条文】第七条　工程量清单应当依据国家制定的工程量清单计价规范、工程量计算规范等编制。工程量清单应当作为招标文件的组成部分。

【要旨】本条明确了对工程量清单的编制要求，为修订条款，与 107 号部令第八条相比，结合近年实施工程量清单计价的经验，以及《建设工程工程量清单计价规范》的不断完善，对工程量清单的编制依据和作用重新进行了规定。

【释义】本条一是强调了工程量清单的编制依据是工程量清单计价规范、工程量计算规范；二是强调了工程量清单是招标文件的重要组成部分，《标准施工招标文件》和《建设工程施工合同（示范文本)》均将工程量清单作为招标文件和合同的组成部分，招标的工程量清单作为招标文件的单独一章要一同发布。投标报价中的已标价工程量清单是投标文件的组成部分，中标时以此来签订施工合同。因工程量清单对投标报价和工程合同价款的确定、调整以及支付均至关重要，因此它是一个需要严格规范的技术性文件，需要以国家标准的形式加以规范。2003 年版和 2008 年版的《建设工程工程量清单计价规范》，均包括正文和附录两大部分，其正文部分规范了工程量清单计价的有关技术要求，附录部分是各专业工程的工程量计算规范。2013 年为完善工程造价管理标准体系，将计价与计量两部分进行了拆分，发布了《建设工程工程量清单计价规范》GB 50500—2013 及与其配套使用的 9 个工程量计算规范，形成了一个开放的工程量清单计价体系。

《建设工程工程量清单计价规范》规定的招标工程量清单编制依据包括：

（1）本规范（《建设工程工程量清单计价规范》和相关工程的国家计量规范；

（2）国家或省级、行业建设主管部门颁发的计价定额和办法；

（3）建设工程设计文件及相关资料；

（4）与建设工程有关的标准、规范、技术资料；

（5）拟定的招标文件；

（6）施工现场情况、地勘水文资料、工程特点及常规施工方案；

（7）其他相关资料。

一般而言，工程量清单计价制度实施包括以下几个步骤：

（1）发包人或委托咨询人编制招标工程量清单，发包人随招标文件发布招标工程量清单；

（2）投标人或委托咨询人按工程量清单进行投标报价；

（3）发包人与中标人（承包人）依据投标报价签订施工合同（一般宜以单价方式)，发包人对工程量负责，承包人对合同单价负责；

（4）发包人依据合同支付预付款，依据工程进度进行工程计量，并乘以相应的合同单价，确定付款金额，支付工程进度款；

（5）承包人依据施工图和工程变更等进行工程结算计量，依据合同单价和调整因素编制工程结算；

（6）发包人委托工程造价咨询企业依据合同、施工图和设计变更等进行工程结算计量，依据合同单价和调整因素审核工程结算，最后结算工程价款。具体流程图见图 1。

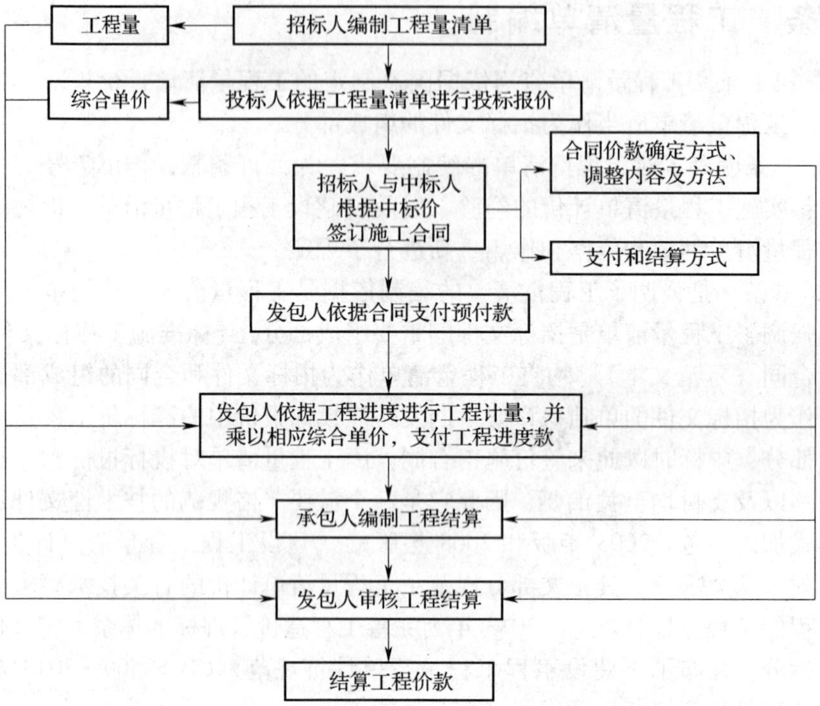

图1 工程量清单计价制度实施程序

对制订地方实施细则的建议：工程量清单的编制依据比较明确，以此条款编制即可，但可进一步明确对地方工程计价依据的使用要求。

第八条 最高投标限价编制

【条文】第八条 最高投标限价应当依据工程量清单、工程计价有关规定和市场价格信息等编制。招标人设有最高投标限价的，应当在招标时公布最高投标限价的总价，以及各单位工程的分部分项工程费、措施项目费、其他项目费、规费和税金。

【要旨】本条明确了对最高投标限价的编制要求和公布要求，为新增条款。

【释义】

1. 最高投标限价的编制依据

为配合建立和完善最高投标限价制度，本条增加了最高投标限价编制依据为工程量清单、工程计价有关规定和市场价格信息等。需要特别注意的是，本条在价格信息使用上是“市场价格信息”，与2013年版的《建设工程工程量清单计价规范》略有出入。参照2008年发布、2013年修订的《建设工程工程量清单计价规范》，最高投标限价的编制依据有：①国家标准或者规范，如《建设工程工程量清单计价规范》等；②国家或省级、行业建设主管部门颁发的计价定额和计价办法；③建设工程设计文件及相关资料；④拟定的招标文件及招标工程量清单；⑤与建设项目相关的标准、规范、技术资料；⑥施工现场情况、工程特点及常规施工方案；⑦工程造价管理机构发布的工程造价信息；工程造价信息没有发布的，参照市场价；⑧其他的相关资料。

2．最高投标限价的公布时间

本条关于最高投标限价公布时间的要求，在时间上确定为“招标时”，是一个时间段的概念，而非时间点的概念，并没有强调随招标文件一同发布，主要原因：一是最高投标限价是一个独立的工程造价技术文件，可以不作为招标文件的组成部分；二是“招标时”是一个时间段，不是一个时间点。最高投标限价不是招标文件的法定组成部分，并不需要在公布招标文件时一并公布。换言之，最高投标限价可以在招标文件中公布；也可以在招标文件发布后、招标答疑前公布；还可以在招标答疑阶段公布，以何种时间公布，由招标人根据按照国家和地方有关规定，结合自身实际情况决定。

3．最高投标限价的公布方法

《招标投标法实施条例》第二十七条规定，招标人设有最高投标限价的，应当在招标文件中明确最高投标限价或者最高投标限价的计算方法。《招标投标法实施条例》并未具体规定最高投标限价需要公布哪些分部分项费用，规定过于原则，在《办法》修订过程中各地反映该条执行起来难度较大。结合工程计价的技术要求，《办法》规定，招标人设有最高投标限价的，应当在招标时公布最高投标限价的总价，以及各单位工程的分部分项工程费、措施项目费、其他项目费、规费和税金。《办法》如此规定，主要是考虑到以下因素：如只公布到总价或单项工程总价，投标人对招标控制价的错误无法识别，也就无法投诉，失去了招标控制价制度设立的作用；如公布到单价，对投标人的报价可能会产生负面影响，不利于投标人按自身实力和市场价格进行竞价。公布最高投标限价的总价，以及各单位工程的分部分项工程费、措施项目费、其他项目费、规费和税金，具体宜包括以下内容：

（1）建设项目最高投标限价汇总表。该表共一页，应以单项工程为对象进行汇总，反映各单项工程的工程造价。表1为建设项目最高投标限价汇总表示例。

表1 建设项目最高投标限价汇总表

工程名称：××学校建设工程　　　　第　页共　页

序号	单项工程名称	金额（元）	其中：（元）		
			暂估价	安全文明施工费	规费
1	1号教学楼	32266727	2214015	1231921	970738
2	2号教学楼	25801400	1992500	965679	776950
3	图书馆	18369500	1364230	781678	568564
4	体育馆	16134850	1114750	615530	482536
5	庭院及道路工程	22005656	562400	786895	668534
合　计		114578133	7247895	4381703	3467322

注：本表适用于工程项目最高投标限价的汇总。

（2）单项工程最高投标限价汇总表。该表每一单项工程为一张，应以组成该单项工程的各单位工程为对象进行汇总，反映各单位工程的工程造价。单项工程招标最高投标限价汇总表示例见表2。

表 2　单项工程最高投标限价汇总表

工程名称：1 号教学楼　　　　第　　页共　　页

序号	单位工程名称	金额（元）	其中：（元）		
			暂估价	安全文明施工费	规费
1	土建工程	21739631	425800	657845	651268
2	装饰工程	4560000	620000	237120	141360
3	电气工程	3214156	463215	192849	96425
4	给排水工程	1162380	25000	64579	35698
5	采暖通风工程	1590560	680000	79528	45987
合　计		32266727	2214015	1231921	970738

注：本表适用于单项工程最高投标限价的汇总。暂估价包括分部分项工程中的暂估价和专业工程暂估价。

（3）单位工程最高投标限价汇总表。该表每一单位工程为一张，以组成该单位工程的各分部分项工程为对象进行汇总，反映各分部分项工程费、措施项目费、其他项目费、规费和税金。单位工程最高投标限价汇总表示例见表 3。

表 3　单位工程最高投标限价汇总表

工程名称：1 号教学楼土建工程　　　　第　　页共　　页

序号	汇总内容	金额（元）	其中：暂估价（元）
1	分部分项工程	15606948	425800
1.1	土石方工程	589456	
1.2	桩基工程	1200159	
1.3	砌筑工程	2301240	
1.4	混凝土及钢筋混凝土工程	9856328	
1.5	金属结构工程	731819	240000
1.6	楼地面工程	120129	
1.7	门窗工程	350129	185800
1.8	屋面及防水工程	457688	
2	措施项目	2455875	
2.1	安全文明施工费	657845	
2.2	基坑护坡工程	1456230	
2.3	脚手架工程	341800	
3	其他项目	2304600	
3.1	暂列金额	1240000	
3.2	专业工程暂估价	1000000	
3.3	计日工	18600	
3.4	总承包服务费	46000	
4	规费	651268	
5	税金	720940	
土建单位工程造价合计		21739631	425800

最高投标限价制度的实施程序如下：

（1）招标人拟定招标文件，编制或委托咨询人编制其中的工程量清单；

（2）招标人依据拟定的招标文件（包括工程量清单）委托工程造价咨询企业编制最高投标限价；

（3）招标人按要求发布最高投标限价；

（4）最高投标限价超过批准的概算时，招标人应将其报原概算审批部门审核，招标中止；

（5）投标人可对最高投标限价过高或过低，以及违反国家有关规定，损害自身利益的行为进行投诉；

（6）招投标管理机构和工程造价管理机构接受投诉，并按规定处理；

（7）投标人进行投标报价；

（8）评标委员会评标选定合理投标人（不高于最高投标限价，且不得低于工程成本）。

具体流程图见图2。

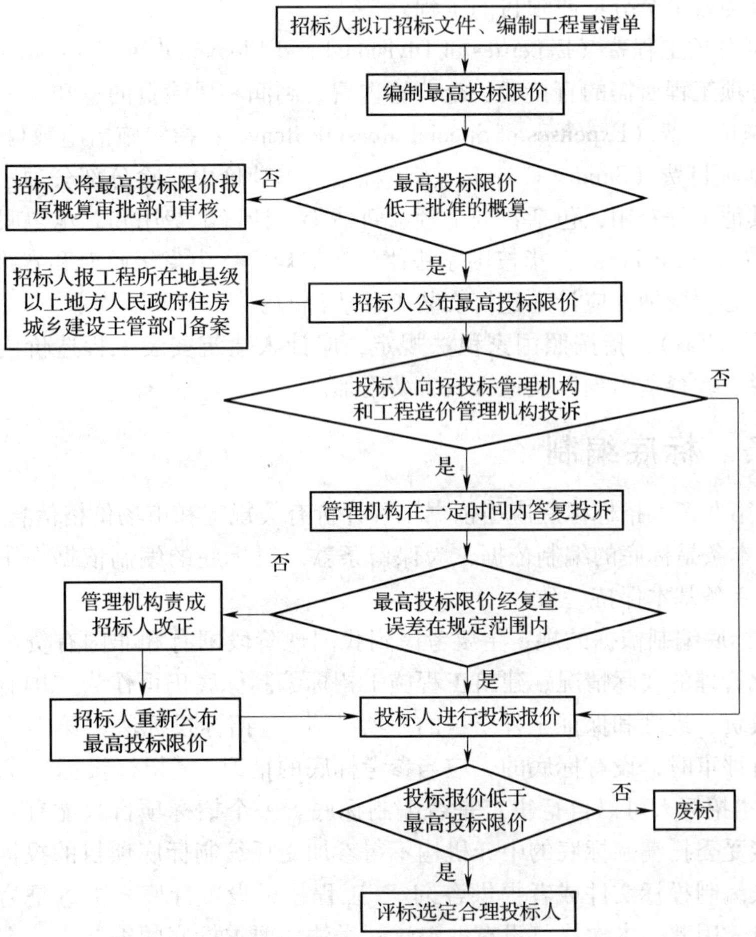

图2　最高投标限价实施程序

对制订地方实施细则的建议：一是进一步结合地方的计价依据使用情况明确最高投标限价的编制依据；二是结合地方最高投标限价的管理要求进一步细化对最高投标限价公布以及修改等时间等方面的要求；三是对最高投标限价公布的表格和编制说明需要进一步细化，并进行明示。

【名词解释】

（1）建设项目（Construction Project）：指按一个总体规划或设计进行建设的，由一个或若干个互有内在联系的单项工程组成的工程总和。

（2）单项工程（Sectional Work）：指具有独立的设计文件，建成后能够独立发挥生产能力或使用功能的工程项目。

（3）单位工程（Unit Work）：指具有独立的设计文件，能够独立组织施工，但不能独立发挥生产能力或使用功能的工程项目。

（4）分部分项工程（Work Sections and Trades）：分部工程是单项或单位工程的组成部分，是按结构部位、路段长度及施工特点或施工任务将单项或单位工程划分为若干分部的工程；分项工程是分部工程的组成部分，是按不同施工方法、材料、工序及路段长度等将分部工程划分为若干个分项或项目的工程。

（5）分部分项工程费（Expenses of Divisional and Elemental Work）：指工程量清单计价中，各分部分项工程所需的直接费、企业管理费、利润和风险费的总和。

（6）措施项目费（Expenses of Special Measure Items）：指实施措施项目所发生的费用。

（7）其他项目费（Sundry Costs）：指工程量清单计价中，除分部分项工程费和措施项目费之外的其他工程费用，包括暂列金额、暂估价、计日工费用和总承包服务费等。

（8）规费（Legal Fees）：指按国家法律、法规规定，由省级政府和省级有关权力部门规定施工单位必须缴纳，应计入建筑安装工程造价的费用。

（9）税金（Tax）：指按照国家税法规定，应计入建筑安装工程造价内的营业税、城市维护建设税、教育费附加以及地方教育费附加。

第九条 标底编制

【条文】第九条 招标标底应当依据工程计价有关规定和市场价格信息等编制。

【要旨】本条是标底的编制依据，为保留条款，对标底的编制依据作了明确规定，与107号部令第六条基本保持一致。

【释义】标底编制依据的规定主要考虑到我国现阶段国有和非国有资金投资建筑工程招标可差异化管理的实际情况，建筑工程施工招标编制标底仍可作为非国有资金投资项目发包人控制投资、进度和保证工程质量的一项措施。《招标投标法》第四十条中规定了对投标文件进行评审时，设有标底的，应当参考标底的情况。《招标投标法实施条例》第二十七条规定："招标人可以自行决定是否编制标底。一个招标项目只能有一个标底。标底必须保密。接受委托编制标底的中介机构不得参加受托编制标底项目的投标，也不得为该项目的投标人编制投标文件或者提供咨询。"工程招标设置标底，本意是为了控制支出预算和保证质量。因此，本次修订没有取消这一做法，要求标底的编制应依据工程计价相关规定和市场价格信息，以保证标底的编制科学合理和准确，这对规范当前招投标市场中普遍存在盲目压价计价行为也有一定的意义。

一般来说，招标标底的编制应依据国务院和省、自治区、直辖市人民政府住房和城乡建设主管部门制定的工程造价计价办法及其他有关规定。其中“计价办法”主要指“四统一”内容，即统一工程量计量规则、统一项目划分、统一编码和统一计量单位。“有关规定”主要包括工、料、机消耗量定额等内容。

对制订地方实施细则的建议：地方可以结合本地实际情况，对标底编制的依据进行细化。

第十条　投标报价编制

【条文】第十条　投标报价不得低于工程成本，不得高于最高投标限价。

投标报价应当依据工程量清单、工程计价有关规定、企业定额和市场价格信息等编制。

【要旨】本条是对投标报价的编制要求，为部分修订条款。

【释义】与107号部令第七条相比，在第一款增加了对投标报价不得低于工程成本，不得高于最高投标限价的要求，这里也暗含了最高投标限价的作用。在第二款对投标报价编制依据的规定，仅是为适应清单计价的要求增加了工程量清单，未做实质性调整。

《招标投标法》第三十三条规定：投标人不得以低于成本的报价竞标。《价格法》第十四条规定，经营者不得有下列不正当价格行为：……（二）在依法降价处理鲜活商品、季节性商品、积压商品等商品外，为了排挤竞争对手或者独占市场，以低于成本的价格倾销，扰乱正常的生产经营秩序，损害国家利益或者其他经营者的合法权益。《招标投标法实施条例》第五十一条规定，有下列情形之一的，评标委员会应当否决其投标：……（五）投标报价低于成本或者高于招标文件设定的最高投标限价。依据上述法律和法规的规定，本条明确规定了对投标报价价格的原则要求，即投标报价不得低于工程成本，不得高于最高投标限价。这里的成本采用的是“工程成本”一词，未采用“成本”、“企业成本”、“企业个别成本”等无法界定和评审的词语，使得对低于成本的报价的评审具有可操作性。

对于投标报价编制依据，主要是招标人发布的招标文件及其工程量清单，同时要执行国家和地方的工程计价有关规定，其人、材、机消耗量的确定应依据企业定额，人、材、机要素价格的确定应依据市场价格，以反映企业自身的技术、管理水平以及市场竞争环境，自主参与市场竞争定价，体现建筑工程发承包价由市场形成价格的原则。

2013年版《建设工程工程量清单计价规范》有关投标报价编制修订依据如下：

（1）本规范（《建设工程工程量清单计价规范》）；

（2）国家或省级、行业建设主管部门颁发的计价办法；

（3）企业定额，国家或省级、行业建设主管部门颁发的计价定额和计价办法；

（4）招标文件、招标工程量清单及其补充通知、答疑纪要；

（5）建设工程设计文件及相关资料；

（6）施工现场情况、工程特点及投标时拟定的施工组织设计或施工方案；

（7）与建设项目相关的标准、规范等技术资料；

（8）市场价格信息或工程造价管理机构发布的工程造价信息；

（9）其他的相关资料。

对制订地方实施细则的建议：地方可结合本地区的实际情况，针对企业投标报价的要求，尤其是在计价依据方面如何使用地方的计价依据对本条款进行适当细化，但不得干预企业依据自身实力报价与竞争，以体现竞争形成工程价格这一基本原则。

【名词解释】

（1）工程成本（Construction Cost）：指承包人为实施合同工程并达到质量标准，在确保安全施工的前提下，必须消耗或使用的人工、材料、工程设备、施工机械台班及其管理等方面发生的费用和按规定缴纳的规费和税金。“工程成本”是一特定术语，最早出现于《建设工程工程量清单计价规范》中。工程建设的目标是承包人按照设计、施工验收规范和有关强制性标准，依据合同约定进行施工，完成合同工程并达到合同约定的质量标准。为实现这一目标，承包人在确保安全施工的前提下，必须消耗或使用相应的人工、材料和工程设备、施工机械台班，并消耗为其施工管理所发生的费用和按照法律法规规定缴纳的规费和税金，构成承包人施工完成合同工程（项目）的工程成本，不是企业的个别成本。

（2）企业定额（Corporate Rate）：指施工单位根据本企业的施工技术、机械装备和管理水平而编制的人工、材料和施工机械台班等的消耗量标准。

第十一条 否决投标

【条文】第十一条 投标报价低于工程成本或者高于最高投标限价总价的，评标委员会应当否决投标人的投标。

对是否低于工程成本报价的异议，评标委员会可以参照国务院住房城乡建设主管部门和省、自治区、直辖市人民政府住房城乡建设主管部门发布的有关规定进行评审。

【要旨】本条为否决投标的有关规定，投标报价低于工程成本或者高于最高投标限价总价的，应当否决投标人的投标。

【释义】本条是对107号部令第十条的修订，与《办法》第十条的制定依据是一致的。目的一是为了防止由于过低的成本报价中标的不规范行为导致偷工减料、工程质量低劣现象发生；二是要通过要最高投标限价，遏制高价围标。进一步明确了对否决低于工程成本或者高于最高投标限价的投标报价的评审主体和评审依据。

本条首先明确了否决低于工程成本或者高于最高投标限价总价的投标报价的决策权是评标委员会，这符合《招标投标法实施条例》第三十七条（评标由招标人依法组建的评标委员会负责）以及《招标投标法实施条例》第四十九条（评标委员会成员应当依照招标投标法和本条例的规定，按照招标文件规定的评标标准和方法，客观、公正地对投标文件提出评审意见）的有关规定。其次是强调了评审委员会对是否低于工程成本报价的异议的评审依据是参照国务院住房城乡建设主管部门和省、自治区、直辖市人民政府住房城乡建设主管部门发布的有关规定。这里用的是“参照”一词，因为投标报价的最主要依据是企业定额和市场价格信息。

本条在修订过程中曾试图将低于工程成本的评定问题进一步细化，并列入条文中，增加实际工作的可操作性。但是，因考虑各地情况差异较大，低于工程成本的评定问题又十分复杂，没有形成统一的意见，最后决定由各地建设主管部门结合本地区实际情况在实施细则中体现，更具有可操作性。各地建设主管部门可以根据实际情况建立工程成本价的评定机制，定期发布各类建筑工程投标报价的最低限价指标或最低指导价幅度等，为评定投标报价是否低于成本价提供依据。对存在下列情形之一的，无相反证据情况下，一般可以评定为投标报价低于成本价：

（1）投标报价的综合造价指标低于当地建设主管部门发布的最低限价指标的；

（2）投标报价低于当地建设主管部门发布的招标控制价最低限价一定幅度，并经评标委员会质疑，不能进行合理说明或提供相关证明材料的；

（3）经评标委员会评定或当地建设主管部门认定低于成本价的其他情形。

对制订地方实施细则的建议：本条是地方制订实施细则应重点考虑的内容，建议地方行政部门和工程造价管理机构根据自身的管理和公共服务能力，结合所在地计价依据发布的实际情况，对如何评定低于工程成本或者高于最高投标限价，参照删除的条款和内容，进行具体规定和尝试。

第十二条　合同订立

【条文】第十二条　招标人与中标人应当根据中标价订立合同。不实行招标投标的工程由发承包双方协商订立合同。

合同价款的有关事项由发承包双方约定，一般包括合同价款约定方式，预付工程款、工程进度款、工程竣工价款的支付和结算方式，以及合同价款的调整情形等。

【要旨】本条为合同订立的基本要求，合同价款的有关事项原则上由发承包双方约定。

【释义】合同订立原则与107号部令第十一条基本保持一致，增加了发承包双方应当在合同中约定的合同价款的确定方式、调整内容、支付和结算方式等有关事项，目的是强调在合同订立时，对合同价款的确定原则，合同价款调整、支付和结算更加明确，减少工程造价纠纷或使工程造价纠纷更易于处理。

《招标投标法》第四十六条规定：招标人和中标人应当自中标通知书发出之日起三十日内，按照招标文件和中标人的投标文件订立书面合同。招标人和中标人不得再行订立背离合同实质性内容的其他协议。因此，实行招标的工程招标人与中标人应当根据中标人的投标文件，以中标价为准来订立合同。对于不实行招标投标的工程由发承包双方协商订立合同。

《建筑法》第十五条规定：建筑工程的发包单位与承包单位应当依法订立书面合同，明确双方的权利和义务。《合同法》第二百七十五条规定：施工合同的内容包括工程范围、建设工期、中间交工工程的开工和竣工时间、工程质量、工程造价、技术资料交付时间、材料和设备供应责任、拨款和结算、竣工验收、质量保修范围和质量保证期、双方相互协作等条款。《建筑法》和《合同法》虽然对发承包双方订立合同有要求，但均不详细。《标准施工招标文件》和2013年版《建设工程施工合同（示范文本）》对关于合同价款约定方式，预付工程款、工程进度款、工程竣工价款的支付和结算方式，以及合同价款的调整等情形的操作性也不够强。建设工程施工合同中合同价款的确定方式、调整内容、支付和结算方式等有关事项是构成合同的实质性内容，同时合同价款的执行与监督管理也是工程发承包计价管理中的重要环节。目前，发承包双方对采用施工合同形式、合同中有关合同价款确定与调整、工程款支付与结算等了解不深，缺乏重视和自我保护意识，合同中经常出现不合理条款，发承包双方在合同中对有关风险和责任缺乏必要的约定，合同执行中对有关工程变更、价格的变化等因素未能及时对合同进行调整和补充，导致合同执行过程中产生大量的纠纷。为避免纠纷，《办法》就此作了详细的规定，以下数条均是对此原则规定的展示，这也是《办法》在制订时提出的要“细化合同价款的调整内容，完善工程款支付措施，防止工程款拖欠”的重要目的之一。

2013 年版的《建设工程工程量清单计价规范》中有关发承包双方应在合同条款中对工程造价的约定事项比较全面，其明确发承包双方应在合同条款就下列事项进行约定：

（1）预付工程款的数额、支付时间及抵扣方式；

（2）安全文明施工措施的支付计划，使用要求等；

（3）工程计量与支付工程进度款的方式、数额及时间；

（4）工程价款的调整因素、方法、程序、支付及时间；

（5）施工索赔与现场签证的程序、金额确认与支付时间；

（6）承担计价风险的内容、范围以及超出约定内容、范围的调整办法；

（7）工程竣工价款结算编制与核对、支付及时间；

（8）工程质量保证金的数额、扣留方式及时间；

（9）违约责任以及发生工程价款争议的解决方法及时间；

（10）与履行合同、支付价款有关的其他事项等。

对制订地方实施细则的建议：地方可对约定事项做进一步具体规定。合同价款的确定和调整一般包括的情形有：预付工程款支付的程序、方式、数额、时限及抵扣方式；工程进度款的支付程序、方式、数额及时限；工程施工中发生变更、签证、索赔时，工程价款的调整方法、时限要求及支付方式；承担风险范围及幅度的约定，以及超出约定范围和幅度的调整办法、时限要求及支付方式；工程竣工价款的结算的程序及时限、支付方式、数额；发生工程价款纠纷的解决方法；工程质量保证（保修）金的数额、预扣方式及时限；安全措施和意外伤害保险费用；工期及工期提前或延后的奖惩办法；与履行合同、支付价款相关的担保事项等。

【名词解释】

（1）工程预付款 （Advance Payment）：指由发包人按照合同约定，在正式开工前由发包人预先支付给承包人的用于购买工程施工所需的材料和组织施工机械和人员进场的价款。

（2）工程进度款（Progress Payment）：指发包人在合同工程施工过程中，按照合同约定对付款周期内承包人完成的合同价款给予支付的款项，也是合同价款期中结算支付。

第十三条 合同价款确定

【条文】第十三条 发承包双方在确定合同价款时，应当考虑市场环境和生产要素价格变化对合同价款的影响。

实行工程量清单计价的建筑工程，鼓励发承包双方采用单价方式确定合同价款。

建设规模较小、技术难度较低、工期较短的建筑工程，发承包双方可以采用总价方式确定合同价款。

紧急抢险、救灾以及施工技术特别复杂的建筑工程，发承包双方可以采用成本加酬金方式确定合同价款。

【要旨】本条规定了确定合同价款的三种方式：单价方式、总价方式、成本加酬金方式，并对三种方式的适用情况作了规定。

【释义】本条为合同计价方式的选用原则，为修订条款，是对107号部令第十二条、第十三条的合并与修订。本条保留了107号部令第十三条“发承包双方在确定合同价款时，应当考虑市场环境和生产要素价格变化对合同价款的影响”的内容。但对合同价的方式，将原来的固定价、可调价、成本加酬金修改为总价方式、单价方式和成本加酬金方式。

合同的分类很多，从适用范围来划分，可分为建设工程合同、运输合同、买卖合同、借款合同等；从价格是否可调整的角度来分，可分为固定价格合同和可调价格合同。但从计价方式最合理的划分是总价方式、单价方式和成本加酬金方式，这里强调了“方式”二字，是因为我们工程计价的需要，总价方式也绝非确定后不可调整的固定价格合同，只不过是在一定的条件下或范围内不调整而已；同样，单价方式也不是单价就不能调整。因为建设工程施工是一个持续进行的过程，一般周期都比较长，确定合同的计价方式更符合建设工程价格科学管理的需要，而且有真正意义上的风险共担。

实行工程量清单计价的建筑工程，鼓励发承包双方采用单价方式确定合同价款。单价方式主要是指发承包双方约定以工程量清单及其综合单价进行合同价款计算、调整和结算。合同中的工程量清单项目综合单价在约定条件下一般是相对固定的，只有超出一定的风险范围或发生变化方可调整，而工程量在合同价款支付和结算时按照合同中的约定应予以计量且按实际完成的工程量进行调整。因单价方式适用于任何工程，尤其是采用工程量清单计价的工程，单价方式是其最主要的特征，因此本条第二款确定为鼓励性条款。

总价方式是指发承包双方约定以施工图及其预算和有关条件进行合同价款计算、调整和确认的建设工程施工合同。总价合同除工程变更外，一般在约定的施工图纸范围内合同总价不作调整，因此适用于施工图纸已经完善，且建设规模较小、技术难度较低、工期较短的建筑工程。同时发承包双方应在专用合同条款中约定总价包含的风险范围和风险费用的计算方法，并约定风险范围以外的合同价格的调整方法。

成本加酬金方式是指发承包双方约定，以施工工程成本再加合同约定一定比例或一定额度的酬金进行合同价款计算、调整和确认的建设工程施工合同。所谓成本加酬金合同，承包人是不承担任何要素价格变化风险的合同，一般也难以体现竞争性，因此适用于时间紧迫，来不及进行详细计划的抢险、救灾工程，以及工程施工技术特别复杂的工程。

对制订地方实施细则的建议：本条在地方制订实施细则时可进行细化，对单价方式、总价方式、成本加酬金方式在本地区的具体适用对象和范围进行详细规定，如对“建设规模较小、技术难度较低、工期较短”进行具体化的规定。

【名词解释】单价合同、总价合同、成本加酬金合同与本条表达的单价方式、总价方式、成本加酬金方式意思基本一致。

1．总价合同（Lump Sum Contract）：指发承包双方约定以施工图及其预算和有关条件进行合同价款计算、调整和确认的建设工程施工合同。

2．单价合同（Unit Price Contract）：指发承包双方约定以工程量清单及其综合单价进行合同价款计算、调整和确认的建设工程施工合同。

3．成本加酬金合同（Cost Plus Fee Contract）：指发承包双方约定以施工工程成本再加合同约定酬金进行合同价款计算、调整和确认的建设工程施工合同。

第十四条　合同价款调整方法

【条文】第十四条　发承包双方应当在合同中约定，发生下列情形时合同价款的调整方法：

（一）法律、法规、规章或者国家有关政策变化影响合同价款的；

（二）工程造价管理机构发布价格调整信息的；

（三）经批准变更设计的；

（四）发包方更改经审定批准的施工组织设计造成费用增加的；

（五）双方约定的其他因素。

【要旨】本条是对合同价款应调整的情形的规定，发承包双方当事人可在合同中对合同价款调整的因素作出具体规定，为新增条款。

【释义】本条的修订主要参考了财政部、建设部联合发布的《建设工程价款结算暂行办法》（财建〔2004〕369号），与其第八条第三款有关合同价款调整因素包括的内容基本一致。在《办法》修订调研中，各地反映当前合同价款调整存在着一些突出问题：一是权责不清晰，发承包双方对什么情况下合同价款应调整，什么情况下不应调整有不同意见，在签订合同时未约定清楚发承包双方的权利和义务；二是发包方凭借其强势地位强迫承包方签订明显不合理的合同条款；三是合同实施中不严肃，有的调整很随意，有的需要调整的不调整。在合同中明确约定合同价款调整的情形和方法，是有效避免工程造价纠纷的重要前提，鼓励和倡导发承包双方当事人对此应进行详细的约定。在修订过程中，这一条也是颇有争议的条款。本条仅对五项经常性的内容进行了规定，便于大家执行。《建设工程价款结算暂行办法》针对合同价款调整作了专门规定，主要是针对发承包双方达成价款调整的一致意思后的具体操作措施规定，如提交报告、确认和支付等内容，规范了价款调整的具体操作程序，比较清楚，减少了争议。这次修订吸收了《建设工程价款结算暂行办法》有关合同价款调整的精神。

1．单价方式合同价款的调整

一般而言，采用工程量清单计价的单价方式确定合同价款时，发承包双方应明确各自承担风险的内容及其范围或幅度，以及超出该范围或幅度工程价款调整的因素、方法和程序，并应符合以下规定：

（1）招标工程应以投标截止日前28天，非招标工程应以合同签订前28天为基准日，其后因国家的法律、法规、规章和政策发生变化而影响工程造价的，应按省级建设行政主管部门的相关规定调整合同价款。

（2）工程量清单漏项或非因承包人原因引起的工程变更造成的工程量增减应调整工程

量，并相应调整合同价款。

(3) 工程量的变化超出合同约定的范围，人工、材料、机械台班价格波动超出合同约定的范围，以及工程量清单项目特征描述与实际施工图纸不符时，应调整综合单价。

(4) 工程量、综合单价的变化，工程设计变更，工期调整或因发包人原因引起的工程措施方案的变化，应调整措施项目费用。

(5) 安全文明施工费、规费和税金等费率发生变化或取费基数发生调整时，应调整相应费用。

2. 总价方式合同价款的调整

实行总价方式确定合同价款时，发承包双方应明确各自承担风险的内容及其范围或幅度，以及超出该内容及其范围或幅度合同价款调整的因素、方法和程序。招标工程应以投标截止日前28天，非招标工程应以合同签订前28天为基准日，其后因国家的法律、法规、规章和政策发生变化影响工程造价的，应按省级建设行政主管部门的相关规定调整合同价款。

按照合同自由原则，发承包双方当事人在订立合同时，当事人依法享有自由决定缔约、缔约伙伴和合同内容、自由决定合同的变更和解除、约定合同方式等问题，当事人在法律范围内享有的这种自由都是合同自由原则的体现。根据《合同法》第五十二条规定，属于下列五种情形的，合同无效：（一）一方以欺诈、胁迫的手段订立合同，损害国家利益；（二）恶意串通，损害国家、集体或者第三人利益；（三）以合法形式掩盖非法目的；（四）损害社会公共利益；（五）违反法律、行政法规的强制性规定。换言之，如果当事人在合同里未对合同价款调整事项作出明确约定，并不导致合同无效。《合同法》第六十一条规定，合同生效后，当事人就质量、价款或者报酬、履行地点等内容没有约定或者约定不明确的，可以协议补充；不能达成补充协议的，按照合同有关条款或者交易习惯确定。第六十二条规定，当事人就有关合同内容约定不明确，依照第六十一条的规定仍不能确定的，对于合同价款或者报酬不明确的，按照订立合同时履行地的市场价格履行；依法应当执行政府定价或者政府指导价的，按照规定履行。第六十三条规定，执行政府定价或者政府指导价的，在合同约定的交付期限内政府价格调整时，按照交付时的价格计价。逾期交付标的物的，遇价格上涨时，按照原价格执行；价格下降时，按照新价格执行。逾期提取标的物或者逾期付款的，遇价格上涨时，按照新价格执行；价格下降时，按照原价格执行。

对制订地方实施细则的建议：在起草时，曾将本条内容分为单价合同价款的调整、总价合同价款调整两条进行了详细的规定，后期在完善过程中，出于总体考虑，对修订的条款内容进行了精简、归纳，主要考虑其他内容由各地建设主管部门结合本地区实际情况在实施细则中分别作出具体规定。

第十五条　预付工程款

【条文】第十五条　发承包双方应当根据国务院住房城乡建设主管部门和省、自治区、直辖市人民政府住房城乡建设主管部门的规定，结合工程款、建设工期等情况在合同中约定预付工程款的具体事宜。

预付工程款按照合同价款或者年度工程计划额度的一定比例确定和支付，并在工程进度款中予以抵扣。

【要旨】预付工程款有关事项由发承包双方在合同中约定，按照合同价款或者年度工程计划额度的一定比例确定和支付，并在工程进度款中予以抵扣。

【释义】本条是对工程预付款的规定，为修订条款，与107号部令第十四条相比，其中第一款内容与107号部令保持一致。第二款属增加的内容，明确了预付款的支付和抵扣方式，以解决工程款的拖欠问题。

《建设工程价款结算暂行办法》（财建〔2004〕369号）第十二条规定，工程预付款结算应符合下列规定：

（一）包工包料工程的预付款按合同约定拨付，原则上预付比例不低于合同金额的10%，不高于合同金额的30%，对重大工程项目，按年度工程计划逐年预付。计价执行《建设工程工程量清单计价规范》GB 50500—2003的工程，实体性消耗和非实体性消耗部分应在合同中分别约定预付款比例。

（二）在具备施工条件的前提下，发包人应在双方签订合同后的一个月内或不迟于约定的开工日期前的7天内预付工程款，发包人不按约定预付，承包人应在预付时间到期后10天内向发包人发出要求预付的通知，发包人收到通知后仍不按要求预付，承包人可在发出通知14天后停止施工，发包人应从约定应付之日起向承包人支付应付款的利息（利率按同期银行贷款利率计），并承担违约责任。

（三）预付的工程款必须在合同中约定抵扣方式，并在工程进度款中进行抵扣。

（四）凡是没有签订合同或不具备施工条件的工程，发包人不得预付工程款，不得以预付款为名转移资金。

对制订地方实施细则的建议：地方制订实施细则时可参考上述规定。对于预付款预付的比例，可考虑三种方式，一是按合同金额的百分比预付；二是按合同金额中材料费用（含设备费）的百分比预付；三是对于跨年度的投资项目，按首个年度工程应支付工程款的比例预付。

第十六条　工程量报告

【条文】第十六条　承包方应当按照合同约定向发包方提交已完成工程量报告。发包方收到工程量报告后，应当按照合同约定及时核对并确认。

【要旨】本条是对工程量计算（简称工程计量）报告的规定，为新增条款。

【释义】本条的立法目的是为便于工程进度款的支付，明确了工程计量的程序要求，以有效防止工程款的拖欠。

本条要求承包方要按照合同约定的程序、计量周期（如按月、按季或按工程形象进度）和工程计量报告提交时间的要求，提交已经完成施工的工程计量报告。而发包方要在收到该报告后，按照合同约定的程序和工程计量报告核对时间的要求进行核对，并最终确认。目前，发包方多委托工程造价咨询企业进行核对，该时间合同如无约定，应计入发包方的合同约定时间。

《建设工程工程量清单计价规范》GB 50500—2013和2013年版《建设工程施工合同

(示范文本)》对工程计量的计量原则、计量周期、各类合同的计量都有规定，如《建设工程施工合同（示范文本)》对计量原则规定为：工程量计量按照合同约定的工程量计算规则、图纸及变更指示等进行计量。工程量计算规则应以相关的国家标准、行业标准等为依据，由合同当事人在专用合同条款中约定。但在工程量核对、复核的时间上规定为7天，该时间对于大中型项目明显偏短，尤其是委托工程造价咨询企业进行审查，并以此作为工程结算依据时，在时间和程序上均值得注意。建议发承包双方在专用合同条款中进行约定。

对制订地方实施细则的建议：地方制订实施细则时应依据本条规定的原则，结合《建设工程工程量清单计价规范》GB 50500—2013 和 2013 年版《建设工程施工合同（示范文本)》的规定细化，并建议核对和复核时间，提醒发包人应结合工程的实际情况，在专用合同条款中约定。

【名词解释】 工程计量（Quantity Measurement)：指发承包双方根据合同约定，对承包人完成合同工程的数量进行的计算和确认。

第十七条　工程进度款

【条文】 第十七条　发承包双方应当按照合同约定，定期或者按照工程进度分段进行工程款结算和支付。

【要旨】 工程进度款的支付，定期或者按照工程进度分段进行。

【释义】 本条是分段结算和支付的规定，为部分修订条款，目的是促进工程进度款的支付和工程分段结算，以避免到竣工时一次性结算时间过长的现象，与107号部令第十五条表述基本一致，增加了“支付”二字。

工程进度款的具体要求，在《建设工程价款结算暂行办法》、《建设工程工程量清单计价规范》、《建设工程施工合同（示范文本）》均有规定且比较详细，本《办法》为避免重复，并为地方制订细则留有余地而没有进行展开。

1.《建设工程价款结算暂行办法》对工程进度款的规定

工程进度款结算方式：

（1）按月结算与支付。即实行按月支付进度款，竣工后清算的办法。合同工期在两个年度以上的工程，在年终进行工程盘点，办理年度结算。

（2）分段结算与支付。即当年开工、当年不能竣工的工程按照工程形象进度，划分不同阶段支付工程进度款。具体划分在合同中明确。

工程量计算：

（1）承包人应当按照合同约定的方法和时间，向发包人提交已完工程量的报告。发包人接到报告后14天内核实已完工程量，并在核实前1天通知承包人，承包人应提供条件并派人参加核实，承包人收到通知后不参加核实，以发包人核实的工程量作为工程价款支付的依据。发包人不按约定时间通知承包人，致使承包人未能参加核实，核实结果无效。

（2）发包人收到承包人报告后14天内未核实完工程量，从第15天起，承包人报告的工程量即视为被确认，作为工程价款支付的依据，双方合同另有约定的，按合同执行。

（3）对承包人超出设计图纸（含设计变更）范围和因承包人原因造成返工的工程量，

发包人不予计量。

工程进度款支付：

（1）根据确定的工程计量结果，承包人向发包人提出支付工程进度款申请，14 天内，发包人应按不低于工程价款的 60%，不高于工程价款的 90% 向承包人支付工程进度款。按约定时间发包人应扣回的预付款，与工程进度款同期结算抵扣。

（2）发包人超过约定的支付时间不支付工程进度款，承包人应及时向发包人发出要求付款的通知，发包人收到承包人通知后仍不能按要求付款，可与承包人协商签订延期付款协议，经承包人同意后可延期支付，协议应明确延期支付的时间和从工程计量结果确认后第 15 天起计算应付款的利息（利率按同期银行贷款利率计）。

（3）发包人不按合同约定支付工程进度款，双方又未达成延期付款协议，导致施工无法进行，承包人可停止施工，由发包人承担违约责任。

2.《建设工程工程量清单计价规范》GB 50500—2013 关于工程进度款的有关规定

承包人应在每个计量周期到期后的 7 天内向发包人提交已完工程进度款支付申请一式四份，详细说明此周期认为有权得到的款额，包括分包人已完工程的价款。支付申请应包括下列内容：

（1）（本周期初）累计已完成的合同价款。

（2）（本周期末）累计已实际支付的合同价款。

（3）本周期合计完成的合同价款：①本周期已完成单价项目的金额；②本周期应支付的总价项目的金额；③本周期已完成的计日工价款；④本周期应支付的安全文明施工费；⑤本周期应增加的金额。

（4）本周期合计应扣减的金额：①本周期应扣回的预付款；②本周期应扣减的金额。

（5）本周期实际应支付的合同价款。

发包人应在收到承包人进度款支付申请后的 14 天内，根据计量结果和合同约定对申请内容予以核实，确认后向承包人出具进度款支付证书。若发承包双方对部分清单项目的计量结果出现争议，发包人应对无争议部分的工程计量结果向承包人出具进度款支付证书。

发包人应在签发进度款支付证书后的 14 天内，按照支付证书列明的金额向承包人支付进度款。

对制订地方实施细则的建议：地方制订实施细则时应依据本条规定的原则，结合《建设工程价款结算暂行办法》、《建设工程工程量清单计价规范》GB 50500—2013 和 2013 年版《建设工程施工合同（示范文本）》的规定进行细化。

第十八条　竣工结算

【条文】第十八条　工程完工后，应当按照下列规定进行竣工结算：

（一）承包方应当在工程完工后的约定期限内提交竣工结算文件。

（二）国有资金投资建筑工程的发包方，应当委托具有相应资质的工程造价咨询企业对竣工结算文件进行审核，并在收到竣工结算文件后的约定期限内向承包方提出由工程造价咨询企业出具的竣工结算文件审核意见；逾期未答复的，按照合同约定处理，合同没有约定的，竣工结算文件视为已被认可。

非国有资金投资的建筑工程发包方，应当在收到竣工结算文件后的约定期限内予以答复，逾期未答复的，按照合同约定处理，合同没有约定的，竣工结算文件视为已被认可；发包方对竣工结算文件有异议的，应当在答复期内向承包方提出，并可以在提出异议之日起的约定期限内与承包方协商；发包方在协商期内未与承包方协商或者经协商未能与承包方达成协议的，应当委托工程造价咨询企业进行竣工结算审核，并在协商期满后的约定期限内向承包方提出由工程造价咨询企业出具的竣工结算文件审核意见。

（三）承包方对发包方提出的工程造价咨询企业竣工结算审核意见有异议的，在接到该审核意见后一个月内，可以向有关工程造价管理机构或者有关行业组织申请调解，调解不成的，可以依法申请仲裁或者向人民法院提起诉讼。

发承包双方在合同中对本条第（一）项、第（二）项的期限没有明确约定的，应当按照国家有关规定执行；国家没有规定的，可认为其约定期限均为28日。

【要旨】本条是对工程完工后竣工结算程序的规定。

【释义】本条是对竣工结算所作的规定，为修订条款，修订了107号部令第十六条的部分内容。工程价款结算属建筑工程发承包计价过程中最重要的环节，《办法》修订调研中，各地反映当前竣工结算存在三个主要问题，一是竣工结算的程序不明确，容易引起纠纷，而无法追究责任主体；二是合同中对价款的调整不明确，导致结算时争议难以解决；三是业主有意拖欠，通过重复审核等手段久拖不结。本次修订对107号部令的竣工结算条款中竣工结算内容，结合《建设工程价款结算暂行办法》、《建设工程工程量清单计价规范》GB 50500—2013、《标准施工招标文件》和2013年版《建设工程施工合同（示范文本）》的相关规定，以及近年工程结算的有关经验进行了系统修订。

1. 工程完工后应当进行结算。

107号部令规定工程验收合格后进行竣工结算，本次修订为工程完工后应进行结算，主要是考虑以下两个方面：一是竣工验收是我国基本建设的一道程序，在实际情况中往往拖很长时间，如果规定验收合格后才开始进行竣工结算，可能会影响工程款支付，甚至可能会产生影响农民工工资支付等社会问题。在工程施工的过程中，按照施工规范，每一道程序都会进行验收，所以最后的竣工验收也很少出现不合格的现象，并不影响竣工结算的进行。二是工程验收资料应包括工程结算文件。所以工程完工后，所有结算条件已经具备，就应进行工程结算。

本条的“工程完工后”，是指工程施工活动已经完成，而不是工程的竣工验收，因为工程结算是竣工验收必备的技术经济文件之一，而工程验收有时是一个非常漫长的过程。

2. 国有资金和非国有资金投资建筑工程结算的不同程序

目前，国有资金投资的工程项目存在的主要问题是：高价围标，低价中标后随意调整合同条款，工程变更、专业工程分包价款确定、暂估材料价格的签认不够规范；工程结算的随意性较大等损害国家利益的问题也比较突出，因此有必要对这些项目的工程计价行为实行规范的管理和有效的监督。基于上述原因，本条对国有资金投资和非国有资金投资的工程项目的竣工结算程序及方法分别作了规定，进行差异性对待。对国有资金投资的工程项目要求其委托具有相应资质的工程造价咨询企业对竣工结算文件进行审核，并在收到竣工结算文件后的约定期限内向承包方提出由工程造价咨询企业出具的竣工结算文件审核意见。对非国有资金投资的工程项目发包方在协商期内未与承包方协商或者经协商未能与承包方达成协议的，应当委托工程造价咨询企业进行竣工结算审核，并在协商期满后的约定期限内向承包方提出由工程造价咨询企业出具的竣工结算文件审核意见。显然，对国有资金投资的项目而言，委托工程造价咨询企业审查并出具竣工结算文件审核意见是强制性的。而对非国有资金投资的工程项目，只是在发包方在协商期内未与承包方协商或者经协商未能与承包方达成协议的情况下，应当委托工程造价咨询企业进行竣工结算审核。

根据国务院颁布实施的《关于投资体制改革的决定》，本条增加了对国有资金投资的工程项目建立工程结算审核制度，以加强对国有资金投资的工程项目的工程造价进行有效的控制和监督。对国有投资项目有效的管理措施是引入国有投资项目的工程结算审查制度，即对国有投资项目的合同价款的确定到执行情况进行全面的审查，包括工程量的确定与调整、工程单价的确定与调整、主要材料和设备价款的认定、工程计量与价款支付、设计变更和工程索赔的处理、工程计价争议处理等。工程结算审查制度也是保证招投标制度、工程量清单计价制度、招标控制价制度的有效落实的重要举措。其具体流程图见图3。

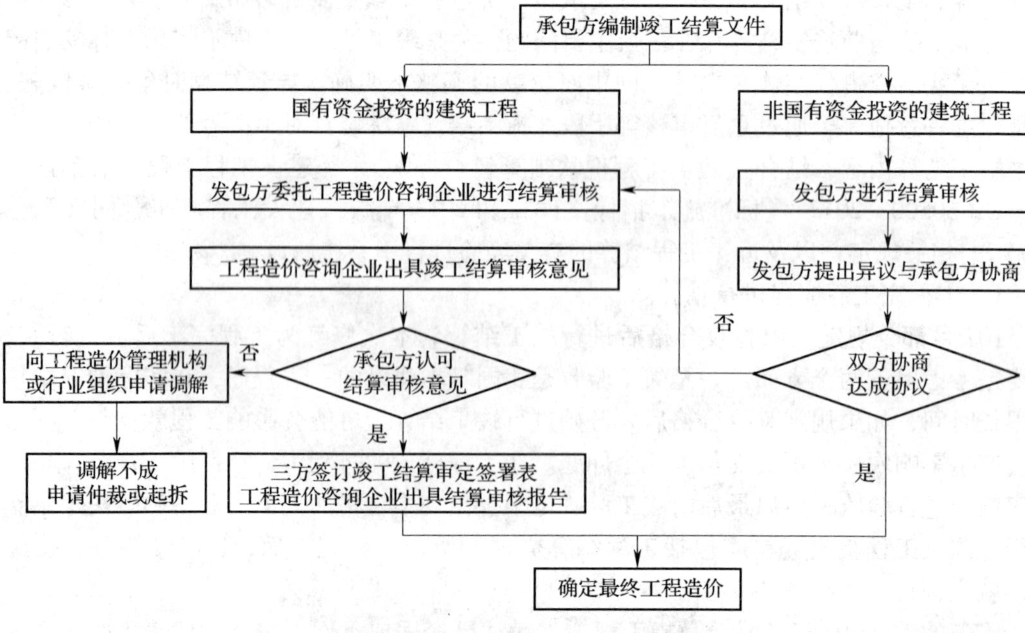

图3 工程竣工结算审查制度流程图

3. 工程造价纠纷解决机制

发承包双方在工程承包合同签订或纠纷发生时明确工程造价纠纷的解决方式。工程造价纠纷发生时向有关工程造价管理机构或者有关行业组织申请调解。同意调解意见或同意评审建议的，纠纷解决，否则仍然可以通过仲裁或诉讼解决纠纷。本条第三项的规定是为了避免工程纠纷过多地进入漫长的诉讼程序，降低工程造价纠纷的处理费用、化解承发包双方的矛盾、尽快完成工程结算。根据《合同法》、《标准施工招标文件》等的规定，引入了工程造价纠纷调解制度，明确将工程造价行业组织的调解与政府主管部门行政调解相并列，解决了调解主体的问题，当事人可以选择调解的方式解决工程计价纠纷，缩短了时间，降低了成本。工程造价调解机制是国际上普遍采用的纠纷解决方式，国际工程中70%以上通过调解或争议评审的机制来解决，其好处在于：一是效率高，免得进入漫长的司法或仲裁程序；二是工程造价纠纷的调解不同于一般的邻里纠纷和简单的商事调解，要经过专家在合法、正确的基础上首先进行定性判断，然后是大量的科学计算，该领域的专家具有专业优势；三是调解的成功在于以理服人，以据服人，让人心服口服，因此也会促进社会和谐；四是避免以工程造价纠纷为借口而拖欠工程款，使工程造价的管理制度更加完善。

在我国以往的工程实践中，解决合同纠纷（主要表现在工程造价纠纷）较少使用国际上广泛通行的调解方式，根本原因在于没有健全的工程造价纠纷调解机制和调解机构。因此，化解和减少工程造价纠纷的关键在于建立相应的工程造价纠纷调解机制和调解机构。从我国国情和工程造价管理的行业实践出发，工程纠纷的调解工作以有关工程造价管理机构和行业组织承担调解任务最为合适。因此，本条明确了工程造价纠纷的调解机构，即有关工程造价管理机构或者有关行业组织（中国建设工程造价管理协会及各地方工程造价协会），旨在鼓励工程造价纠纷调解制度和调解机构的建立。工程造价纠纷调解的一般流程图见图4。

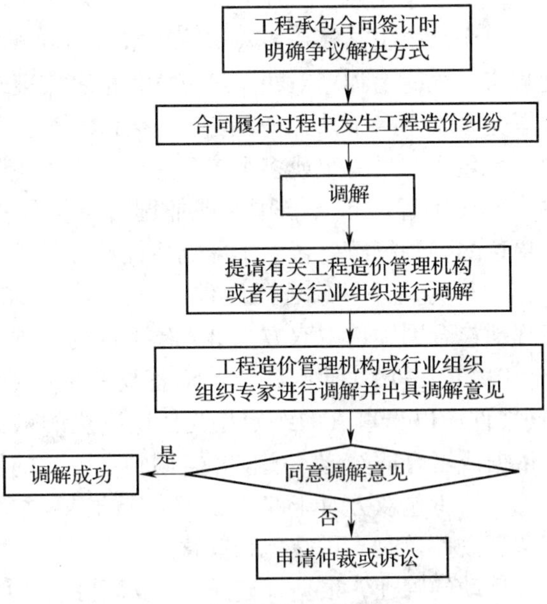

图4　工程造价纠纷调解制度流程图

为了防止拖延工程竣工结算，进而影响工程款支付，本条的最后对工程竣工结算编制与审核等的期限作了明确规定。

对制订地方实施细则的建议：本条的规定还是比较详细的，但本条的内容较多，建议地方在制订实施细则时，可对本条进行拆分，对工程竣工结算的原则要求、国有资金投资项目结算的审查程序与要求、非国有资金投资项目的审查程序与要求、工程造价纠纷的解决机制与程序分条款编制，并重点落实国有资金投资项目工程结算的审查制度和工程造价纠纷调解制度。

【名词解释】

（1）工程结算（Settlement）：指发承包双方根据国家有关法律、法规规定和合同约定，对合同工程实施中、终止时、已完工后的工程项目进行的合同价款计算、调整和确认。

（2）竣工结算（Settlement at Completion）：指发承包双方根据国家有关法律、法规规定和合同约定，在承包人完成合同约定的全部工作后，对最终工程价款的调整和确定。

第十九条　竣工结算其他规定

【条文】 第十九条　工程竣工结算文件经发承包双方签字确认的，应当作为工程决算的依据，未经对方同意，另一方不得就已生效的竣工结算文件委托工程造价咨询企业重复审核。发包方应当按照竣工结算文件及时支付竣工结算款。

竣工结算文件应当由发包方报工程所在地县级以上地方人民政府住房城乡建设主管部门备案。

【要旨】 工程竣工结算文件经发承包双方签字确认的，未经对方同意，不得就已生效的竣工结算文件重复审核。

【释义】 本条是竣工结算的其他规定，为修订条款，是对107号部令第十六条部分内容的修订。目的是为了解决当前竣工结算一审再审、久审不结的现象，因此本条对重复核对竣工结算作了禁止性规定。同时增加了对竣工结算文件的备案要求。

竣工结算文件经发承包双方签字确认，表示工程竣工结算在合同履行程序上已经完成，因此发包人不得要求承包人与另一个或多个工程造价咨询人重复核对竣工结算，拖延工程竣工决算。实践中，建设工程的审计是国有或非国有资金投资项目的管理程序和要求，审计是国家对建设单位的一种行政监督，不影响建设单位与承建单位的合同效力，审计结果（发承包双方有违法行为，并导致合同无效除外）不应影响合同履行。根据《最高人民法院关于建设工程承包合同案件中双方当事人已确认的工程决算价款与审计部门审计的工程决算价款不一致时如何适用法律问题的电话答复意见》（〔2001〕民一他字第2号），建设工程承包合同案件应以当事人的约定作为法院判决的依据。只有在合同明确约定以审计结论作为结算依据或者合同约定不明确、合同约定无效的情况下，才能将审计结论作为判决的依据。因此，发承包双方对于双方签字确认的工程结算应当作为工程决算的依据，并应当按照竣工结算文件及时支付竣工结算款。

为了便于对工程计价活动的管理，根据《建筑法》六十一条的规定：交付竣工验收的建筑工程，必须符合规定的建筑工程质量标准，有完整的工程技术经济资料和经签署的工程保修书，并具备国家规定的其他竣工条件。工程竣工结算文件作为完整的工程技术经济资料之一，理应与其他文件一同交付备案，因此增加了竣工结算文件的备案制度，这也有利于工程竣工档案的完整和应用。

对制订地方实施细则的建议：本条的规定还是比较具体的，建议地方在制订实施细则时，重点落实工程结算的备案制度，该备案应为告知性备案，对备案的主体、时限、内容等应结合地方管理的实际情况，通过细则做进一步明确。

【名词解释】工程决算（Account at Completion）：又称竣工决算，是指以实物数量和货币形式对工程建设项目建设期的总投资（投资构成）、投资效果、新增资产价值及财务状况进行的综合测算和分析。

第二十条 造价成果文件签署

【条文】第二十条 造价工程师编制工程量清单、最高投标限价、招标标底、投标报价、工程结算审核和工程造价鉴定文件，应当签字并加盖造价工程师执业专用章。

【要旨】造价工程师编制造价成果文件，应当签字并加盖造价工程师执业专用章。

【释义】本条是对造价工程师的执业和工程造价成果文件表现形式的要求，为部分修订条款，要求造价工程师在其编制的工程量清单、最高投标限价、招标标底、投标报价、工程结算审核和工程造价鉴定文件上应当签字并加盖造价工程师执业专用章。与107号部令第十七条相比，增加了工程量清单、最高投标限价两项成果文件。

【名词解释】工程造价鉴定（Identify in Cost Dispute）：指工程造价咨询企业接受人民法院、仲裁机关委托，对施工合同纠纷案件中的工程造价争议进行的鉴别和评定。

第二十一条 监督管理

【条文】第二十一条 县级以上地方人民政府住房城乡建设主管部门应当依照有关法律、法规和本办法规定，加强对建筑工程发承包计价活动的监督检查和投诉举报的核查，并有权采取下列措施：

（一）要求被检查单位提供有关文件和资料；

（二）就有关问题询问签署文件的人员；

（三）要求改正违反有关法律、法规、本办法或者工程建设强制性标准的行为。

县级以上地方人民政府住房城乡建设主管部门应当将监督检查的处理结果向社会公开。

【要旨】本条规定了政府主管部门监督管理的具体措施。

【释义】本条为依法实施监督管理的依据与要求，为修订条款，与107号部令第十八条相比，增加了行政主管部门应依据法律、法规、规章和本《办法》进行监管，使监管行为有据可依。为加强对建设工程发承包计价活动的监管，使政府监管做到有据可依，本条增加了具体的监管措施。《注册造价工程师管理办法》、《工程造价咨询企业管理办法》中有关监督检查措施的规定与本《办法》也是一致的。按照《工程造价咨询企业管理办法》第二十九条、第三十条、第三十一条的规定，县级以上地方人民政府住房和城乡建设主管部门或者有关部门应当依照有关法律法规和规章的规定，对工程造价咨询企业从事工程造价咨询业务的活动实施监督检查。监督检查机关履行监督检查职责时，有权采取下列措施：①要求被检查单位提供工程造价咨询资质证书、造价工程师注册证书，有关工程造价咨询业务的文档，技术档案管理、质量控制、财务管理等企业内部管理制度；②进入被检查单位进行检查，查阅工程造价咨询成果文件以及工程造价咨询合同等相关资料；③纠正违反有关法律、法规、规章和执业规程规定的行为。监督检查机关应当将监督检查的处理结果向社会公布。

本条一是强调了监管的主体是县级以上地方人民政府住房城乡建设主管部门。监督检查机关进行监督检查时，应当有两名以上监督检查人员参加，并出示执法证件，不得妨碍被检查单位的正常经营活动，不得索取或者收受财物、谋取其他利益；有关单位和个人对依法进行的监督检查应当协助与配合，不得拒绝或者阻挠。二是监管的依据是有关法律、法规（主要是本《办法》引用的有关法律、法规）和本《办法》的规定。三是要求加强对建筑工程发承包计价活动日常的定期或不定期的监督检查，以及投诉举报的核查。四是应当将监督检查的处理结果向社会公开。五是规定了各级住房城乡建设主管部门以及其授权的工程造价管理机构在监督检查和投诉举报的核查时，有权采取的措施。主要有：要求被检查单位提供有关文件和资料；就有关问题询问签署文件的人员；要求改正违反有关法律、法规、本《办法》或者工程建设强制性标准的行为，并应当将监督检查的处理结果向社会公开。

对制订地方实施细则的建议：本条的规定比较具体，建议地方在制订实施细则时，重点要结合地方的实际情况，进一步落实监督检查（包括投诉举报）的主体和分工，监督检查的程序和内容，监督检查结果如何进行公开等。

第二十二条　造价工程师法律责任

【条文】第二十二条　造价工程师在最高投标限价、招标标底或者投标报价编制、工程结算审核和工程造价鉴定中，签署有虚假记载、误导性陈述的工程造价成果文件的，记入造价工程师信用档案，依照《注册造价工程师管理办法》进行查处；构成犯罪的，依法追究刑事责任。

【要旨】本条规定了造价工程师违法违规行为的法律责任。

【释义】近年来，随着我国社会主义市场经济体制的逐步建立，投融资体制不断改革和建设工程推行招投标制度，工程造价管理逐步由政府定价转变为市场形成造价的机制，这对工程造价专业人员的业务素质提出了更高的要求。因此，为了适应社会主义市场经济体制的需要，更好地发挥工程造价专业人员在工程建设中的作用，急需尽快规范工程造价专业人员的执业行为，提高工程造价专业人员的素质。根据党的十四届三中全会《关于建立社会主义市场经济体制若干问题的决定》中提出的实行学历与职业资格两种证书制度的精神，政府要对事关国家和社会公众利益、技术性强的行业或专业，通过建立执业资格制度来规范行业的秩序。1996 年 8 月，人事部、建设部联合发布了《造价工程师执业资格制度暂行规定》，明确国家在工程造价领域实施造价工程师执业资格制度。同时规定造价工程师是经全国造价工程师执业资格统一考试合格，并注册取得《造价工程师注册证》，从事建设工程造价活动的人员。凡从事工程建设活动的建设、设计、施工、工程造价咨询等单位，必须在计价、评估、审查（核）、控制等岗位配备有造价工程师执业资格的专业技术人员。在全国统一考试前，对已从事工程造价管理工作并具有高级专业技术职务的人员，经考核合格，可通过认定办法取得造价工程师资格。1997 年 3 月，建设部和人事部联合发布了《造价工程师执业资格认定办法》。于 1997 年、1998 年分两批共考核认定了 1853 名造价工程师。同时，1997 年组织了九省市试点考试，并于 1998 年开始至今，每年举行一次全国统一考试。目前，取得造价工程师注册资格的人员达 110000 人，造价工程师执业资格制度已经初步建立。为了加强对造价工程师的注册管理，规范造价工程师的执业行为，2006 年 12 月 25 日原建设部修订了《造价工程师注册管理办法》，并颁布了《注册造价工程师管理办法》（建设部令第 150 号）。

本条是对造价工程师所承担的责任和对其进行处罚的规定，本条为部分修订条款，与 107 号部令第十九条相比，增加了记入工程造价工程师信用档案的处罚内容，以便能够更加有效地约束造价工程师的不良行为。

本条主要对造价工程师在发承包计价中的关键环节，即最高投标限价、招标标底或者投标报价编制，工程结算审核和工程造价鉴定中，签署有虚假记载、误导性陈述的工程造价成果文件的查处进行了明确规定，具体处罚要求：一是记入造价工程师信用档案；二是按《注册造价工程师管理办法》进行查处；三是构成犯罪的，依法追究刑事责任。

《注册造价工程师管理办法》要求造价工程师的禁止行为和处罚内容如下：①不履行注册造价工程师义务；②在执业过程中，索贿、受贿或者谋取合同约定费用外的其他利益；③在执业过程中实施商业贿赂；④签署有虚假记载、误导性陈述的工程造价成果文件；⑤以个人名义承接工程造价业务；⑥允许他人以自己名义从事工程造价业务；⑦同时在两个或者两个以上单位执业；⑧涂改、倒卖、出租、出借或者以其他形式非法转让注册证书或者执业印章；⑨法律、法规、规章禁止的其他行为。

对制订地方实施细则的建议：在制订地方实施细则时，可依据本《办法》和《注册造价工程师管理办法》，进一步细化对造价工程师各类违法情形的处罚措施。

第二十三条　造价咨询企业法律责任

【条文】第二十三条　工程造价咨询企业在建筑工程计价活动中，出具有虚假记载、误导性陈述的工程造价成果文件的，记入工程造价咨询企业信用档案，由县级以上地方人民政府住房城乡建设主管部门责令改正，处 1 万元以上 3 万元以下的罚款，并予以通报。

【要旨】本条规定了造价咨询企业违法违规行为的法律责任。

【释义】本条是对工程造价咨询企业所承担的责任和对其进行处罚的规定，为部分修订条款。与 107 号部令第二十条相比，增加了记入工程造价咨询企业信用档案的处罚内容，目的是更加有效地约束了工程造价咨询企业的不良行为。

工程造价咨询企业，是指接受委托，对建设项目投资、工程造价的确定与控制提供专业咨询服务的企业。工程造价咨询企业资质等级分为甲级和乙级。甲级工程造价咨询企业可以从事各类建设项目的工程造价咨询业务。乙级工程造价咨询企业可以从事工程造价 5000 万元人民币以下的各类建设项目的工程造价咨询业务。工程造价咨询企业依法从事工程造价咨询活动，不受行政区域限制。工程造价咨询企业从事工程造价咨询业务，应当按照执业操作规程规定的程序和格式出具工程造价成果文件。工程造价成果文件应当由工程造价咨询企业加盖有企业名称、资质等级及证书编号的执业专用章，并由执行咨询业务的注册造价工程师签字、加盖执业专用章。工程造价咨询企业的分支机构从事工程造价咨询业务，应当由设立该分支机构的工程造价咨询企业负责承接工程造价咨询业务、订立咨询合同、出具工程造价成果文件；分支机构不得以自己的名义承接工程造价咨询业务、订立咨询合同、出具工程造价成果文件。

当工程造价咨询企业在建筑工程计价活动中，出具了有虚假记载、误导性陈述的工程造价成果文件的，不仅要对执业的造价工程师进行处罚，而且将该事件记入工程造价咨询企业信用档案，并对其通报和罚款，是更加有效的手段。工程造价咨询企业信用档案应当包括工程造价咨询企业的基本情况、业绩、良好行为、不良行为等内容。违法行为、被投诉举报处理、行政处罚等情况应当作为工程造价咨询企业的不良记录记入其信用档案。任何单位和个人有权查阅信用档案。工程造价咨询企业应当按照有关规定，向资质许可机关提供真实、准确、完整的工程造价企业信用档案信息。

对制订地方实施细则的建议：在制订地方实施细则时，可依据本《办法》和《工程造价咨询管理办法》，进一步细化对工程造价咨询企业各类违法情形的处罚措施。

第二十四条 国家机关工作人员法律责任

【条文】第二十四条 国家机关工作人员在建筑工程计价监督管理工作中玩忽职守、徇私舞弊、滥用职权的，由有关机关给予行政处分；构成犯罪的，依法追究刑事责任。

【要旨】本条规定了国家机关工作人员的法律责任。

【释义】本条是国家机关工作人员所应承担的责任和处罚的规定，为保留条款，与107号部令第二十一条表述保持一致。

1. 国家机关工作人员存在违法违规行为，未构成犯罪的，应当予以处分

所谓处分，是指有关组织依法对违法违纪的人员，依照法定权限和程序实施的一种惩戒措施，也是违法违纪行为人承担纪律责任的方式之一。根据《中华人民共和国公务员法》（以下简称《公务员法》）第五十六条的规定，对公务员的处分分为警告、记过、记大过、降级、撤职、开除6种。根据《事业单位工作人员处分暂行规定》第五条的规定，对事业单位工作人员的处分分为警告、记过、降低岗位等级或者撤职、开除4种。其中，撤职处分只适用于行政机关任命的事业单位工作人员。《公务员法》第五十八条对处分的法律后果作了规定："公务员在受处分期间不得晋升职务和级别，其中受记过、记大过、降级、撤职处分的，不得晋升工资档次。受处分的期间为：警告，六个月；记过，十二个月；记大过，十八个月；降级、撤职，二十四个月。受撤职处分的，按照规定降低级别。"根据《公务员法》的规定，受警告处分的，在六个月内，不得晋升职务和级别，但可以晋升工资档次；受记过处分的，在十二个月内，不得晋升职务、级别和工资档次；受记大过处分的，在十八个月内，不得晋升职务、级别和工资档次；受降级、撤职处分的，在二十四个月内不得晋升职务、级别和工资档次。处分期满后，受处分人员的晋职、晋级和晋升工资档次不再受影响，其在权利、义务的各个方面，与未受处分的同职、同级、同等工资档次的人员没有任何不同。在此需要注意的是，对于受到降级、撤职处分的人员在处分期满后，不视为恢复该人员在受处分前的级别和职务。其今后的晋级、晋职应当在受处分后新确定的级别和职务的基础上进行。受到开除处分后，即不再具有公务员身份。根据《公务员法》第二十四条的规定，曾经被开除公职的，不得再录用为公务员。

2. 国家机关工作人员存在违法违规行为，构成犯罪的，应当追究刑事责任

国家机关工作人员玩忽职守、徇私舞弊、滥用职权的行为，本质上是一种渎职行为，妨害了国家机关的正常活动，致使国家和人民的利益遭受重大损失。渎职罪侵犯的客体是

国家机关的正常活动。

（1）玩忽职守罪。根据《中华人民共和国刑法》（以下简称《刑法》）第三百九十七条的规定，玩忽职守罪是指国家机关工作人员玩忽职守，致使公共财产、国家和人民利益遭受重大损失的行为。如果有关责任人员是国家机关工作人员，其行为属于玩忽职守，并且致使公共财产、国家和人民利益遭受了重大损失，则该行为就涉嫌构成了玩忽职守罪。根据《刑法》的规定，犯玩忽职守罪的，处三年以下有期徒刑或者拘役；情节特别严重的，处三年以上七年以下有期徒刑。

（2）徇私舞弊罪。从词语本意上看，所谓“徇私”是指为了自己或者他人的利益而违法做某事，所谓“舞弊”是指采用欺骗或者隐瞒事实的方式违法做某事。公正执法、不徇私情、不谋私利，是国家机关工作人员最重要的法定义务，也是最基本的职责操守。根据《刑法》第四百零二条规定，行政执法人员徇私舞弊，对依法应当移交司法机关追究刑事责任的不移交，情节严重的，处三年以下有期徒刑或者拘役；造成严重后果的，处三年以上七年以下有期徒刑。

（3）滥用职权罪。根据《刑法》第三百九十七条的规定，滥用职权罪是指国家机关工作人员滥用职权，致使公共财产、国家和人民利益遭受重大损失的行为。根据《最高人民法院、最高人民检察院关于办理渎职刑事案件适用法律若干问题的解释（一）》（法释〔2012〕18号，以下简称《解释（一）》），具有下列情形之一的，应当认定为《刑法》第三百九十七条规定的“致使公共财产、国家和人民利益遭受重大损失”：①造成死亡1人以上，或者重伤3人以上，或者轻伤9人以上，或者重伤2人、轻伤3人以上，或者重伤1人、轻伤6人以上的；②造成经济损失30万元以上的；③造成恶劣社会影响的；④其他致使公共财产、国家和人民利益遭受重大损失的情形。这里所称的“经济损失”，是指渎职犯罪或者与渎职犯罪相关联的犯罪立案时已经实际造成的财产损失，包括为挽回渎职犯罪所造成的损失而支付的各种开支、费用等。立案后至提起公诉前持续发生的经济损失，应一并计入渎职犯罪造成的经济损失。

根据《刑法》的规定，犯滥用职权罪的，处三年以下有期徒刑或者拘役；情节特别严重的，处三年以上七年以下有期徒刑。根据《解释（一）》的规定，具有下列情形之一的，应当认定为“情节特别严重”：①造成死亡3人以上，或者重伤9人以上，或者轻伤27人以上，或者重伤6人、轻伤9人以上，或者重伤3人、轻伤18人以上的；②造成经济损失150万元以上的；③造成《解释（一）》规定的“致使公共财产、国家和人民利益遭受重大损失”，不报、迟报、谎报或者授意、指使、强令他人不报、迟报、谎报事故情况，致使损失后果持续、扩大或者抢救工作延误的；④造成特别恶劣社会影响的；⑤其他特别严重的情节。

第二十五条　参照适用

【条文】 第二十五条　建筑工程以外的工程施工发包与承包计价管理可以参照本办法执行。

【要旨】 建筑工程以外的其他建设工程发承包计价活动可以参照适用。

【释义】 本条为建筑工程以外的工程施工发包与承包计价管理参照适用原则，为保留条款，与107号部令第二十二条表述保持一致。建筑工程以外的工程，一般是指水利、交通、铁道等各类专业工程等。

《建筑法》第二条规定："在中华人民共和国境内从事建筑活动，实施对建筑活动的监督管理，应当遵守本法。本法所称建筑活动，是指各类房屋建筑及其附属设施的建造和与其配套的线路、管道、设备的安装活动。"《办法》修订中，删除了107号部令关于房屋建筑和市政基础设施工程的具体定义。目前，住房城乡建设部有效规章中，对房屋建筑和市政基础设施工程进行界定的规章还有《房屋建筑和市政基础设施工程施工招标投标管理办法》（建设部令第89号）等规章。按照《房屋建筑和市政基础设施工程施工招标投标管理办法》规定，房屋建筑一般是指各类房屋建筑及其附属设施和与其配套的线路、管道、设备安装工程及室内外装修工程；市政基础设施工程一般是指城市道路、公共交通、供水、排水、燃气、热力、园林、环卫、污水处理、垃圾处理、防洪、地下公共设施及附属设施的土建、管道和设备安装工程。按照《建设工程质量管理条例》（国务院令第279号）和《建设工程安全生产管理条例》（国务院令第393号）规定，建设工程是指土木工程、建筑工程、线路管道和设备安装工程及装修工程。《建设工程质量管理条例》和《建设工程安全生产管理条例》规定的"建设工程"内涵、外延，比《建筑法》规定的"建筑活动"内涵、外延要大的多，除了房屋建筑和市政基础设施工程外，还有交通、水利、铁道等专业工程建设。从建设工程质量管理体制上说，国务院住房城乡建设行政主管部门对全国的建设工程质量实施统一监督管理，国务院铁路、交通、水利等有关部门按照国务院规定的职责分工，负责对全国的有关专业建设工程质量的监督管理。县级以上地方人民政府建设行政主管部门对本行政区域内的建设工程质量实施监督管理。县级以上地方人民政府交通、水利等有关部门在各自的职责范围内，负责对本行政区域内的专业建设工程质量的监督管理。

按照工程造价管理行业的长期实践探索，以及基于工程造价监督管理的历史延续性，目前工程造价管理按照"建设工程"的口径统一实施行业指导和监督，当然这并不排除有关专业部门在各自职责范围内实施相应的监督和管理。《办法》在第二条规定，在中华人民共和国境内的建筑工程施工发包与承包计价管理，适用本办法。本办法所称建筑工程是指房屋建筑和市政基础设施工程。本办法所称工程发包与承包计价包括编制工程量清单、最高投标限价、招标标底、投标报价，进行工程结算，以及签订和调整合同价款等活动。对于第二条规定范围之外的其他工程施工发包与承包计价管理可以参照本办法执行。一般而言，各专业部门在各自的职责范围内，对专业工程发包与承包计价管理有专门规定的，也应从其规定。

第二十六条　实施细则制订

【条文】第二十六条　省、自治区、直辖市人民政府住房城乡建设主管部门可以根据本办法制订实施细则。

【要旨】授权省、自治区、直辖市人民政府住房城乡建设主管部门，可以结合地方实际情况制订相应的实施细则。

【释义】本条属于建议性条款，为新增条款，明确了各地住房城乡建设主管部门可制订实施细则，以增加本《办法》的可操作性。《办法》删除了原来关于规章解释权的规定。规章解释权，是指规章的制定机关为便于有关机关和公众正确理解和适用规章，对规章所做的进一步说明其含义、原因或者补充规定等的权力。虽然删除了解释权的规定，但是《办法》是由住房城乡建设部起草、制定的，住房城乡建设部对《办法》天然具有法定的、权威的解释权，住房城乡建设部正式作出的解释具有法定效力，是实施《办法》的必要补充和保障。

法律、法规和规章在贯彻实施的过程中，执行机关或者执行人对其条款如何理解，怎么样正确适用等问题，难免需要向制定机关请示、咨询，并要求其给予准确解释或者答复，以便正确执行法律、法规、规章。因此，可以说关于解释权的规定是法律、法规和规章的重要组成部分。对此，《立法法》、《行政法规制定程序条例》（国务院令第 321 号）、《规章制定程序条例》（国务院令第 322 号）都有明确规定。《立法法》第四十二条规定："法律解释权属于全国人民代表大会常务委员会。法律有以下情况之一的，由全国人民代表大会常务委员会解释：（一）法律的规定需要进一步明确具体含义的；（二）法律制定后出现新的情况，需要明确适用法律依据的。"第四十七条规定："全国人民代表大会常务委员会的法律解释同法律具有同等效力。"《行政法规制定程序条例》第三十一条规定："行政法规条文本身需要进一步明确界限或者作出补充规定的，由国务院解释。国务院法制机构研究拟订行政法规解释草案，报国务院同意后，由国务院公布或者由国务院授权国务院有关部门公布。行政法规的解释与行政法规具有同等效力。"《规章制定程序条例》第三十三条规定："规章解释权属于规章制定机关。规章有下列情况之一的，由制定机关解释：（一）规章的规定需要进一步明确具体含义的；（二）规章制定后出现新的情况，需要明确适用规章依据的。"据此，解释权作为立法内容之一，尽管规章中没有明确规定，但这并不影响对规章的解释。

对制订地方实施细则的建议：107 号部令出台后，各地方主管部门相继出台了相应的管理办法或者实施细则，如《内蒙古自治区建筑工程施工发包与承包计价管理实施细则》、《山东省建筑工程施工发包与承包计价管理办法》、《江西省建筑工程施工发包与承包计价管理办法》，本次修订后，建议省、自治区、直辖市人民政府住房城乡建设主管部门可以依据本《办法》，并结合本地区实际情况制订或者修订本地区的管理办法或者实施细则。

第二十七条　施行日期

【条文】第二十七条　本办法自 2014 年 2 月 1 日起施行。原建设部 2001 年 11 月 5 日发布的《建筑工程施工发包与承包计价管理办法》（建设部令第 107 号）同时废止。

【要旨】本条规定了《办法》的实施日期。

【释义】本条为本《办法》的实施日期，为保留条款。法律的实施日期，是指法律对其所调整的社会关系开始具有拘束力的某一特定的具体时间。绝大多数的法律都明确规定生效时间。从我国立法实践看，对于法律的生效时间的规定，通常有以下三种方式。

第一种：法律自发布或公布之日起生效，即法律从发布或者公布之日起即产生法律效力。此类法律法规明确规定"本法自公布之日起施行"。例如，《中华人民共和国行政监察法》第五十一条规定："本法自公布之日起施行。"

第二种：法律自某一具体时间起施行，这一具体时间为法律公布后的某一具体时间。例如，《中华人民共和国证券法》第二百四十条规定："本法自 2006 年 1 月 1 日起施行。"这种做法的通常目的在于给执法机关一定的准备时间，同时也是为了在法律正式实施前进行广泛的宣传，使社会普遍了解。

第三种：在其他法律法规生效后一定期限后生效，即规定一部法律以另一部法律的施行为前提，在另一部法律颁布施行一段时间后，该法律开始施行。此类法律本身没有规定具体的生效时间，仅规定其施行自另一部法律法规实施后某一时间才开始生效。例如，《中华人民共和国企业破产法（试行）》（注：已废止，但不影响作为说明问题的例子）第四十三条规定："本法自全民所有制工业企业法实施满三个月之日起试行。"

《办法》采用的是第二种方式，即自某一具体时间起施行。《办法》生效后，原建设部 2001 年 11 月 5 日发布的《建筑工程施工发包与承包计价管理办法》（建设部令第 107 号）同时废止。

第三部分　附　　录

一、法律和行政法规

中华人民共和国建筑法

（1997 年 11 月 1 日第八届全国人民代表大会常务委员会第二十八次会议通过。根据 2011 年 4 月 22 日第十一届全国人民代表大会常务委员会第二十次会议《关于修改〈中华人民共和国建筑法〉的决定》修正，自 2011 年 7 月 1 日起施行）

第一章　总　　则

第一条　为了加强对建筑活动的监督管理，维护建筑市场秩序，保证建筑工程的质量和安全，促进建筑业健康发展，制定本法。

第二条　在中华人民共和国境内从事建筑活动，实施对建筑活动的监督管理，应当遵守本法。

本法所称建筑活动，是指各类房屋建筑及其附属设施的建造和与其配套的线路、管道、设备的安装活动。

第三条　建筑活动应当确保建筑工程质量和安全，符合国家的建筑工程安全标准。

第四条　国家扶持建筑业的发展，支持建筑科学技术研究，提高房屋建筑设计水平，鼓励节约能源和保护环境，提倡采用先进技术、先进设备、先进工艺、新型建筑材料和现代管理方式。

第五条　从事建筑活动应当遵守法律、法规，不得损害社会公共利益和他人的合法权益。

任何单位和个人都不得妨碍和阻挠依法进行的建筑活动。

第六条　国务院建设行政主管部门对全国的建筑活动实施统一监督管理。

第二章　建 筑 许 可

第一节　建筑工程施工许可

第七条　建筑工程开工前，建设单位应当按照国家有关规定向工程所在地县级以上人民政府建设行政主管部门申请领取施工许可证；但是，国务院建设行政主管部门确定的限额以下的小型工程除外。

按照国务院规定的权限和程序批准开工报告的建筑工程，不再领取施工许可证。

第八条　申请领取施工许可证，应当具备下列条件：

（一）已经办理该建筑工程用地批准手续；
（二）在城市规划区的建筑工程，已经取得规划许可证；
（三）需要拆迁的，其拆迁进度符合施工要求；
（四）已经确定建筑施工企业；
（五）有满足施工需要的施工图纸及技术资料；
（六）有保证工程质量和安全的具体措施；
（七）建设资金已经落实；
（八）法律、行政法规规定的其他条件。

建设行政主管部门应当自收到申请之日起十五日内，对符合条件的申请颁发施工许可证。

第九条 建设单位应当自领取施工许可证之日起三个月内开工。因故不能按期开工的，应当向发证机关申请延期；延期以两次为限，每次不超过三个月。既不开工又不申请延期或者超过延期时限的，施工许可证自行废止。

第十条 在建的建筑工程因故中止施工的，建设单位应当自中止施工之日起一个月内，向发证机关报告，并按照规定做好建筑工程的维护管理工作。

建筑工程恢复施工时，应当向发证机关报告；中止施工满一年的工程恢复施工前，建设单位应当报发证机关核验施工许可证。

第十一条 按照国务院有关规定批准开工报告的建筑工程，因故不能按期开工或者中止施工的，应当及时向批准机关报告情况。因故不能按期开工超过六个月的，应当重新办理开工报告的批准手续。

第二节 从业资格

第十二条 从事建筑活动的建筑施工企业、勘察单位、设计单位和工程监理单位，应当具备下列条件：

（一）有符合国家规定的注册资本；
（二）有与其从事的建筑活动相适应的具有法定执业资格的专业技术人员；
（三）有从事相关建筑活动所应有的技术装备；
（四）法律、行政法规规定的其他条件。

第十三条 从事建筑活动的建筑施工企业、勘察单位、设计单位和工程监理单位，按照其拥有的注册资本、专业技术人员、技术装备和已完成的建筑工程业绩等资质条件，划分为不同的资质等级，经资质审查合格，取得相应等级的资质证书后，方可在其资质等级许可的范围内从事建筑活动。

第十四条 从事建筑活动的专业技术人员，应当依法取得相应的执业资格证书，并在执业资格证书许可的范围内从事建筑活动。

第三章 建筑工程发包与承包

第一节 一般规定

第十五条 建筑工程的发包单位与承包单位应当依法订立书面合同，明确双方的权利和义务。

发包单位和承包单位应当全面履行合同约定的义务。不按照合同约定履行义务的，依法承担违约责任。

第十六条 建筑工程发包与承包的招标投标活动，应当遵循公开、公正、平等竞争的原则，择优选择承包单位。

建筑工程的招标投标，本法没有规定的，适用有关招标投标法律的规定。

第十七条 发包单位及其工作人员在建筑工程发包中不得收受贿赂、回扣或者索取其他好处。

承包单位及其工作人员不得利用向发包单位及其工作人员行贿、提供回扣或者给予其他好处等不正当手段承揽工程。

第十八条 建筑工程造价应当按照国家有关规定，由发包单位与承包单位在合同中约定。公开招标发包的，其造价的约定，须遵守招标投标法律的规定。

发包单位应当按照合同的约定，及时拨付工程款项。

第二节 发 包

第十九条 建筑工程依法实行招标发包，对不适于招标发包的可以直接发包。

第二十条 建筑工程实行公开招标的，发包单位应当依照法定程序和方式，发布招标公告，提供载有招标工程的主要技术要求、主要的合同条款、评标的标准和方法以及开标、评标、定标的程序等内容的招标文件。

开标应当在招标文件规定的时间、地点公开进行。开标后应当按照招标文件规定的评标标准和程序对标书进行评价、比较，在具备相应资质条件的投标者中，择优选定中标者。

第二十一条 建筑工程招标的开标、评标、定标由建设单位依法组织实施，并接受有关行政主管部门的监督。

第二十二条 建筑工程实行招标发包的，发包单位应当将建筑工程发包给依法中标的承包单位。建筑工程实行直接发包的，发包单位应当将建筑工程发包给具有相应资质条件的承包单位。

第二十三条 政府及其所属部门不得滥用行政权力，限定发包单位将招标发包的建筑工程发包给指定的承包单位。

第二十四条 提倡对建筑工程实行总承包，禁止将建筑工程肢解发包。

建筑工程的发包单位可以将建筑工程的勘察、设计、施工、设备采购一并发包给一个工程总承包单位，也可以将建筑工程勘察、设计、施工、设备采购的一项或者多项发包给一个工程总承包单位；但是，不得将应当由一个承包单位完成的建筑工程肢解成若干部分发包给几个承包单位。

第二十五条 按照合同约定，建筑材料、建筑构配件和设备由工程承包单位采购的，发包单位不得指定承包单位购入用于工程的建筑材料、建筑构配件和设备或者指定生产厂、供应商。

第三节 承 包

第二十六条 承包建筑工程的单位应当持有依法取得的资质证书，并在其资质等级许可的业务范围内承揽工程。

禁止建筑施工企业超越本企业资质等级许可的业务范围或者以任何形式用其他建筑施工企业的名义承揽工程。禁止建筑施工企业以任何形式允许其他单位或者个人使用本企业的资质证书、营业执照，以本企业的名义承揽工程。

第二十七条 大型建筑工程或者结构复杂的建筑工程，可以由两个以上的承包单位联合共同承包。共同承包的各方对承包合同的履行承担连带责任。

两个以上不同资质等级的单位实行联合共同承包的，应当按照资质等级低的单位的业务许可范围承揽工程。

第二十八条 禁止承包单位将其承包的全部建筑工程转包给他人，禁止承包单位将其承包的全部建筑工程肢解以后以分包的名义分别转包给他人。

第二十九条 建筑工程总承包单位可以将承包工程中的部分工程发包给具有相应资质条件的分包单位；但是，除总承包合同中约定的分包外，必须经建设单位认可。施工总承包的，建筑工程主体结构的施工必须由总承包单位自行完成。

建筑工程总承包单位按照总承包合同的约定对建设单位负责；分包单位按照分包合同的约定对总承包单位负责。总承包单位和分包单位就分包工程对建设单位承担连带责任。

禁止总承包单位将工程分包给不具备相应资质条件的单位。禁止分包单位将其承包的工程再分包。

第四章 建筑工程监理

第三十条 国家推行建筑工程监理制度。

国务院可以规定实行强制监理的建筑工程的范围。

第三十一条 实行监理的建筑工程，由建设单位委托具有相应资质条件的工程监理单位监理。建设单位与其委托的工程监理单位应当订立书面委托监理合同。

第三十二条 建筑工程监理应当依照法律、行政法规及有关的技术标准、设计文件和建筑工程承包合同，对承包单位在施工质量、建设工期和建设资金使用等方面，代表建设单位实施监督。

工程监理人员认为工程施工不符合工程设计要求、施工技术标准和合同约定的，有权要求建筑施工企业改正。

工程监理人员发现工程设计不符合建筑工程质量标准或者合同约定的质量要求的，应当报告建设单位要求设计单位改正。

第三十三条 实施建筑工程监理前，建设单位应当将委托的工程监理单位、监理的内容及监理权限，书面通知被监理的建筑施工企业。

第三十四条 工程监理单位应当在其资质等级许可的监理范围内，承担工程监理业务。

工程监理单位应当根据建设单位的委托，客观、公正地执行监理任务。

工程监理单位与被监理工程的承包单位以及建筑材料、建筑构配件和设备供应单位不得有隶属关系或者其他利害关系。工程监理单位不得转让工程监理业务。

第三十五条 工程监理单位不按照委托监理合同的约定履行监理义务，对应当监督检查的项目不检查或者不按照规定检查，给建设单位造成损失的，应当承担相应的赔偿责任。

工程监理单位与承包单位串通，为承包单位谋取非法利益，给建设单位造成损失的，应当与承包单位承担连带赔偿责任。

第五章　建筑安全生产管理

第三十六条　建筑工程安全生产管理必须坚持安全第一、预防为主的方针，建立健全安全生产的责任制度和群防群治制度。

第三十七条　建筑工程设计应当符合按照国家规定制定的建筑安全规程和技术规范，保证工程的安全性能。

第三十八条　建筑施工企业在编制施工组织设计时，应当根据建筑工程的特点制定相应的安全技术措施；对专业性较强的工程项目，应当编制专项安全施工组织设计，并采取安全技术措施。

第三十九条　建筑施工企业应当在施工现场采取维护安全、防范危险、预防火灾等措施；有条件的，应当对施工现场实行封闭管理。

施工现场对毗邻的建筑物、构筑物和特殊作业环境可能造成损害的，建筑施工企业应当采取安全防护措施。

第四十条　建设单位应当向建筑施工企业提供与施工现场相关的地下管线资料，建筑施工企业应当采取措施加以保护。

第四十一条　建筑施工企业应当遵守有关环境保护和安全生产的法律、法规的规定，采取控制和处理施工现场的各种粉尘、废气、废水、固体废物以及噪声、振动对环境的污染和危害的措施。

第四十二条　有下列情形之一的，建设单位应当按照国家有关规定办理申请批准手续：

（一）需要临时占用规划批准范围以外场地的；

（二）可能损坏道路、管线、电力、邮电通讯等公共设施的；

（三）需要临时停水、停电、中断道路交通的；

（四）需要进行爆破作业的；

（五）法律、法规规定需要办理报批手续的其他情形。

第四十三条　建设行政主管部门负责建筑安全生产的管理，并依法接受劳动行政主管部门对建筑安全生产的指导和监督。

第四十四条　建筑施工企业必须依法加强对建筑安全生产的管理，执行安全生产责任制度，采取有效措施，防止伤亡和其他安全生产事故的发生。

建筑施工企业的法定代表人对本企业的安全生产负责。

第四十五条　施工现场安全由建筑施工企业负责。实行施工总承包的，由总承包单位负责。分包单位向总承包单位负责，服从总承包单位对施工现场的安全生产管理。

第四十六条　建筑施工企业应当建立健全劳动安全生产教育培训制度，加强对职工安全生产的教育培训；未经安全生产教育培训的人员，不得上岗作业。

第四十七条　建筑施工企业和作业人员在施工过程中，应当遵守有关安全生产的法律、法规和建筑行业安全规章、规程，不得违章指挥或者违章作业。作业人员有权对影响人身健康的作业程序和作业条件提出改进意见，有权获得安全生产所需的防护用品。作业人员对危及生命安全和人身健康的行为有权提出批评、检举和控告。

第四十八条 建筑施工企业应当依法为职工参加工伤保险缴纳工伤保险费。鼓励企业为从事危险作业的职工办理意外伤害保险，支付保险费。

第四十九条 涉及建筑主体和承重结构变动的装修工程，建设单位应当在施工前委托原设计单位或者具有相应资质条件的设计单位提出设计方案；没有设计方案的，不得施工。

第五十条 房屋拆除应当由具备保证安全条件的建筑施工单位承担，由建筑施工单位负责人对安全负责。

第五十一条 施工中发生事故时，建筑施工企业应当采取紧急措施减少人员伤亡和事故损失，并按照国家有关规定及时向有关部门报告。

第六章 建筑工程质量管理

第五十二条 建筑工程勘察、设计、施工的质量必须符合国家有关建筑工程安全标准的要求，具体管理办法由国务院规定。

有关建筑工程安全的国家标准不能适应确保建筑安全的要求时，应当及时修订。

第五十三条 国家对从事建筑活动的单位推行质量体系认证制度。从事建筑活动的单位根据自愿原则可以向国务院产品质量监督管理部门或者国务院产品质量监督管理部门授权的部门认可的认证机构申请质量体系认证。经认证合格的，由认证机构颁发质量体系认证证书。

第五十四条 建设单位不得以任何理由，要求建筑设计单位或者建筑施工企业在工程设计或者施工作业中，违反法律、行政法规和建筑工程质量、安全标准，降低工程质量。

建筑设计单位和建筑施工企业对建设单位违反前款规定提出的降低工程质量的要求，应当予以拒绝。

第五十五条 建筑工程实行总承包的，工程质量由工程总承包单位负责，总承包单位将建筑工程分包给其他单位的，应当对分包工程的质量与分包单位承担连带责任。分包单位应当接受总承包单位的质量管理。

第五十六条 建筑工程的勘察、设计单位必须对其勘察、设计的质量负责。勘察、设计文件应当符合有关法律、行政法规的规定和建筑工程质量、安全标准、建筑工程勘察、设计技术规范以及合同的约定。设计文件选用的建筑材料、建筑构配件和设备，应当注明其规格、型号、性能等技术指标，其质量要求必须符合国家规定的标准。

第五十七条 建筑设计单位对设计文件选用的建筑材料、建筑构配件和设备，不得指定生产厂、供应商。

第五十八条 建筑施工企业对工程的施工质量负责。建筑施工企业必须按照工程设计图纸和施工技术标准施工，不得偷工减料。工程设计的修改由原设计单位负责，建筑施工企业不得擅自修改工程设计。

第五十九条 建筑施工企业必须按照工程设计要求、施工技术标准和合同的约定，对建筑材料、建筑构配件和设备进行检验，不合格的不得使用。

第六十条 建筑物在合理使用寿命内，必须确保地基基础工程和主体结构的质量。

建筑工程竣工时，屋顶、墙面不得留有渗漏、开裂等质量缺陷；对已发现的质量缺陷，建筑施工企业应当修复。

第六十一条 交付竣工验收的建筑工程，必须符合规定的建筑工程质量标准，有完整的工程技术经济资料和经签署的工程保修书，并具备国家规定的其他竣工条件。

建筑工程竣工经验收合格后，方可交付使用；未经验收或者验收不合格的，不得交付使用。

第六十二条 建筑工程实行质量保修制度。

建筑工程的保修范围应当包括地基基础工程、主体结构工程、屋面防水工程和其他土建工程，以及电气管线、上下水管线的安装工程，供热、供冷系统工程等项目；保修的期限应当按照保证建筑物合理寿命年限内正常使用，维护使用者合法权益的原则确定。具体的保修范围和最低保修期限由国务院规定。

第六十三条 任何单位和个人对建筑工程的质量事故、质量缺陷都有权向建设行政主管部门或者其他有关部门进行检举、控告、投诉。

第七章 法律责任

第六十四条 违反本法规定，未取得施工许可证或者开工报告未经批准擅自施工的，责令改正，对不符合开工条件的责令停止施工，可以处以罚款。

第六十五条 发包单位将工程发包给不具有相应资质条件的承包单位的，或者违反本法规定将建筑工程肢解发包的，责令改正，处以罚款。

超越本单位资质等级承揽工程的，责令停止违法行为，处以罚款，可以责令停业整顿，降低资质等级；情节严重的，吊销资质证书；有违法所得的，予以没收。

未取得资质证书承揽工程的，予以取缔，并处罚款；有违法所得的，予以没收。

以欺骗手段取得资质证书的，吊销资质证书，处以罚款；构成犯罪的，依法追究刑事责任。

第六十六条 建筑施工企业转让、出借资质证书或者以其他方式允许他人以本企业的名义承揽工程的，责令改正，没收违法所得，并处罚款，可以责令停业整顿，降低资质等级；情节严重的，吊销资质证书。对因该项承揽工程不符合规定的质量标准造成的损失，建筑施工企业与使用本企业名义的单位或者个人承担连带赔偿责任。

第六十七条 承包单位将承包的工程转包的，或者违反本法规定进行分包的，责令改正，没收违法所得，并处罚款，可以责令停业整顿，降低资质等级；情节严重的，吊销资质证书。

承包单位有前款规定的违法行为的，对因转包工程或者违法分包的工程不符合规定的质量标准造成的损失，与接受转包或者分包的单位承担连带赔偿责任。

第六十八条 在工程发包与承包中索贿、受贿、行贿，构成犯罪的，依法追究刑事责任；不构成犯罪的，分别处以罚款，没收贿赂的财物，对直接负责的主管人员和其他直接责任人员给予处分。

对在工程承包中行贿的承包单位，除依照前款规定处罚外，可以责令停业整顿，降低资质等级或者吊销资质证书。

第六十九条 工程监理单位与建设单位或者建筑施工企业串通，弄虚作假、降低工程质量的，责令改正，处以罚款，降低资质等级或者吊销资质证书；有违法所得的，予以没收；造成损失的，承担连带赔偿责任；构成犯罪的，依法追究刑事责任。

工程监理单位转让监理业务的，责令改正，没收违法所得，可以责令停业整顿，降低资质等级；情节严重的，吊销资质证书。

第七十条 违反本法规定，涉及建筑主体或者承重结构变动的装修工程擅自施工的，责令改正，处以罚款；造成损失的，承担赔偿责任；构成犯罪的，依法追究刑事责任。

第七十一条 建筑施工企业违反本法规定，对建筑安全事故隐患不采取措施予以消除的，责令改正，可以处以罚款；情节严重的，责令停业整顿，降低资质等级或者吊销资质证书；构成犯罪的，依法追究刑事责任。

建筑施工企业的管理人员违章指挥、强令职工冒险作业，因而发生重大伤亡事故或者造成其他严重后果的，依法追究刑事责任。

第七十二条 建设单位违反本法规定，要求建筑设计单位或者建筑施工企业违反建筑工程质量、安全标准，降低工程质量的，责令改正，可以处以罚款；构成犯罪的，依法追究刑事责任。

第七十三条 建筑设计单位不按照建筑工程质量、安全标准进行设计的，责令改正，处以罚款；造成工程质量事故的，责令停业整顿，降低资质等级或者吊销资质证书，没收违法所得，并处罚款；造成损失的，承担赔偿责任；构成犯罪的，依法追究刑事责任。

第七十四条 建筑施工企业在施工中偷工减料的，使用不合格的建筑材料、建筑构配件和设备的，或者有其他不按照工程设计图纸或者施工技术标准施工的行为的，责令改正，处以罚款；情节严重的，责令停业整顿，降低资质等级或者吊销资质证书；造成建筑工程质量不符合规定的质量标准的，负责返工、修理，并赔偿因此造成的损失；构成犯罪的，依法追究刑事责任。

第七十五条 建筑施工企业违反本法规定，不履行保修义务或者拖延履行保修义务的，责令改正，可以处以罚款，并对在保修期内因屋顶、墙面渗漏、开裂等质量缺陷造成的损失，承担赔偿责任。

第七十六条 本法规定的责令停业整顿、降低资质等级和吊销资质证书的行政处罚，由颁发资质证书的机关决定；其他行政处罚，由建设行政主管部门或者有关部门依照法律和国务院规定的职权范围决定。

依照本法规定被吊销资质证书的，由工商行政管理部门吊销其营业执照。

第七十七条 违反本法规定，对不具备相应资质等级条件的单位颁发该等级资质证书的，由其上级机关责令收回所发的资质证书，对直接负责的主管人员和其他直接责任人员给予行政处分；构成犯罪的，依法追究刑事责任。

第七十八条 政府及其所属部门的工作人员违反本法规定，限定发包单位将招标发包的工程发包给指定的承包单位的，由上级机关责令改正；构成犯罪的，依法追究刑事责任。

第七十九条 负责颁发建筑工程施工许可证的部门及其工作人员对不符合施工条件的建筑工程颁发施工许可证的，负责工程质量监督检查或者竣工验收的部门及其工作人员对不合格的建筑工程出具质量合格文件或者按合格工程验收的，由上级机关责令改正，对责任人员给予行政处分；构成犯罪的，依法追究刑事责任；造成损失的，由该部门承担相应的赔偿责任。

第八十条 在建筑物的合理使用寿命内，因建筑工程质量不合格受到损害的，有权向责任者要求赔偿。

第八章 附 则

第八十一条 本法关于施工许可、建筑施工企业资质审查和建筑工程发包、承包、禁止转包，以及建筑工程监理、建筑工程安全和质量管理的规定，适用于其他专业建筑工程的建筑活动，具体办法由国务院规定。

第八十二条 建设行政主管部门和其他有关部门在对建筑活动实施监督管理中，除按照国务院有关规定收取费用外，不得收取其他费用。

第八十三条 省、自治区、直辖市人民政府确定的小型房屋建筑工程的建筑活动，参照本法执行。

依法核定作为文物保护的纪念建筑物和古建筑等的修缮，依照文物保护的有关法律规定执行。

抢险救灾及其他临时性房屋建筑和农民自建低层住宅的建筑活动，不适用本法。

第八十四条 军用房屋建筑工程建筑活动的具体管理办法，由国务院、中央军事委员会依据本法制定。

第八十五条 本法自 1998 年 3 月 1 日起施行。

中华人民共和国合同法

（1999 年 3 月 15 日第九届全国人民代表大会第二次会议通过，自 1999 年 10 月 1 日起施行）

总　　则

第一章　一 般 规 定

第一条　为了保护合同当事人的合法权益，维护社会经济秩序，促进社会主义现代化建设，制定本法。

第二条　本法所称合同是平等主体的自然人、法人、其他组织之间设立、变更、终止民事权利义务关系的协议。

婚姻、收养、监护等有关身份关系的协议，适用其他法律的规定。

第三条　合同当事人的法律地位平等，一方不得将自己的意志强加给另一方。

第四条　当事人依法享有自愿订立合同的权利，任何单位和个人不得非法干预。

第五条　当事人应当遵循公平原则确定各方的权利和义务。

第六条　当事人行使权利、履行义务应当遵循诚实信用原则。

第七条　当事人订立、履行合同，应当遵守法律、行政法规，尊重社会公德，不得扰乱社会经济秩序，损害社会公共利益。

第八条　依法成立的合同，对当事人具有法律约束力。当事人应当按照约定履行自己的义务，不得擅自变更或者解除合同。

依法成立的合同，受法律保护。

第二章　合同的订立

第九条　当事人订立合同，应当具有相应的民事权利能力和民事行为能力。

当事人依法可以委托代理人订立合同。

第十条　当事人订立合同，有书面形式、口头形式和其他形式。

法律、行政法规规定采用书面形式的，应当采用书面形式。当事人约定采用书面形式的，应当采用书面形式。

第十一条　书面形式是指合同书、信件和数据电文（包括电报、电传、传真、电子数据交换和电子邮件）等可以有形地表现所载内容的形式。

第十二条　合同的内容由当事人约定，一般包括以下条款：

（一）当事人的名称或者姓名和住所；

（二）标的；

（三）数量；

（四）质量；

（五）价款或者报酬；

（六）履行期限、地点和方式；

（七）违约责任；

（八）解决争议的方法。

当事人可以参照各类合同的示范文本订立合同。

第十三条　当事人订立合同，采取要约、承诺方式。

第十四条　要约是希望和他人订立合同的意思表示，该意思表示应当符合下列规定：

（一）内容具体确定；

（二）表明经受要约人承诺，要约人即受该意思表示约束。

第十五条　要约邀请是希望他人向自己发出要约的意思表示。寄送的价目表、拍卖公告、招标公告、招股说明书、商业广告等为要约邀请。

商业广告的内容符合要约规定的，视为要约。

第十六条　要约到达受要约人时生效。

采用数据电文形式订立合同，收件人指定特定系统接收数据电文的，该数据电文进入该特定系统的时间，视为到达时间；未指定特定系统的，该数据电文进入收件人的任何系统的首次时间，视为到达时间。

第十七条　要约可以撤回。撤回要约的通知应当在要约到达受要约人之前或者与要约同时到达受要约人。

第十八条　要约可以撤销。撤销要约的通知应当在受要约人发出承诺通知之前到达受要约人。

第十九条　有下列情形之一的，要约不得撤销：

（一）要约人确定了承诺期限或者以其他形式明示要约不可撤销；

（二）受要约人有理由认为要约是不可撤销的，并已经为履行合同作了准备工作。

第二十条　有下列情形之一的，要约失效：

（一）拒绝要约的通知到达要约人；

（二）要约人依法撤销要约；

（三）承诺期限届满，受要约人未作出承诺；

（四）受要约人对要约的内容作出实质性变更。

第二十一条　承诺是受要约人同意要约的意思表示。

第二十二条　承诺应当以通知的方式作出，但根据交易习惯或者要约表明可以通过行为作出承诺的除外。

第二十三条　承诺应当在要约确定的期限内到达要约人。

要约没有确定承诺期限的，承诺应当依照下列规定到达：

（一）要约以对话方式作出的，应当即时作出承诺，但当事人另有约定的除外；

（二）要约以非对话方式作出的，承诺应当在合理期限内到达。

第二十四条　要约以信件或者电报作出的，承诺期限自信件载明的日期或者电报交发之日开始计算。信件未载明日期的，自投寄该信件的邮戳日期开始计算。要约以电话、传真等快速通讯方式作出的，承诺期限自要约到达受要约人时开始计算。

第二十五条　承诺生效时合同成立。

第二十六条 承诺通知到达要约人时生效。承诺不需要通知的，根据交易习惯或者要约的要求作出承诺的行为时生效。

采用数据电文形式订立合同的，承诺到达的时间适用本法第十六条第二款的规定。

第二十七条 承诺可以撤回。撤回承诺的通知应当在承诺通知到达要约人之前或者与承诺通知同时到达要约人。

第二十八条 受要约人超过承诺期限发出承诺的，除要约人及时通知受要约人该承诺有效的以外，为新要约。

第二十九条 受要约人在承诺期限内发出承诺，按照通常情形能够及时到达要约人，但因其他原因承诺到达要约人时超过承诺期限的，除要约人及时通知受要约人因承诺超过期限不接受该承诺的以外，该承诺有效。

第三十条 承诺的内容应当与要约的内容一致。受要约人对要约的内容作出实质性变更的，为新要约。有关合同标的、数量、质量、价款或者报酬、履行期限、履行地点和方式、违约责任和解决争议方法等的变更，是对要约内容的实质性变更。

第三十一条 承诺对要约的内容作出非实质性变更的，除要约人及时表示反对或者要约表明承诺不得对要约的内容作出任何变更的以外，该承诺有效，合同的内容以承诺的内容为准。

第三十二条 当事人采用合同书形式订立合同的，自双方当事人签字或者盖章时合同成立。

第三十三条 当事人采用信件、数据电文等形式订立合同的，可以在合同成立之前要求签订确认书。签订确认书时合同成立。

第三十四条 承诺生效的地点为合同成立的地点。

采用数据电文形式订立合同的，收件人的主营业地为合同成立的地点；没有主营业地的，其经常居住地为合同成立的地点。当事人另有约定的，按照其约定。

第三十五条 当事人采用合同书形式订立合同的，双方当事人签字或者盖章的地点为合同成立的地点。

第三十六条 法律、行政法规规定或者当事人约定采用书面形式订立合同，当事人未采用书面形式但一方已经履行主要义务，对方接受的，该合同成立。

第三十七条 采用合同书形式订立合同，在签字或者盖章之前，当事人一方已经履行主要义务，对方接受的，该合同成立。

第三十八条 国家根据需要下达指令性任务或者国家订货任务的，有关法人、其他组织之间应当依照有关法律、行政法规规定的权利和义务订立合同。

第三十九条 采用格式条款订立合同的，提供格式条款的一方应当遵循公平原则确定当事人之间的权利和义务，并采取合理的方式提请对方注意免除或者限制其责任的条款，按照对方的要求，对该条款予以说明。

格式条款是当事人为了重复使用而预先拟定，并在订立合同时未与对方协商的条款。

第四十条 格式条款具有本法第五十二条和第五十三条规定情形的，或者提供格式条款一方免除其责任、加重对方责任、排除对方主要权利，该条款无效。

第四十一条 对格式条款的理解发生争议的，应当按照通常理解予以解释。对格式条款有两种以上解释的，应当作出不利于提供格式条款一方的解释。格式条款和非格式条款不一致的，应当采用非格式条款。

第四十二条 当事人在订立合同过程中有下列情形之一，给对方造成损失的，应当承担损害赔偿责任：

（一）假借订立合同，恶意进行磋商；

（二）故意隐瞒与订立合同有关的重要事实或者提供虚假情况；

（三）有其他违背诚实信用原则的行为。

第四十三条 当事人在订立合同过程中知悉的商业秘密，无论合同是否成立，不得泄露或者不正当地使用。泄露或者不正当地使用该商业秘密给对方造成损失的，应当承担损害赔偿责任。

第三章 合同的效力

第四十四条 依法成立的合同，自成立时生效。

法律、行政法规规定应当办理批准、登记等手续生效的，依照其规定。

第四十五条 当事人对合同的效力可以约定附条件。附生效条件的合同，自条件成就时生效。附解除条件的合同，自条件成就时失效。

当事人为自己的利益不正当地阻止条件成就的，视为条件已成就；不正当地促成条件成就的，视为条件不成就。

第四十六条 当事人对合同的效力可以约定附期限。附生效期限的合同，自期限届至时生效。附终止期限的合同，自期限届满时失效。

第四十七条 限制民事行为能力人订立的合同，经法定代理人追认后，该合同有效，但纯获利益的合同或者与其年龄、智力、精神健康状况相适应而订立的合同，不必经法定代理人追认。

相对人可以催告法定代理人在一个月内予以追认。法定代理人未作表示的，视为拒绝追认。合同被追认之前，善意相对人有撤销的权利。撤销应当以通知的方式作出。

第四十八条 行为人没有代理权、超越代理权或者代理权终止后以被代理人名义订立的合同，未经被代理人追认，对被代理人不发生效力，由于为人承担责任。

相对人可以催告被代理人在一个月内予以追认。被代理人未作表示的，视为拒绝追认。合同被追认之前，善意相对人有撤销的权利。撤销应当以通知的方式作出。

第四十九条 行为人没有代理权、超越代理权或者代理权终止后以被代理人名义订立合同，相对人有理由相信行为人有代理权的，该代理行为有效。

第五十条 法人或者其他组织的法定代表人、负责人超越权限订立的合同，除相对人知道或者应当知道其超越权限的以外，该代表行为有效。

第五十一条 无处分权的人处分他人财产，经权利人追认或者无处分权的人订立合同后取得处分权的，该合同有效。

第五十二条 有下列情形之一的，合同无效：

（一）一方以欺诈、胁迫的手段订立合同，损害国家利益；

（二）恶意串通，损害国家、集体或者第三人利益；

（三）以合法形式掩盖非法目的；

（四）损害社会公共利益；

（五）违反法律、行政法规的强制性规定。

第五十三条 合同中的下列免责条款无效：

（一）造成对方人身伤害的；

（二）因故意或者重大过失造成对方财产损失的。

第五十四条 下列合同，当事人一方有权请求人民法院或者仲裁机构变更或者撤销：

（一）因重大误解订立的；

（二）在订立合同时显失公平的。

一方以欺诈、胁迫的手段或者乘人之危，使对方在违背真实意思的情况下订立的合同，受损害方有权请求人民法院或者仲裁机构变更或者撤销。当事人请求变更的，人民法院或者仲裁机构不得撤销。

第五十五条 有下列情形之一的，撤销权消灭：

（一）具有撤销权的当事人自知道或者应当知道撤销事由之日起一年内没有行使撤销权；

（二）具有撤销权的当事人知道撤销事由后明确表示或者以自己的行为放弃撤销权。

第五十六条 无效的合同或者被撤销的合同自始没有法律约束力。合同部分无效，不影响其他部分效力的，其他部分仍然有效。

第五十七条 合同无效、被撤销或者终止的，不影响合同中独立存在的有关解决争议方法的条款的效力。

第五十八条 合同无效或者被撤销后，因该合同取得的财产，应当予以返还；不能返还或者没有必要返还的，应当折价补偿。有过错的一方应当赔偿对方因此所受到的损失，双方都有过错的，应当各自承担相应的责任。

第五十九条 当事人恶意串通，损害国家、集体或者第三人利益的，因此取得的财产收归国家所有或者返还集体、第三人。

第四章 合同的履行

第六十条 当事人应当按照约定全面履行自己的义务。

当事人应当遵循诚实信用原则，根据合同的性质、目的和交易习惯履行通知、协助、保密等义务。

第六十一条 合同生效后，当事人就质量、价款或者报酬、履行地点等内容没有约定或者约定不明确的，可以协议补充；不能达成补充协议的，按照合同有关条款或者交易习惯确定。

第六十二条 当事人就有关合同内容约定不明确，依照本法第六十一条的规定仍不能确定的，适用下列规定：

（一）质量要求不明确的，按照国家标准、行业标准履行；没有国家标准、行业标准的，按照通常标准或者符合合同目的的特定标准履行。

（二）价款或者报酬不明确的，按照订立合同时履行地的市场价格履行；依法应当执行政府定价或者政府指导价的，按照规定履行。

（三）履行地点不明确，给付货币的，在接受货币一方所在地履行；交付不动产的，在不动产所在地履行；其他标的，在履行义务一方所在地履行。

（四）履行期限不明确的，债务人可以随时履行，债权人也可以随时要求履行，但应当给对方必要的准备时间。

（五）履行方式不明确的，按照有利于实现合同目的的方式履行。

（六）履行费用的负担不明确的，由履行义务一方负担。

第六十三条 执行政府定价或者政府指导价的，在合同约定的交付期限内政府价格调整时，按照交付时的价格计价。逾期交付标的物的，遇价格上涨时，按照原价格执行；价格下降时，按照新价格执行。逾期提取标的物或者逾期付款的，遇价格上涨时，按照新价格执行；价格下降时，按照原价格执行。

第六十四条 当事人约定由债务人向第三人履行债务的，债务人未向第三人履行债务或者履行债务不符合约定，应当向债权人承担违约责任。

第六十五条 当事人约定由第三人向债权人履行债务的，第三人不履行债务或者履行债务不符合约定，债务人应当向债权人承担违约责任。

第六十六条 当事人互负债务，没有先后履行顺序的，应当同时履行。一方在对方履行之前有权拒绝其履行要求。一方在对方履行债务不符合约定时，有权拒绝其相应的履行要求。

第六十七条 当事人互负债务，有先后履行顺序，先履行一方未履行的，后履行一方有权拒绝履行要求。先履行一方履行债务不符合约定的，后履行一方有权拒绝其相应的履行要求。

第六十八条 应当先履行债务的当事人，有确切证据证明对方有下列情形之一的，可以中止履行：

（一）经营状况严重恶化；

（二）转移财产、抽逃资金，以逃避债务；

（三）丧失商业信誉；

（四）有丧失或者可能丧失履行债务能力的其他情形。

当事人没有确切证据中止履行的，应当承担违约责任。

第六十九条 当事人依照本法第六十八条的规定中止履行的，应当及时通知对方。对方提供适当担保时，应当恢复履行。中止履行后，对方在合理期限内未恢复履行能力并且未提供适当担保的，中止履行的一方可以解除合同。

第七十条 债权人分立、合并或者变更住所没有通知债务人，致使履行债务发生困难的，债务人可以中止履行或者将标的物提存。

第七十一条 债权人可以拒绝债务人提前履行债务，但提前履行不损害债权人利益的除外。

债务人提前履行债务给债权人增加的费用，由债务人负担。

第七十二条 债权人可以拒绝债务人部分履行债务，但部分履行不损害债权人利益的除外。

债务人部分履行债务给债权人增加的费用，由债务人负担。

第七十三条 因债务人怠于行使其到期债权，对债权人造成损害的，债权人可以向人民法院请求以自己的名义代位行使债务人的债权，但该债权专属于债务人自身的除外。

代位权的行使范围以债权人的债权为限。债权人行使代位权的必要费用，由债务人负担。

第七十四条 因债务人放弃其到期债权或者无偿转让财产，对债权人造成损害的，债权人可以请求人民法院撤销债务人的行为。债务人以明显不合理的低价转让财产，对债权人造成损害，并且受让人知道该情形的，债权人也可以请求人民法院撤销债务人的行为。

撤销权的行使范围以债权人的债权为限。债权人行使撤销权的必要费用，由债务人负担。

第七十五条 撤销权自债权人知道或者应当知道撤销事由之日起一年内行使。自债务人的行为发生之日起五年内没有行使撤销权的，该撤销权消灭。

第七十六条 合同生效后，当事人不得因姓名、名称的变更或者法定代表人、负责人、承办人的变动而不履行合同义务。

第五章 合同的变更和转让

第七十七条 当事人协商一致，可以变更合同。

法律、行政法规规定变更合同应当办理批准、登记等手续的，依照其规定。

第七十八条 当事人对合同变更的内容约定不明确的，推定为未变更。

第七十九条 债权人可以将合同的权利全部或者部分转让给第三人，但有下列情形之一的除外：

（一）根据合同性质不得转让；

（二）按照当事人约定不得转让；

（三）依照法律规定不得转让。

第八十条 债权人转让权利的，应当通知债务人。未经通知，该转让对债务人不发生效力。

债权人转让权利的通知不得撤销，但经受让人同意的除外。

第八十一条 债权人转让权利的，受让人取得与债权有关的从权利，但该从权利专属于债权人自身的除外。

第八十二条 债务人接到债权转让通知后，债务人对让与人的抗辩，可以向受让人主张。

第八十三条 债务人接到债权转让通知时，债务人对让与人享有债权，并且债务人的债权先于转让的债权到期或者同时到期的，债务人可以向受让人主张抵销。

第八十四条 债务人将合同的义务全部或者部分转移给第三人的，应当经债权人同意。

第八十五条 债务人转移义务的，新债务人可以主张原债务人对债权人的抗辩。

第八十六条 债务人转移义务的，新债务人应当承担与主债务有关的从债务，但该从债务专属于原债务人自身的除外。

第八十七条 法律、行政法规规定转让权利或者转移义务应当办理批准、登记等手续的，依照其规定。

第八十八条 当事人一方经对方同意，可以将自己在合同中的权利和义务一并转让给第三人。

第八十九条 权利和义务一并转让的，适用本法第七十九条、第八十一条至第八十三条、第八十五条至第八十七条的规定。

第九十条 当事人订立合同后合并的，由合并后的法人或者其他组织行使合同权利，履行合同义务。当事人订立合同后分立的，除债权人和债务人另有约定的以外，由分立的法人或者其他组织对合同的权利和义务享有连带债权，承担连带债务。

第六章 合同的权利义务终止

第九十一条 有下列情形之一的，合同的权利义务终止：

（一）债务已经按照约定履行；

（二）合同解除；

（三）债务相互抵销；

（四）债务人依法将标的物提存；

（五）债权人免除债务；

（六）债权债务同归于一人；

（七）法律规定或者当事人约定终止的其他情形。

第九十二条 合同的权利义务终止后，当事人应当遵循诚实信用原则，根据交易习惯履行通知、协助、保密等义务。

第九十三条 当事人协商一致，可以解除合同。

当事人可以约定一方解除合同的条件。解除合同的条件成就时，解除权人可以解除合同。

第九十四条 有下列情形之一的，当事人可以解除合同：

（一）因不可抗力致使不能实现合同目的；

（二）在履行期限届满之前，当事人一方明确表示或者以自己的行为表明不履行主要债务；

（三）当事人一方迟延履行主要债务，经催告后在合理期限内仍未履行；

（四）当事人一方迟延履行债务或者有其他违约行为致使不能实现合同目的；

（五）法律规定的其他情形。

第九十五条 法律规定或者当事人约定解除权行使期限，期限届满当事人不行使的，该权利消灭。

法律没有规定或者当事人没有约定解除权行使期限，经对方催告后在合理期限内不行使的，该权利消灭。

第九十六条 当事人一方依照本法第九十三条第二款、第九十四条的规定主张解除合同的，应当通知对方。合同自通知到达对方时解除。对方有异议的，可以请求人民法院或者仲裁机构确认解除合同的效力。

法律、行政法规规定解除合同应当办理批准、登记等手续的，依照其规定。

第九十七条 合同解除后，尚未履行的，终止履行；已经履行的，根据履行情况和合同性质，当事人可以要求恢复原状、采取其他补救措施，并有权要求赔偿损失。

第九十八条 合同的权利义务终止，不影响合同中结算和清理条款的效力。

第九十九条 当事人互负到期债务，该债务的标的物种类、品质相同的，任何一方可以将自己的债务与对方的债务抵销，但依照法律规定或者按照合同性质不得抵销的除外。

当事人主张抵销的，应当通知对方。通知自到达对方时生效。抵销不得附条件或者附期限。

第一百条 当事人互负债务，标的物种类、品质不相同的，经双方协商一致，也可以抵销。

第一百零一条 有下列情形之一，难以履行债务的，债务人可以将标的物提存：

（一）债权人无正当理由拒绝受领；

（二）债权人下落不明；

（三）债权人死亡未确定继承人或者丧失民事行为能力未确定监护人；

（四）法律规定的其他情形。

标的物不适于提存或者提存费用过高的，债务人依法可以拍卖或者变卖标的物，提存所得的价款。

第一百零二条 标的物提存后，除债权人下落不明的以外，债务人应当及时通知债权人或者债权人的继承人、监护人。

第一百零三条 标的物提存后，毁损、灭失的风险由债权人承担。提存期间，标的物的孳息归债权人所有。提存费用由债权人负担。

第一百零四条 债权人可以随时领取提存物，但债权人对债务人负有到期债务的，在债权人未履行债务或者提供担保之前，提存部门根据债务人的要求应当拒绝其领取提存物。债权人领取提存物的权利，自提存之日起五年内不得使而消灭，提存物扣除提存费用后归国家所有。

第一百零五条 债权人免除债务人部分或者全部债务的，合同的权利义务部分或者全部终止。

第一百零六条 债权和债务同归于一人的，合同的权利义务终止，但涉及第三人利益的除外。

第七章 违 约 责 任

第一百零七条 当事人一方不履行合同义务或者履行合同义务不符合约定的，应当承担继续履行、采取补救措施或者赔偿损失等违约责任。

第一百零八条 当事人一方明确表示或者以自己的行为表明不履行合同义务的，对方可以在履行期限届满之前要求其承担违约责任。

第一百零九条 当事人一方未支付价款或者报酬的，对方可以要求其支付价款或者报酬。

第一百一十条 当事人一方不履行非金钱债务或者履行非金钱债务不符合约定的，对方可以要求履行，但有下列情形之一的除外：

（一）法律上或者事实上不能履行；

（二）债务的标的不适于强制履行或者履行费用过高；

（三）债权人在合理期限内未要求履行。

第一百一十一条 质量不符合约定的，应当按照当事人的约定承担违约责任。对违约责任没有约定或者约定不明确，依照本法第六十一条的规定仍不能确定的，受损害方根据标的的性质以及损失的大小，可以合理选择要求对方承担修理、更换、重作、退货、减少价款或者报酬等违约责任。

第一百一十二条 当事人一方不履行合同义务或者履行合同义务不符合约定的，在履行义务或者采取补救措施后，对方还有其他损失的，应当赔偿损失。

第一百一十三条 当事人一方不履行合同义务或者履行合同义务不符合约定，给对方造成损失的，损失额应当相当于因违约所造成的损失，包括合同履行后可以获得的利益，但不得超过违反合同一方订立合同时预见或者应当预见到的因违反合同可能造成的损失。

经营者对消费者提供商品或者服务有欺诈行为的，依照《中华人民共和国消费者权益保护法》的规定承担损害赔偿责任。

第一百一十四条 当事人可以约定一方违约时应当根据违约情况向对方支付一定数额的违约金，也可以约定因违约产生的损失赔偿额的计算方法。

约定的违约金低于造成的损失的，当事人可以请求人民法院或者仲裁机构予以增加；约定的违约金过分高于造成的损失的，当事人可以请求人民法院或者仲裁机构予以适当减少。

当事人就迟延履行约定违约金的，违约方支付违约金后，还应当履行债务。

第一百一十五条 当事人可以依照《中华人民共和国担保法》约定一方向对方给付定金作为债权的担保。债务人履行债务后，定金应当抵作价款或者收回。给付定金的一方不履行约定的债务的，无权要求返还定金；收受定金的一方不履行约定的债务的，应当双倍返还定金。

第一百一十六条 当事人既约定违约金，又约定定金的，一方违约时，对方可以选择适用违约金或者定金条款。

第一百一十七条 因不可抗力不能履行合同的，根据不可抗力的影响，部分或者全部免除责任，但法律另有规定的除外。当事人迟延履行后发生不可抗力的，不能免除责任。

本法所称不可抗力，是指不能预见、不能避免并不能克服的客观情况。

第一百一十八条 当事人一方因不可抗力不能履行合同的，应当及时通知对方，以减轻可能给对方造成的损失，并应当在合理期限内提供证据。

第一百一十九条 当事人一方违约后，对方应当采取适当措施防止损失的扩大；没有采取适当措施致使损失扩大的，不得就扩大的损失要求赔偿。

当事人因防止损失扩大而支出的合理费用，由违约方承担。

第一百二十条 当事人双方都违反合同的，应当各自承担相应的责任。

第一百二十一条 当事人一方因第三人的原因造成违约的，应当向对方承担违约责任。当事人一方和第三人之间的纠纷，依照法律规定或者按照约定解决。

第一百二十二条 因当事人一方的违约行为，分割对方人身、财产权益的，受损害方有权选择依照本法要求其承担违约责任或者依照其他法律要求其承担侵权责任。

第八章 其他规定

第一百二十三条 其他法律对合同另有规定的，依照其规定。

第一百二十四条 本法分则或者其他法律没有明文规定的合同，适用本法总则的规定，并可以参照本法分则或者其他法律最相类似的规定。

第一百二十五条 当事人对合同条款的理解有争议的，应当按照合同所使用的词句、合同的有关条款、合同的目的、交易习惯以及诚实信用原则，确定条款的真实意思。

合同文本采用两种以上文字订立并约定具有同等效力的，对各文本使用的词句推定具有相同含义。各文本使用的词句不一致的，应当根据合同的目的予以解释。

第一百二十六条 涉外合同的当事人可以选择处理合同争议所适用的法律，但法律另有规定的除外。涉外合同的当事人没有选择的，适用与合同有最密切联系的国家的法律。

在中华人民共和国境内履行的中外合资经营企业合同、中外合作经营企业合同、中外合作勘探开发自然资源合同，适用中华人民共和国法律。

第一百二十七条 工商行政管理部门和其他有关行政主管部门在各自的职权范围内，依照法律、行政法规的规定，对利用合同危害国家利益、社会公共利益的违法行为，负责监督处理；构成犯罪的，依法追究刑事责任。

第一百二十八条 当事人可以通过和解或者调解解决合同争议。

当事人不愿和解、调解或者和解、调解不成的，可以根据仲裁协议向仲裁机构申请仲裁。涉外合同的当事人可以根据仲裁协议向中国仲裁机构或者其他仲裁机构申请仲裁。当事人没有订立仲裁协议或者仲裁协议无效的，可以向人民法院起诉。当事人应当履行发生法律效力的判决、仲裁裁决、调解书；拒不履行的，对方可以请求人民法院执行。

第一百二十九条 因国际货物买卖合同和技术进出口合同争议提起诉讼或者申请仲裁的期限为四年，自当事人知道或者应当知道其权利受到分割之日起计算。因其他合同争议提起诉讼或者申诉仲裁的期限，依照有关法律的规定。

分 则

第九章 买卖合同

第一百三十条 买卖合同是出卖人转移标的物的所有权于买受人，买受人支付价款的合同。

第一百三十一条 买卖合同的内容除依照本法第十二条的规定以外，还可以包括包装方式、检验标准和方法、结算方式、合同使用的文字及其效力等条款。

第一百三十二条 出卖的标的物，应当属于出卖人所有或者出卖人有权处分。

法律、行政法规禁止或者限制转让的标的物，依照其规定。

第一百三十三条 标的物的所有权自标的物交付时起转移，但法律另有规定或者当事人另有约定的除外。

第一百三十四条　当事人可以在买卖合同中约定买受人未履行支付价款或者其他义务的，标的物的所有权属于出卖人。

第一百三十五条　出卖人应当履行向买受人交付标的物或者交付提取标的物的单证，并转移标的物所有权的义务。

第一百三十六条　出卖人应当按照约定或者交易习惯向买受人交付提取标的物单证以外的有关单证和资料。

第一百三十七条　出卖具有知识产权的计算机软件等标的物的，除法律另有规定或者当事人另有约定的以外，该标的物的知识产权不属于买受人。

第一百三十八条　出卖人应当按照约定的期限交付标的物。约定交付期间的，出卖人可以在该交付期间内的任何时间交付。

第一百三十九条　当事人没有约定标的物的交付期限或者约定不明确的，适用本法第六十一条、第六十二条第四项的规定。

第一百四十条　标的物在订立合同之前已为买受人占有的，合同生效的时间为交付时间。

第一百四十一条　出卖人应当按照约定的地点交付标的物。

当事人没有约定交付地点或者约定不明确，依照本法第六十一条的规定仍不能确定的，适用下列规定：

（一）标的物需要运输的，出卖人应当将标的物交付给第一承运人以运交给买受人；

（二）标的物不需要运输，出卖人和买受人订立合同时知道标的物在某一地点的，出卖人应当在该地点交付标的物；不知道标的物在某一点的，应当在出卖人订立合同时的营业地交付标的物。

第一百四十二条　标的物毁损、灭失的风险，在标的物交付之前由出卖人承担，交付之后由买受人承担，但法律另有规定或者当事人另有约定的除外。

第一百四十三条　因买受人的原因致使标的物不能按照约定的期限交付的，买受人应当自违反约定之日起承担标的物毁损、灭失的风险。

第一百四十四条　出卖人出卖交由承运人运输的在途标的物，除当事人另有约定的以外，毁损、灭失的风险自合同成立时起由买受人承担。

第一百四十五条　当事人没有约定交付地点或者约定不明确，依照本法第一百四十一条第二款第一项的规定标的物需要运输的，出卖人将标的物交付给第一承运人后，标的物毁损、灭失的风险由买受人承担。

第一百四十六条　出卖人按照约定或者依照本法第一百四十一条第二款第二项的规定将标的物置于交付地点，买受人违反约定没有收取的，标的物毁损、灭失的风险自违反约定之日起由买受人承担。

第一百四十七条　出卖人按照约定未交付有关标的物的单证和资料的，不影响标的物毁损、灭失风险的转移。

第一百四十八条　因标的物质量不符合质量要求，致使不能实现合同目的的，买受人可以拒绝接受标的物或者解除合同。买受人拒绝接受标的物或者解除合同的，标的物毁损、灭失的风险由出卖人承担。

第一百四十九条 标的物毁损、灭失的风险由买受人承担的，不影响因出卖人履行债务不符合约定，买受人要求其承担违约责任的权利。

第一百五十条 出卖人就交付的标的物，负有保证第三人不得向买受人主张任何权利的义务，但法律另有规定的除外。

第一百五十一条 买受人订立合同时知道或者应当知道第三人对买卖的标的物享有权利的，出卖人不承担本法第一百五十条规定的义务。

第一百五十二条 买受人有确切证据证明第三人可能就标的物主张权利的，可以中止支付相应的价款，但出卖人提供适当担保的除外。

第一百五十三条 出卖人应当按照约定的质量要求交付标的物。出卖人提供有关标的物质量说明的，交付的标的物应当符合该说明的质量要求。

第一百五十四条 当事人对标的物的质量要求没有约定或者约定不明确，依照本法第六十一条的规定仍不能确定的，适用本法第六十二条第一项的规定。

第一百五十五条 出卖人交付的标的物不符合质量要求的，买受人可以依照本法第一百一十一条的规定要求承担违约责任。

第一百五十六条 出卖人应当按照约定的包装方式交付标的物。对包装方式没有约定或者约定不明确，依照本法第六十一条的规定仍不能确定的，应当按照通用的方式包装，没有通用方式的，应当采取足以保护标的物的包装方式。

第一百五十七条 买受人收到标的物时应当在约定的检验期间内检验。没有约定检验期间的，应当及时检验。

第一百五十八条 当事人约定检验期间的，买受人应当在检验期间内将标的物的数量或者质量不符合约定的情形通知出卖人。买受人怠于通知的，视为标的物的数量或者质量符合约定。

当事人没有约定检验期间的，买受人应当在发现或者应当发现标的物的数量或者质量不符合约定的合理期间内通知出卖人。买受人在合理期间内未通知或者自标的物收到之日起两年内未通知出卖人的，视为标的物的数量或者质量符合约定，但对标的物有质量保证期的，适用质量保证期，不适用该两年的规定。

出卖人知道或者应当知道提供的标的物不符合约定的，买受人不受前两款规定的通知时间的限制。

第一百五十九条 买受人应当按照约定的数额支付价款。对价款没有约定或者约定不明确的，适用本法第六十一条、第六十二条第二项的规定。

第一百六十条 买受人应当按照约定的地点支付价款。对支付地点没有约定或者约定不明确，依照本法第六十一条的规定仍不能确定的，买受人应当在出卖人的营业地支付，但约定支付价款以交付标的物或者交付提取标的物单证为条件的，在交付标的物或者交付提取标的物单证的所在地支付。

第一百六十一条 买受人应当按照约定的时间支付价款。对支付时间没有约定或者约定不明确，依照本法第六十一条的规定仍不能确定的，买受人应当在收到标的物或者提取标的物单证的同时支付。

第一百六十二条 出卖人多交标的物的，买受人可以接收或者拒绝接收多交的部分。

买受人接收多交部分的，按照合同的价格支付价款；买受人拒绝接收多交部分的，应当及时通知出卖人。

第一百六十三条 标的物在交付之前产生的孳息，归出卖人所有，交付之后产生的孳息，归买受人所有。

第一百六十四条 因标的物的主物不符合约定而解除合同的，解除合同的效力及于从物。因标的物的从物不符合约定被解除的，解除的效力不及于主物。

第一百六十五条 标的物为数物，其中一物不符合约定的，买受人可以就该物解除，但该物与他物分离使标的物的价值显受损害的，当事人可以就数物解除合同。

第一百六十六条 出卖人分批交付标的物的，出卖人对其中一批标的物不交付或者交付不符合约定，致使该批标的物不能实现合同目的的，买受人可以就该批标的物解除。

出卖人不交付其中一批标的物或者交付不符合约定，致使今后其他各批标的物的交付不能实现合同目的的，买受人可以就该批以及今后其他各批标的物解除。

买受人如果就其中一批标的物解除，该批标的物与其他各批标的物相互依存的，可以就已经交付和未交付的各批标的物解除。

第一百六十七条 分期付款的买受人未支付到期价款的金额达到全部价款的五分之一的，出卖人可以要求买受人支付全部价款或者解除合同。

出卖人解除合同的，可以向买受人要求支付该标的物的使用费。

第一百六十八条 凭样品买卖的当事人应当封存样品，并可以对样品质量予以说明。出卖人交付的标的物应当与样品及其说明的质量相同。

第一百六十九条 凭样品买卖的买受人不知道样品有隐蔽瑕疵的，即使交付的标的物与样品相同，出卖人交付的标的物的质量仍然应当符合同种物的通常标准。

第一百七十条 试用买卖的当事人可以约定标的物的试用期间。对试用期间没有约定或者约定不明确，依照本法第六十一条的规定仍不能确定的，由出卖人确定。

第一百七十一条 试用买卖的买受人在试用期内可以购买标的物，也可以拒绝购买。试用期间届满，买受人对是否购买标的物未作表示的，视为购买。

第一百七十二条 招标投标买卖的当事人的权利和义务以及招标投标程序等，依照有关法律、行政法规的规定。

第一百七十三条 拍卖的当事人的权利和义务以及拍卖程序等，依照有关法律、行政法规的规定。

第一百七十四条 法律对其他有偿合同有规定的，依照其规定；没有规定的，参照买卖合同的有关规定。

第一百七十五条 当事人约定易货交易，转移标的物的所有权的，参照买卖合同的有关规定。

第十章 供用电、水、气、热合同

第一百七十六条 供用电合同是供电人向用电人供电，用电人支付电费的合同。

第一百七十七条 供用电合同的内容包括供电的方式、质量、时间，用电容量、地址、性质，计量方式，电价、电费的结算方式，供用电设施的维护责任等条款。

第一百七十八条 供用电合同的履行地点，按照当事人约定；当事人没有约定或者约定不明确的，供电设施的产权分界处为履行地点。

第一百七十九条 供电人应当按照国家规定的供电质量标准和约定安全供电。供电人未按照国家规定的供电质量标准和约定安全供电，造成用电人损失的，应当承担损害赔偿责任。

第一百八十条 供电人因供电设施计划检修、临时检修、依法限电或者用电人用电等原因，需要中断供电时，应当按照国家有关规定事先通知用电人。未事先通知用电人中断供电，造成用电人损失的，应当承担损害赔偿责任。

第一百八十一条 因自然灾害等原因断电，供电人应当按照国家有关规定及时抢修。未及时抢修，造成用电人损失的，应当承担损害赔偿责任。

第一百八十二条 用电人应当按照国家有关规定和当事人的约定及时交付电费。用电人逾期不交付电费的，应当按照约定支付违约金。经催告用电人在合理期限内仍不交付电费和违约金的，供电人可以按照国家规定的程序中止供电。

第一百八十三条 用电人应当按照国家有关规定和当事人的约定安全用电。用电人未按照国家有关规定和当事人的约定安全用电，造成供电人损失的，应当承担损害赔偿责任。

第一百八十四条 供用水、供用气、供用热力合同，参照供用电合同的有关规定。

第十一章 赠与合同

第一百八十五条 赠与合同是赠与人将自己的财产无偿给予受赠人，受赠人表示接受赠与的合同。

第一百八十六条 赠与人在赠与财产的权利转移之间可撤销赠与。

具有救灾、扶贫等社会公益、道德义务性质的赠与合同或者经过公证的赠与合同，不适用前款规定。

第一百八十七条 赠与的财产依法需要办理登记等手续的，应当办理有关手续。

第一百八十八条 具有救灾、扶贫等社会公益、道德义务性质的赠与合同或者经过公证的赠与合同，赠与人不交付赠与的财产的，受赠人可以要求交付。

第一百八十九条 因赠与人故意或者重大过失致使赠与的财产毁损、灭失的，赠与人应当承担损害赔偿责任。

第一百九十条 赠与可以附义务。

赠与附义务的，受赠人应当按照约定履行义务。

第一百九十一条 赠与的财产有瑕疵的，赠与人不承担责任。附义务的赠与，赠与的财产有瑕疵的，赠与人在附义务的限度内承担与出卖人相同的责任。

赠与人故意不告知瑕疵或者保证无瑕疵，造成受赠人损失的，应当承担损害赔偿责任。

第一百九十二条 受赠人有下列情形之一的，赠与人可以撤销赠与：

（一）严重侵害赠与人或者赠与人的近亲属；

（二）对赠与人有扶养义务而不履行；

（三）不履行赠与合同约定的义务。

赠与人的撤销权，自知道或者应当知道撤销原因之一起一年内行使。

第一百九十三条 因受赠人的违法行为致使赠与人残废或者丧失民事行为能力的，赠与人的继承人或者法定代理人可以撤销赠与。

赠与人的继承人或者法定代理人的撤销权，自知道或者应当知道撤销原因之日起六个月内行使。

第一百九十四条 撤销权人撤销赠与的，可以向受赠人要求返还赠与的财产。

第一百九十五条 赠与人的经济状况显著恶化，严重影响其生产经营或者家庭生活的，可以不再履行赠与义务。

第十二章 借款合同

第一百九十六条 借款合同是借款人向贷款人借款，到期返还借款并支付利息的合同。

第一百九十七条 借款合同采用书面形式，但自然人之间借款另有约定的除外。

借款合同的内容包括借款种类、币种、用途、数额、利率、期限和还款方式等条款。

第一百九十八条 订立借款合同，贷款人可以要求借款人提供担保。担保依照《中华人民共和国担保法》的规定。

第一百九十九条 订立借款合同，借款人应当按照贷款人的要求提供与借款有关的业务活动和财务状况的真实情况。

第二百条 借款的利息不得预先在本金中扣除。利息预先在本金中扣除的，应当按照实际借款数额返还借款并计算利息。

第二百零一条 贷款人未按照约定的日期、数额提供借款、造成借款人损失的，应当赔偿损失。

借款人未按照约定的日期、数额收取借款的，应当按照约定的日期、数额交付利息。

第二百零二条 贷款人按照约定可以检查、监督借款的使用情况。借款人应当按照约定向贷款人定期提供有关财务会计报表等资料。

第二百零三条 借款人未按照约定的借款用途使用借款的，贷款人可以停止发放借款、提前收回借款或者解除合同。

第二百零四条 办理贷款业务的金融机构贷款的利率，应当按照中国人民银行规定的贷款利率的上下限确定。

第二百零五条 借款人应当按照约定的期限支付利息。对支付利息的期限没有约定或者约定不明确，依照本法第六十一条的规定仍不能确定，借款期间不满一年的，应当在返还借款时一并支付；借款期间一年以上的，应当在每届满一年时支付，剩余期间不满一年的，应当在返还借款时一并支付。

第二百零六条 借款人应当按照约定的期限返还借款。对借款期限没有约定或者约定不明确，依照本法第六十一条的规定仍不能确定的，借款人可以随时返还；贷款人可以催告借款人在合理期限内返还。

第二百零七条 借款人未按照约定的期限返还借款的，应当按照约定或者国家有关规定支付逾期利息。

第二百零八条 借款人提前偿还借款的，除当事人另有约定的以外，应当按照实际借款的期间计算利息。

第二百零九条 借款人可以在还款期限届满之前向贷款人申请展期。贷款人同意的，可以展期。

第二百一十条 自然人之间的借款合同，自贷款人提供借款时生效。

第二百一十一条 自然人之间的借款合同对支付利息没有约定或者约定不明确的，视为不支付利息。

自然人之间的借款合同约定支付利息的，借款的利息不得违反国家有关限制借款利率的规定。

第十三章 租赁合同

第二百一十二条 租赁合同是出租人将租赁物交付承租人使用、收益，承租人支付租金合同。

第二百一十三条 租赁合同的内容包括租赁物的名称、数量、用途、租赁期限、租金及其支付期限和方式、租赁物维修等条款。

第二百一十四条 租赁期限不得超过二十年。超过二十年的，超过部分无效。

租赁期间届满，当事人可以续订租赁合同，但约定的租赁期限自续订之日起不得超过二十年。

第二百一十五条 租赁期限六个月以上的，应当采用书面形式。当事人未采用书面形式的，视为不定期租赁。

第二百一十六条 出租人应当按照约定将租赁物交付承租人，并在租赁期间保持租赁物符合约定的用途。

第二百一十七条 承租人应当按照约定的方法使用租赁物。对租赁物的使用方法没有约定或者约定不明确，依照本法第六十一条的规定仍不能确定的，应当按照租赁物的性质使用。

第二百一十八条 承租人按照约定的方法或者租赁物的性质使用租赁物，致使租赁物受到损耗的，不承担损害赔偿损失。

第二百一十九条 承租人未按照约定的方法或者租赁物的性质使用租赁物，致使租赁物受到损失的，出租人可以解除合同并要求赔偿损失。

第二百二十条 出租人应当履行租赁物的维修义务，但当事人另有约定的除外。

第二百二十一条 承租人在租赁物需要维修时可以要求出租人在合理期限内维修。出租人未履行维修义务的，承租人可以自行维修，维修费用由出租人负担。因维修租赁物影响承租人使用的，应当相应减少租金或者延长租期。

第二百二十二条 承租人应当妥善保管租赁物，因保管不善造成租赁物毁损、灭失的，应当承担损害赔偿责任。

第二百二十三条 承租人经出租人同意，可以对租赁物进行改善或者增设他物。

承租人未经出租人同意，对租赁物进行改善或者增设他物的，出租人可以要求承租人恢复原状或者赔偿损失。

第二百二十四条　承租人经出租人同意，可以将租赁物转租给第三人。承租人转租的，承租人与出租人之间的租赁合同继续有效，第三人对租赁物造成损失的，承租人应当赔偿损失。

第二百二十五条　在租赁期间因占有、使用租赁物获得的收益，归承租人所有，但当事人另有约定的除外。

第二百二十六条　承租人应当按照约定的期限支付租金。对支付期限没有约定或者约定不明确，依照本法第六十一条的规定仍不能确定，租赁期间不满一年的，应当在租赁期间届满时支付；租赁期间一年以上的，应当在每届满一年时支付，剩余期间不满一年的，应当在租赁期间届满时支付。

第二百二十七条　承租人无正当理由未支付或者迟延支付租金的，出租人可以要求承租人在合理期限内支付。承租人逾期不支付的，出租人可以解除合同。

第二百二十八条　因第三人主张权利，致使承租人不能对租赁物使用、收益的，承租人可以要求减少租金或者不支付租金。第三人主张权利，承租人应当及时通知出租人。

第二百二十九条　租赁物在租赁期间发生所有权变动的，不影响租赁合同的效力。

第二百三十条　出租人出卖租赁房屋的，应当在出卖之前的合理期限内通知承租人，承租人享有以同等条件优先购买的权利。

第二百三十一条　因不可归责于承租人的事由，致使租赁物部分或者全部毁损、灭失的，承租人可以要求减少租金或者不支付租金；因租赁物部分或者全部毁损、灭失，致使不能实现合同目的的，承租人可以解除合同。

第二百三十二条　当事人对租赁期限没有约定或者约定不明确，依照本法第六十一条的规定仍不能确定的，视为不定期租赁。当事人可以随时解除合同，但出租人解除合同应当在合理期限之前通知承租人。

第二百三十三条　租赁物危及承租人的安全或者健康的，即使承租人订立合同时明知该租赁物质量不合格，承租人仍然可以随时解除合同。

第二百三十四条　承租人在房屋租赁期间死亡的，与其生前共同居住的人可以按照原租赁合同租赁该房屋。

第二百三十五条　租赁期间届满，承租人应当返还租赁物。返还的租赁物应当符合按照约定或者租赁物的性质使用后的状态。

第二百三十六条　租赁期间届满，承租人继续使用租赁物，出租人没有提出异议的，原租赁合同继续有效，但租赁期限为不定期。

第十四章　融资租赁合同

第二百三十七条　融资租赁合同是出租人根据承租人对出卖人、租赁物的选择，向出卖人购买租赁物，提供给承租人使用，承租人支付租金的合同。

第二百三十八条　融资租赁合同的内容包括租赁物名称、数量、规格、技术性能、检验方法、租赁期限、租金构成及其支付期限和方式、币种、租赁期间届满租赁物的归属等条款。融资租赁合同应当采用书面形式。

第二百三十九条 出租人根据承租人对出卖人、租赁物的选择订立的买卖合同，出卖人应当按照约定向承租人交付标的物，承租人享有与受领标的物有关的买受人的权利。

第二百四十条 出租人、出卖人、承租人可以约定，出卖人不履行买卖合同义务的，由承租人行使索赔的权利。承租人行使索赔权利的，出租人应当协助。

第二百四十一条 出租人根据承租人对出卖人、租赁物的选择订立的买卖合同，未经承租人同意，出租人不得变更与承租人有关的合同内容。

第二百四十二条 出租人享有租赁物的所有权。承租人破产的，租赁物不属于破产财产。

第二百四十三条 融资租赁合同的租金，除当事人另有约定的以外，应当根据购买租赁物的大部分或者全部成本以及出租人的合理利润确定。

第二百四十四条 租赁物不符合约定或者不符合使用目的的，出租人不承担责任，但承租人依赖出租人的技能确定租赁物或者出租人干预选择租赁物的除外。

第二百四十五条 出租人应当保证承租人对租赁物的占有和使用。

第二百四十六条 承租人占有租赁物期间，租赁物造成第三人的人身伤害或者财产损害的，出租人不承担责任。

第二百四十七条 承租人应当妥善保管、使用租赁物。

第二百四十八条 承租人应当按照约定支付租金。承租人经催告后在合理期限内仍不支付租金的，出租人可以要求支付全部租金；也可以解除合同，收回租赁物。

第二百四十九条 当事人约定租赁期间届满租赁物归承租人所有，承租人已经支付大部分租金，但无力支付剩余租金，出租人因此解除合同收回租赁物的，收回的租赁物的价值超过承租人欠付的租金以及其他费用的，承租人可以要求部分返还。

第二百五十条 出租人和承租人可以约定租赁期间届满租赁物的归属。对租赁物的归属没有约定或者约定不明确，依照本法第六十一条的规定仍不能确定的，租赁物的所有权归出租人。

第十五章 运输合同

第二百五十一条 承揽合同是承揽人按照定作人的要求完成工作，交付工作成果，定作人给付报酬的合同。

承揽包括加工、定作、修理、复制、测试、检验等工作。

第二百五十二条 承揽合同的内容包括承揽的标的、数量、质量、报酬、承揽方式、材料的提供、履行期限、验收标准和方法等条款。

第二百五十三条 承揽人应当以自己的设备、技术和劳力，完成主要工作，但当事人另有约定的除外。

承揽人将其承揽的主要工作交由第三人完成，应当就该第三人完成的工作成果向定作人负责；未经定作人同意的，定作人也可以解除合同。

第二百五十四条 承揽人可以将其承揽的辅助工作交由第三人完成。承揽人将其承揽的辅助工作交由第三人完成的，应当就该第三人完成的工作成果向定作人负责。

第二百五十五条 承揽人提供材料的，承揽人应当按照约定选用材料，并接受定作人检验。

第二百五十六条 定作人提供材料的，定作人应当按照约定提供材料。承揽人对定作人提供材料，应当及时检验，发现不符合约定时，应当及时通知定作人更换、补齐或者采取其他补救措施。

承揽人不得擅自更换定作人提供的材料，不得更换不需要修理的零部件。

第二百五十七条 承揽人发现定作人提供的图纸或者技术要求不合理的，应当及时通知定作人。因定作人怠于答复等原因造成承揽人损失的，应当赔偿损失。

第二百五十八条 定作人中途变更承揽工作的要求，造成承揽人损失的，应当赔偿损失。

第二百五十九条 承揽工作需要定作人协助的，定作人有协助的义务。定作人不履行协助义务致使承揽工作不能完成的，承揽人可以催告定作人在合理期限内履行义务，并可以顺延履行期限；定作人逾期不履行的，承揽人可以解除合同。

第二百六十条 承揽人在工作期间，应当接受定作人必要的监督检验。定作人不得因监督检验妨碍承揽人的正常工作。

第二百六十一条 承揽人完成工作的，应当向定作人交付工作成果，并提交必要的技术资料和有关质量证明。定作人应当验收该工作成果。

第二百六十二条 承揽人交付的工作成果不符合质量要求的，定作人可以要求承揽人承担修理、重作、减少报酬、赔偿损失等违约责任。

第二百六十三条 定作人应当按照约定的期限支付报酬。对支付报酬的期限没有约定或者约定不明确，依照本法第六十一条的规定仍不能确定的，定作人应当在承揽人交付工作成果时支付；工作成果部分交付的，定作人应当相应支付。

第二百六十四条 定作人未向承揽人支付报酬或者材料费等价款的，承揽人对完成的工作成果享有留置权，但当事人另有约定的除外。

第二百六十五条 承揽人应当妥善保管定作人提供的材料以及完成的工作成果，因保管不善造成毁损、灭失的，应当承担损害赔偿责任。

第二百六十六条 承揽人应当按照定作人的要求保守秘密，未经定作人许可，不得留存复制品或者技术资料。

第二百六十七条 共同承揽人对定作人承担连带责任，但当事人另有约定的除外。

第二百六十八条 定作人可以随时解除承揽合同，造成承揽人损失的，应当赔偿损失。

第十六章 建设工程合同

第二百六十九条 建设工程合同是承包人进行工程建设，发包人支付价款的合同。建设工程合同包括工程勘察、设计、施工合同。

第二百七十条 建设工程合同应当采用书面形式。

第二百七十一条 建设工程的招标投标活动，应当依照有关法律的规定公开、公平、公正进行。

第二百七十二条 发包人可以与总承包人订立建设工程合同，也可以分别与勘察人、设计人、施工人订立勘察、设计、施工承包合同。发包人不得将应当由一个承包人完成的建设工程肢解成若干部分发包给几个承包人。

总承包人或者勘察、设计、施工承包人经发包人同意，可以将自己承包的部分工作交由第三人完成。第三人就其完成的工作成果与总承包人或者勘察、设计、施工承包人向发包人承担连带责任。承包人不得将其承包的全部建设工程转包给第三人或者将其承包的全部建设工程肢解以后以分包的名义分别转包给第三人。

禁止承包人将工程分包给不具备相应资质条件的单位。禁止分包单位将其承包的工程再分包。建设工程主体结构的施工必须由承包人自行完成。

第二百七十三条 国家重大建设工程合同，应当按照国家规定的程序和国家批准的投资计划、可行性研究报告等文件订立。

第二百七十四条 勘察、设计合同的内容包括提交有关基础资料和文件（包括概预算）的期限、质量要求、费用以及其他协作条件等条款。

第二百七十五条 施工合同的内容包括工程范围、建设工期、中间交工工程的开工和竣工时间、工程质量、工程造价、技术资料交付时间、材料和设备供应责任、拨款和结算、竣工验收、质量保修范围和质量保证期、双方相互协作等条款。

第二百七十六条 建设工程实行监理的，发包人应当与监理人采用书面形式订立委托监理合同。发包人与监理人的权利和义务以及法律责任，应当依照本法委托合同以及其他有关法律、行政法规的规定。

第二百七十七条 发包人在不妨碍承包人正常作业的情况下，可以随时对作业进度、质量进行检查。

第二百七十八条 隐蔽工程在隐蔽以前，承包人应当通知发包人检查。发包人没有及时检查的，承包人可以顺延工程日期，并有权要求赔偿停工、窝工等损失。

第二百七十九条 建设工程竣工后，发包人应当根据施工图纸及说明书、国家颁发的施工验收规范和质量检验标准及时进行验收。验收合格的，发包人应当按照约定支付价款，并接收该建设工程。建设工程竣工经验收合格后，方可交付使用；未经验收或者验收不合格的，不得交付使用。

第二百八十条 勘察、设计的质量不符合要求或者未按照期限提交勘察、设计文件拖延工期，造成发包人损失的，勘察人、设计人应当继续完善勘察、设计，减收或者免收勘察、设计费并赔偿损失。

第二百八十一条 因施工人的原因致使建设工程质量不符合约定的，发包人有权要求施工人在合理期限内无偿修理或者返工、改建。经过修理或者返工、改建后，造成逾期交付的，施工人应当承担违约责任。

第二百八十二条 因承包人的原因致使建设工程在合理使用期限内造成人身和财产损害的，承包人应当承担损害赔偿责任。

第二百八十三条 发包人未按照约定的时间和要求提供原材料、设备、场地、资金、技术资料的，承包人可以顺延工程日期，并有权要求赔偿停工、窝工等损失。

第二百八十四条 因发包人的原因致使工程中途停建、缓建的，发包人应当采取措施弥补或者减少损失，赔偿承包人因此造成的停工、窝工、倒运、机械设备调迁、材料和构件积压等损失和实际费用。

第二百八十五条　因发包人变更计划，提供的资料不准确，或者未按照期限提供必需的勘察、设计工作条件而造成勘察、设计的返工、停工或者修改设计，发包人应当按照勘察人、设计人实际消耗的工作量增付费用。

第二百八十六条　发包人未按照约定支付价款的，承包人可以催告发包人在合理期限内支付价款。发包人逾期不支付的，除按照建设工程的性质不宜折价、拍卖的以外，承包人可以与发包人协议将该工程折价，也可以申请人民法院将该工程依法拍卖。建设工程的价款就该工程折价或者拍卖的价款优先受偿。

第二百八十七条　本章没有规定的，适用承揽合同的有关规定。

第十七章　承 揽 合 同

第一节　一 般 规 定

第二百八十八条　运输合同是承运人将旅客或者货物从起运地点运输到约定地点，旅客、托运人或者收货人支付票款或者运输费用的合同。

第二百八十九条　从事公共运输的承运人不得拒绝旅客、托运人通常、合理的运输要求。

第二百九十条　承运人应当在约定期间或者合理期间内将旅客、货物安全运输到约定地点。

第二百九十一条　承运人应当按照约定的或者通常的运输路线将旅客、货物运输到约定地点。

第二百九十二条　旅客、托运人或者收货人应当支付票款或者运输费用。承运人未按照约定路线或者通常路线运输增加票款或者运输费用的，旅客、托运人或者收货人可以拒绝支付增加部分的票款或者运输费用。

第二节　客 运 合 同

第二百九十三条　客运合同自承运人向旅客交付客票时成立，但当事人另有约定或者另有交易习惯的除外。

第二百九十四条　旅客应当持有效客票乘运。旅客无票乘运、超程乘运、越级乘运或者持失效客票乘运的，应当补交票款，承运人可以按照规定加收票款。旅客不交付票款的，承运人可以拒绝运输。

第二百九十五条　旅客因自己的原因不能按照客票记载的时间乘坐的，应当在约定的时间内办理退票或者变更手续。逾期办理的，承运人可以不退票款，并不再承担运输义务。

第二百九十六条　旅客在运输中应当按照约定的限量携带行李。超过限量携带行李的，应当办理托运手续。

第二百九十七条　旅客不得随身携带或者在行李中夹带易燃、易爆、有毒、有腐蚀性、有放射性以及有可能危及运输工具上人身和财产安全的危险物品或者其他违禁物品。

旅客违反前款规定的，承运人可以将违禁物品卸下、销毁或者送交有关部门。旅客坚持携带或者夹带违禁物品的，承运人应当拒绝运输。

第二百九十八条 承运人应当向旅客及时告知有关不能正常运输的重要事由和安全运输应当注意的事项。

第二百九十九条 承运人应当按照客票载明的时间和班次运输旅客。承运人迟延运输的，应当根据旅客的要求安排改乘其他班次或者退票。

第三百条 承运人擅自变更运输工具而降低服务标准的，应当根据旅客的要求退票或者减收票款；提高服务标准的，不应当加收票款。

第三百零一条 承运人在运输过程中，应当尽力救助患有急病、分娩、遇险的旅客。

第三百零二条 承运人应当对运输过程中旅客的伤亡承担损害赔偿责任，但伤亡是旅客自身健康原因造成的或者承运人证明伤亡是旅客故意、重大过失造成的除外。

前款规定适用于按照规定免票、持优待票或者经承运人许可搭乘的无票旅客。

第三百零三条 在运输过程中旅客自带物品毁损、灭失，承运人有过错的，应当承担损害赔偿责任。

旅客托运的行李毁损、灭失的，适用货物运输的有关规定。

第三节 货运合同

第三百零四条 托运人办理货物运输，应当向承运人准确表明收货人的名称或者姓名或者凭指示的收货人，货物的名称、性质、质量、数量，收货地点等有关货物运输的必要情况。

因托运人申报不实或者遗漏重要情况，造成承运人损失的，托运人应当承担损害赔偿责任。

第三百零五条 货物运输需要办理审批、检验等手续的，托运人应当承担损害赔偿责任。

第三百零六条 托运人应当按照约定的方式包装货物。对包装方式没有约定或者约定不明确的，适用本法第一百五十六条的规定。

托运人违反前款规定的，承运人可以拒绝运输。

第三百零七条 托运人托运易燃、易爆、有毒、有腐蚀性、有放射性等危险物品的，应当按照国家有关危险物品运输的规定对危险物品妥善包装，作出危险物标志和标签，并将有关危险物品的名称、性质和防范措施的书面材料提交承运人。

托运人违反前款规定的，承运人可以拒绝运输，也可以采取相应措施以避免损失的发生，因此产生的费用由托运人承担。

第三百零八条 在承运人将货物交付收货人之前，托运人可以要求承运人中止运输、返还货物、变更到达地或者将货物交给其他收货人，但应当赔偿承运人因此受到的损失。

第三百零九条 货物运输到达后，承运人知道收货人的，应当及时通知收货人，收货人应当及时提货。收货人逾期提货的，应当向承运人支付保管费等费用。

第三百一十条 收货人提货时应当按照约定的期限检验货物。对检验货物的期限没有约定或者约定不明确，依照本法第六十一条的规定仍不能确定的，应当在合理期限内检验货物。收货人在约定的期限或者合理期限内对货物的数量、毁损等未提出异议的，视为承运人已经按照运输单证的记载交付的初步证据。

第三百一十一条 承运人对运输过程中货物的毁损、灭失承担损害赔偿责任，但承运人证明货物的毁损、灭失是因不可抗力、货物本身的自然性质或者合理损耗以及托运人、收货人的过错造成的，不承担损害赔偿责任。

第三百一十二条 货物的毁损、灭失的赔偿额，当事人有约定的，按照其约定；没有约定或者约定不明确，依照本法第六十一条的规定仍不能确定的，按照交付或者应当交付时货物到达地的市场价格计算。法律、行政法规对赔偿额的计算方法和赔偿限额另有规定的，依照其规定。

第三百一十三条 两个以上承运人以同一运输方式联运的，与托运人订立合同的承运人应当对全程运输承担责任。损失发生某一运输区段，与托运人订立合同的承运人和该区段的承运人承担连带责任。

第三百一十四条 货物在运输过程中因不可抗力灭失，未收取运费的，承运人不得要求支付运费；已收取运费的，托运人可以要求返还。

第三百一十五条 托运人或者收货人不支付运费、保管费以及其他运输费用的，承运人对相应的运输货物享有留置权，但当事人另有约定的除外。

第三百一十六条 收货人不明或者收货人无正当理由拒绝受领货物的，依照本法第一百零一条的规定，承运人可以提存货物。

第四节 多式联运合同

第三百一十七条 多式联运经营人负责履行或者组织履行多式联运合同，对全程运输享有承运人的权利，承担承运人的义务。

第三百一十八条 多式联运经营人可以与参加多式联运的各区段承运人就多式联运合同的各区段运输约定相互之间的责任，但该约定不影响多式联运经营人对全程运输承担的义务。

第三百一十九条 多式联运经营人收到托运人交付的货物时，应当签发多式联运单据。按照托运人的要求，多式联运单据可以是可转让单据，也可以是不可转让单据。

第三百二十条 因托运人托运货物时的过错造成多式联运经营人损失的，即使托运人已经转让多式联运单据，托运人仍然应当承担损害赔偿责任。

第三百二十一条 货物的毁损、灭失发生于多式联运的某一运输区段的，多式联运经营人的赔偿责任和责任限额，适用调整该区段运输方式的有关法律规定。货物毁损、灭失发生的运输区段不能确定的，依照本章规定承担损害赔偿责任。

第十八章 技 术 合 同

第一节 一 般 规 定

第三百二十二条 技术合同是当事人就技术开发、转让、咨询或者服务订立的确立相互之间权利和义务的合同。

第三百二十三条 订立技术合同，应当有利于科学技术的进步，加速科学技术成果的转化、应用和推广。

第三百二十四条 技术合同的内容由当事人约定，一般包括以下条款：

（一）项目名称；

（二）标的的内容、范围和要求；

（三）履行的计划、进度、期限、地点、地域和方式；

（四）技术情报和资料的保密；

（五）风险责任的承担；

（六）技术成果的归属和收益的分成办法；

（七）验收标准和方法；

（八）价款、报酬或者使用费及其支付方式；

（九）违约金或者损失赔偿的计算方法；

（十）解决争议的方法；

（十一）名词和术语的解释。

与履行合同有关的技术背景资料、可行性论证和技术评价报告、项目任务书和计划书、技术标准、技术规范、原始设计和工艺文件，以及其他技术文档，按照当事人的约定可以作为合同的组成部分。

技术合同涉及专利的，应当注明发明创造的名称、专利申请人和专利权人、申请日期、申请号、专利号以及专利权的有效期限。

第三百二十五条 技术合同价款、报酬或者使用费的支付方式由当事人约定，可以采取一次总算、一次总付或者一次总算、分期支付，也可以采取提成支付或者提成支付附加预付入门费的方式。

约定提成支付的，可以按照产品价格、实施专利和使用技术秘密后新增的产值、利润或者产品销售额的一定比例提成，也可以按照约定的其他方式计算。提成支付的比例可以采取固定比例、逐年递增比例或者逐年递减比例。

约定提成支付的，当事人应当在合同中约定查阅有关会计账目的办法。

第三百二十六条 职务技术成果的使用权、转让权属于法人或者其他组织的，法人或者其他组织可以就该项职务技术成果订立技术合同。法人或者其他组织应当从使用和转让该项职务技术成果所取得的收益中提取一定比例，对完成该项职务技术成果的个人给予奖励或者报酬。法人或者其他组织订立技术合同转让职务技术成果所取得的收益中提取一定比例，对完成该项职务技术成果的个人给予奖励或者报酬。法人或者其他组织订立技术合同转让职务技术成果时，职务技术成果的完成人享有以同等条件优先受让的权利。

职务技术成果是执行法人或者其他组织的工作任务，或者主要是利用法人或者其他组织的物质技术条件所完成的技术成果。

第三百二十七条 非职务技术成果的使用权、转让权属于完成技术成果的个人，完成技术成果的个人可以就该项非职务技术成果订立技术合同。

第三百二十八条 完成技术成果的个人有在有关技术成果文件上写明自己是技术成果完成者的权利和取得荣誉证书、奖励的权利。

第三百二十九条 非法垄断技术、妨碍技术进步或者侵害他人技术成果的技术合同无效。

第二节 技术开发合同

第三百三十条 技术开发合同是指当事人之间就新技术、新产品、新工艺或者新材料及其系统的研究开发所订立的合同。

技术开发合同包括委托开发合同和合作开发合同。

技术开发合同应当采用书面形式。

当事人之间就具有产业应用价值的科技成果实施转化订立的合同，参照技术开发合同的规定。

第三百三十一条 委托开发合同的委托人应当按照约定支付研究开发经费和报酬；提供技术资料、原始数据；完成协作事项；接受研究开发成果。

第三百三十二条 委托开发合同的研究开发人应当按照约定制定和实施研究开发计划；合理使用研究开发经费；按期完成研究开发工作，交付研究开发成果，提供有关的技术资料和必要的技术指导，帮助委托人掌握研究开发成果。

第三百三十三条 委托人违反约定造成研究开发工作停滞、延误或者失败的，应当承担违约责任。

第三百三十四条 研究开发人违反约定造成研究开发工作停滞、延误或者失败的，应当承担违约责任。

第三百三十五条 合作开发合同的当事人应当按照约定进行投资，包括以技术进行投资；分工参与研究开发工作；协作配合研究开发工作。

第三百三十六条 合作开发合同的当事人违反约定造成研究开发工作停滞、延误或者失败的，应当承担违约责任。

第三百三十七条 因作为技术开发合同标的的技术已经由他人公开，致使技术开发合同的履行没有意义的，当事人可以解除合同。

第三百三十八条 在技术开发合同履行过程中，因出现无法克服的技术困难，致使研究开发失败或者部分失败的，该风险责任由当事人约定。没有约定或者约定不明确，依照本法第六十一条的规定仍不能确定的，风险责任由当事人合理分担。

当事人一方发现前款规定的可能致使研究开发失败或者部分失败的情形时，应当及时通知另一方并采取适当措施减少损失。没有及时通知并采取适当措施，致使损失扩大的，应当就扩大的损失承担责任。

第三百三十九条 委托开发完成的发明创造，除当事人另有约定的以外，申请专利的权利属于研究开发人。研究开发人取得专利权的，委托人可以免费实施该专利。

研究开发人转让专利申请权的，委托人享有以同等条件优先受让的权利。

第三百四十条 合作开发完成的发明创造，除当事人另有约定的以外，申请专利的权利属于合作开发的当事人共有。当事人一方转让其共有的专利申请权的，其他各方享有以同等条件优先受让的权利。

合作开发的当事人一方声明放弃其共有的专利申请权的，可以由另一方单独申请或者由其他各方共同申请。申请人取得专利权的，放弃专利申请权的一方可以免费实施该专利。

合作开发的当事人一方不同意申请专利的，另一方或者其他各方不得申请专利。

第三百四十一条 委托开发或者合作开发完成的技术秘密成果的使用权、转让权以及利益的分配办法，由当事人约定。没有约定或者约定不明确，依照本法第六十一条的规定仍不能确定的，当事人均有使用和转让的权利，但委托开发的研究开发人不得在向委托人交付研究开发成果之前，将研究开发成果转让给第三人。

第三节 技术转让合同

第三百四十二条 技术转让合同包括专利权转让、专利申请权转让、技术秘密转让、专利实施许可合同。

技术转让合同应当采用书面形式。

第三百四十三条 技术转让合同可以约定让与人和受让人实施专利或者使用技术秘密的范围，但不得限制技术竞争和技术发展。

第三百四十四条 专利实施许可合同只在该专利权的存续期间内有效。专利权有效期限届满或者专利权被宣布无效的，专利权人不得就该专利与他人订立专利实施许可合同。

第三百四十五条 专利实施许可合同的让与人应当按照约定许可受让人实施专利，交付实施专利有关的技术资料，提供必要的技术指导。

第三百四十六条 专利实施许可合同的受让人应当按照约定实施专利，不得许可约定以外的第三人实施该专利；并按照约定支付使用费。

第三百四十七条 技术秘密转让合同的让与人应当按照约定提供技术资料，进行技术指导，保证技术的实用性、可靠性，承担保密义务。

第三百四十八条 技术秘密转让合同的受让人应当按照约定使用技术，支付使用费，承担保密义务。

第三百四十九条 技术转让合同的让与人应当保证自己是所提供的技术的合法拥有者，并保证所提供的技术完整、无误、有效，能够达到约定的目标。

第三百五十条 技术转让合同的受让人应当按照约定的范围和期限，对让与人提供的技术中尚未公开的秘密部分，承担保密义务。

第三百五十一条 让与人未按照约定转让技术，应当返还部分或者全部使用费，并应当承担违约责任；实施专利或者使用技术秘密超越约定的范围的，违反约定擅自许可第三人实施该项专利或者使用该项技术秘密的，应当停止违约行为，承担违约责任；违反约定的保密义务的，应当承担违约责任。

第三百五十二条 受让人未按照约定支付使用费的，应当补交使用费并按照约定支付违约金；不补交使用费或者支付违约金的，应当停止实施专利或者使用技术秘密，交还技术资料，承担违约责任；实施专利或者使用技术秘密超越约定的范围的，未经让与人同意擅自许可第三人实施该专利或者使用该技术秘密的，应当停止违约行为，承担违约责任；违反约定的保密义务的，应当承担违约责任。

第三百五十三条 受让人按照约定实施专利、使用技术秘密侵害他人合法权益的，由让与人承担责任，但当事人另有约定的除外。

第三百五十四条 当事人可以按照互利的原则，在技术转让合同中约定实施专利、使用技术秘密后续改进的技术成果的分享办法。没有约定或者约定不明确，依照本法第六十一条的规定仍不能确定的，一方后续改进的技术成果，其他各方无权分享。

第三百五十五条 法律、行政法规对技术进出口合同或者专利、专利申请合同另有规定的，依照其规定。

第四节 技术咨询合同和技术服务合同

第三百五十六条 技术咨询合同包括就特定技术项目提供可行性论证、技术预测、专题技术调查、分析评价报告等合同。

技术服务合同是指当事人一方以技术知识为另一方解决特定技术问题所订立的合同，不包括建设工程合同和承揽合同。

第三百五十七条　技术咨询合同的委托人应当按照约定阐明咨询的问题，提供技术背景材料及有关技术资料、数据；接受受托人的工作成果，支付报酬。

第三百五十八条　技术咨询合同的受托人应当按照约定的期限完成咨询报告或者解答问题；提出的咨询报告应当达到约定的要求。

第三百五十九条　技术咨询合同的委托人未按照约定提供必要的资料和数据，影响工作进度和质量，不接受或者逾期接受工作成果的，支付的报酬不得追回，未支付的报酬应当支付。

技术咨询合同的受托人未按期提出咨询报告或者提出的咨询报告不符合约定的，应当承担减收或者免收报酬等违约责任。

技术咨询合同的委托人按照受托人符合约定要求的咨询报告和意见作出决策所造成的损失，由委托人承担，但当事人另有约定的除外。

第三百六十条　技术服务合同的委托人应当按照约定提供工作条件，完成配合事项；接受工作成果并支付报酬。

第三百六十一条　技术服务合同的受托人应当按照约定完成服务项目，解决技术问题，保证工作质量，并传授解决技术问题的知识。

第三百六十二条　技术服务合同的委托人不履行合同义务或者履行合同义务不符合约定，影响工作进度和质量，不接受或者逾期接受工作成果，支付的报酬不得追回，未支付的报酬应当支付。

技术服务合同的受托人未按照合同约定完成服务工作的，应当承担免收报酬等违约责任。

第三百六十三条　在技术咨询合同、技术服务合同履行过程中，受托人利用委托人提供的技术资料和工作条件完成的新的技术成果，属于受托人。委托人利用受托人的工作成果完成的新的技术成果，属于委托人。当事人另有约定的，按照其约定。

第三百六十四条　法律、行政法规对技术中介合同、技术培训合同另有规定的，依照其规定。

第十九章　保 管 合 同

第三百六十五条　保管合同是保管人保管寄存人交付的保管物，并返还该物的合同。

第三百六十六条　寄存人应当按照约定向保管人支付保管费。

当事人对保管费没有约定或者约定不明确，依照本法第六十一条的规定仍不能确定的，保管是无偿的。

第三百六十七条　保管合同自保管物交付时成立，但当事人另有约定的除外。

第三百六十八条　寄存人向保管人交付保管物的，保管人应当给付保管凭证，但另有交易习惯的除外。

第三百六十九条　保管人应当妥善保管保管物。

当事人可以约定保管场所或者方法。除紧急情况或者为了维护寄存人利益的以外，不得擅自改变保管场所或者方法。

第三百七十条 寄存人交付的保管物有瑕疵或者按照保管物的性质需要采取特殊保管措施的，寄存人应当将有关情况告知保管人。寄存人未告知，致使保管物受损失的，保管人不承担损害赔偿责任；保管人因此受损失的，除保管人知道或者应当知道并且未采取补救措施的以外，寄存人应当承担损害赔偿责任。

第三百七十一条 保管人不得将保管物转交第三人保管，但当事人另有约定的除外。

保管人违反前款规定，将保管物转交第三人保管，对保管物造成损失的，应当承担损害赔偿责任。

第三百七十二条 保管人不得使用或者许可第三人使用保管物，但当事人另有约定的除外。

第三百七十三条 第三人对保管物主张权利的，除依法对保管物采取保全或者执行的以外，保管人应当履行向寄存人返还保管物的义务。

第三人对保管人提起诉讼或者对保管物申请扣押的，保管人应当及时通知寄存人。

第三百七十四条 保管期间，因保管人保管不善造成保管物毁损、灭失的，保管人应当承担损害赔偿责任，但保管是无偿的，保管人证明自己没有重大过失的，不承担损害赔偿责任。

第三百七十五条 寄存人寄存货币、有价证券或者其他贵重物品的，应当向保管人声明，由保管人验收或者封存。寄存人未声明的，该物品毁损、灭失后，保管人可以按照一般物品予以赔偿。

第三百七十六条 寄存人可以随时领取保管物。

当事人对保管期间没有约定或者约定不明确的，保管人可以随时要求寄存人领取保管物；约定保管期间的，保管人无特别事由，不得要求寄存人提前领取保管物。

第三百七十七条 保管期间届满或者寄存人提前领取保管物的，保管人应当将原物及其孳息归还寄存人。

第三百七十八条 保管人保管货币的，可以返还相同种类、数量的货币。保管其他可替代物的，可以按照约定返还相同种类、品质、数量的物品。

第百七十九条 有偿的保管合同，寄存人应当按照约定的期限向保管人支付保管费。

当事人对支付期限没有约定或者约定不明确，依照本法第六十一条的规定仍不能确定，应当在领取保管物的同时支付。

第三百八十条 寄存人未按照约定支付保管费以及其他费用的，保管人对保管物享有留置权，但当事人另有约定的除外。

第二十章 仓 储 合 同

第三百八十一条 仓储合同是保管人储存存货人交付的仓储物，存货人支付仓储费的合同。

第三百八十二条 仓储合同自成立时生效。

第三百八十三条 储存易燃、易爆、有毒、有腐蚀性、有放射性等危险物品或者易变质物品，存货人应当说明该物品的性质，提供有关资料。存货人违反前款规定的，保管人可以拒收仓储物，也可以采取相应措施以避免损失的发生，因此产生的费用由存货人承担。

保管人储存易燃、易爆、有毒、有腐蚀性、有放射性等危险物品的，应当具备相应的保管条件。

第三百八十四条 保管人应当按照约定对入库仓储物进行验收。保管人验收时发现入库仓储物与约定不符合的，应当及时通知存货人。保管人验收后，发生仓储物的品种、数量、质量不符合约定的，保管人应当承担损害赔偿责任。

第三百八十五条 存货人交付仓储物的，保管人应当给付仓单。

第三百八十六条 保管人应当在仓单上签字或者盖章。仓单包括下列事项：

（一）存货人的名称或者姓名和住所；

（二）仓储物的品种、数量、质量、包装、件数和标记；

（三）仓储物的损耗标准；

（四）储存场所；

（五）储存期间；

（六）仓储费；

（七）仓储物已经办理保险的，其保险金额、期间以及保险人的名称；

（八）填发人、填发地和填发日期。

第三百八十七条 仓单是提取仓储物的凭证。存货人或者仓单持有人在仓单上背书并经保管人签字或者盖章的，可以转让提取仓储物的权利。

第三百八十八条 保管人根据存货人或者仓单持有人的要求，应当同意其检查仓储物或者提取样品。

第三百八十九条 保管人对入库仓储物发现有变质或者其他损坏的，应当及时通知存货人或者仓单持有人。

第三百九十条 保管人对入库仓储物发现有变质或者其他损坏，危及其他仓储物的安全和正常保管的，应当催告存货人或者仓单持有人作出必要的处置。因情况紧急，保管人可以作出必要的处置，但事后应当将该情况及时通知存货人或者仓单持有人。

第三百九十一条 当事人对储存期间没有约定或者约定不明确的，存货人或者仓单持有人可以随时提取仓储物，保管人也可以随时要求存货人或者仓单持有人提取仓储物，但应当给予必要的准备时间。

第三百九十二条 储存期间届满，存货人或者仓单持有人应当凭仓单提取仓储物。存货人或者仓单持有人逾期提取的，应当加收仓储费；提前提取的，不减收仓储费。

第三百九十三条 储存期间届满，存货人或者仓单持有人不提取仓储物的，保管人可以催告其在合理期限内提取，逾期不提取的，保管人可以提存仓物。

第三百九十四条 储存期间，因保管人保管不善造成仓储物损、灭失的，保管人应当承担损害赔偿责任。因仓储物的性质、包装不符合约定或者超过有效储存期造成仓储物变质、损坏的，保管人不承担损害赔偿责任。

第三百九十五条 本章没有规定的，适用保管合同的有关规定。

第二十一章 委托合同

第三百九十六条 委托合同是委托人和受托人约定，由受托人处理委托人事务的合同。

第三百九十七条 委托人可以特别委托受托人处理一项或者数项事务，也可以概括委托受托人处理一切事务。

第三百九十八条 委托人应当预付处理委托事务的费用。受托人为处理委托事务垫付的必要费用，委托人应当偿还该费用及其利息。

第三百九十九条 受托人应当按照委托人的指示处理委托事务。需要变更委托人指示的，应当经委托人同意；因情况紧急，难以和委托人取得联系的，受托人应当妥善处理委托事务，但事后应当将该情况及时报告委托人。

第四百条 受托人应当亲自处理委托事务。经委托人同意，受托人可以转委托。转委托经同意的，委托人可以就委托事务直接指示转委托的第三人，受托人仅就第三人的选任及其对第三人的指示承担责任。转委托未经同意的，受托人应当对转委托的第三人的行为承担责任，但在紧急情况下受托人为维护委托人的利益需要转委托的除外。

第四百零一条 受托人应当按照委托人的要求，报告委托事务的处理情况。委托合同终止时，受托人应当报告委托事务的结果。

第四百零二条 受托人以自己的名义，在委托人的授权范围内与第三人订立的合同，第三人在订立合同时知道受托人与委托人之间的代理关系的，该合同直接约束委托人和第三人，但有确切证据证明该合同只约束受托人和第三人的除外。

第四百零三条 受托人以自己的名义与第三人订立合同时，第三人不知道受托人与委托人之间的代理关系的，受托人因第三人的原因对委托人不履行义务，受托人应当向委托人披露第三人，委托人因此可以行使受托人对第三人的权利，但第三人与受托人订立合同时如果知道该委托人就不会订立合同的除外。

受托人因委托人的原因对第三人不履行义务，受托人应当向第三人披露委托人，第三人因此可以选择受托人或者委托人作为相对人主张其权利，但第三人不得变更选定的相对人。

委托人行使受托人对第三人的权利的，第三人可以向委托人主张其对受托人的抗辩。第三人选定委托人作为其相对人的，委托人可以向第三人主张其对受托人的抗辩以及受托人对第三人的抗辩。

第四百零四条 受托人处理委托事务取得的财产，应当转交给委托人。

第四百零五条 受托人完成委托事务的，委托人应当向其支付报酬。因不可归责于受托人的事由，委托合同解除或者委托事务不能完成的，委托人应当向受托人支付相应的报酬。当事人另有约定的，按照其约定。

第四百零六条 有偿的委托合同，因受托人的过错给委托人造成损失的，委托人可以要求赔偿损失。无偿的委托合同，因受托人的故意或者重大过失给委托人造成损失的，委托人可以要求赔偿损失。

受托人超越权限给委托人造成损失的，应当赔偿损失。

第四百零七条 受托人处理委托事务时，因不可归责于自己的事由受到损失的，可以向委托人要求赔偿损失。

第四百零八条 委托人经受托人同意，可以在受托人之外委托第三人处理委托事务。因此给受托人造成损失的，受托人可以向委托人要求赔偿损失。

第四百零九条 两个以上的受托人共同处理委托事务的，对委托人承担连带责任。

第四百一十条 委托人或者受托人可以随时解除委托合同。因解除合同给对方造成损失的，除不可归责于该当事人的事由以外，应当赔偿损失。

第四百一十一条 委托人或者受托人死亡、丧失民事行为能力或者破产的，委托合同终止，但当事人另有约定或者根据委托事务的性质不宜终止的除外。

第四百一十二条 因委托人死亡、丧失民事行为能力或者破产，致使委托合同终止将损害委托人利益的，在委托人的继承人、法定代理人或者清算组织承受委托事务之前，受托人应当继续处理委托事务。

第四百一十三条 因受托人死亡、丧失民事行为能力或者破产，致使委托合同终止的，受托人的继承人、法定代理人或者清算组织应当及时通知委托人。因委托合同终止将损害委托人利益的，在委托人作出善后处理之前，受托人的继承人、法定代理人或者清算组织应当采取必要措施。

第二十二章 行 纪 合 同

第四百一十四条 行纪合同是行纪人以自己的名义为委托人从事贸易活动，委托人支付报酬的合同。

第四百一十五条 行纪人处理委托事务支出的费用，由行纪人负担，但当事人另有约定的除外。

第四百一十六条 行纪人占有委托物的，应当妥善保管委托物。

第四百一十七条 委托物交付给行纪人时有瑕疵或者容易腐烂、变质的，经委托人同意，行纪人可以处分该物；和委托人不能及时取得联系的，行纪人可以合理处分。

第四百一十八条 行纪人低于委托人指定的价格卖出或者高于委托人指定的价格买入的，应当经委托人同意。未经委托人同意，行纪人补偿其差额的，该买卖对委托人发生效力。

行纪人高于委托人指定的价格卖出或者低于委托人指定的价格买入的，可以按照约定增加报酬。没有约定或者约定不明确，依照本法第六十一条的规定仍不能确定的，该利益属于委托人。

委托人对价格有特别指示的，行纪人不得违背该指示卖出或者买入。

第四百一十九条 行纪人卖出或者买入具有市场定价的商品，除委托人有相反的意思表示的以外，行纪人自己可以作为买受人或者出卖人。

行纪人有前款规定情形的，仍然可以要求委托人支付报酬。

第四百二十条 行纪人按照约定买入委托物，委托人应当及时受领。经行纪人催告，委托人无正当理由拒绝受领的，行纪人依照本法第一百零一条的规定可以提存委托物。

委托物不能卖出或者委托撤回出卖，经行纪人催告，委托人不取回或者不处分该物的，行纪人依照本法第一百零一条的规定可以提存委托物。

第四百二十一条 行纪人与第三人订立合同的，行纪人对该合同直接享有权利、承担义务。

第三人不履行义务致使委托人受到损害的，行纪人应当承担损害赔偿责任，但行纪人与委托人另有约定的除外。

第四百二十二条 行纪人完成或者部分完成委托事务的，委托人应当向其支付相应的报酬。委托人逾期不支付报酬的，行纪人对委托物享有留置权，但当事人另有约定的除外。

第四百二十三条 本章没有规定的，适用委托合同的有关规定。

第二十三章 居间合同

第四百二十四条 居间合同是居间人向委托人报告订立合同的机会或者提供订立合同的媒介服务，委托人支付报酬的合同。

第四百二十五条 居间人应当就有关订立合同的事项向委托人如实报告。

居间人故意隐瞒与订立合同有关的重要事实或者提供虚假情况，损害委托人利益的，不得要求支付报酬并应当承担损害赔偿责任。

第四百二十六条 居间人促成合同成立的，委托人应当按照约定支付报酬。对居间人的报酬没有约定或者约定不明确，依照本法第六十一条的规定仍不能确定的，根据居间人的劳务合理确定。因居间人提供订立合同的媒介服务而促成合同成立的，由该合同的当事人平均负担居间人的报酬。

居间人促成合同成立的，居间活动的费用，由居间人负担。

第四百二十七条 居间人未促成合同成立的，不得要求支付报酬，但可以要求委托人支付从事居间活动支出的必要费用。

附则

第四百二十八条 本法自 1999 年 10 月 1 日起施行，《中华人民共和国经济合同法》、《中华人民共和国涉外经济合同法》、《中华人民共和国技术合同法》同时废止。

中华人民共和国价格法

（1997 年 12 月 29 日第八届全国人民代表大会常务委员会第二十九次会议通过，自 1998 年 5 月 1 日起执行）

第一章　总　　则

第一条　为了规范价格行为，发挥价格合理配置资源的作用，稳定市场价格总水平，保护消费者和经营者的合法权益，促进社会主义市场经济健康发展，制定本法。

第二条　在中华人民共和国境内发生的价格行为，适用本法。

本法所称价格包括商品价格和服务价格。

商品价格是指各类有形产品和无形资产的价格。

服务价格是指各类有偿服务的收费。

第三条　国家实行并完善宏观经济调控下主要由市场形成价格的机制。价格的制定应当符合价值规律，大多数商品和服务价格实行市场调节价，极少数商品和服务价格实行政府指导价或者政府定价。

市场调节价，是指由经营者自主制定，通过市场竞争形成的价格。

本法所称经营者是指从事生产、经营商品或者提供有偿服务的法人、其他组织和个人。

政府指导价，是指依照本法规定，由政府价格主管部门或者其他有关系部门，按照定价权限和范围规定基准价及其浮动幅度，指导经营者制定的价格。

政府定价，是指依照本法规定，由政府价格主管部门或者其他有关系部门，按照定价权限和范围制定的价格。

第四条　国家支持和促进公平、公开、合法的市场竞争，维护正常的价格秩序，对价格活动实行管理、监督和必要的调控。

第五条　国务院价格主管部门统一负责全国的价格工作。国务院其他有关部门在各自的职责范围内，负责有关的价格工作。

县级以上地方各级人民政府价格主管部门负责本行政区域内的价格工作。县级以上地方各级人民政府其他有关部门在各自的职责范围内，负责有关的价格工作。

第二章　经营者的价格行为

第六条　商品价格和服务价格，除依照本法第十八条规定适用政府指导价或者政府定价的外，实行市场调节价，由经营者依照本法自主制定。

第七条　经营者定价，应当遵循公平、合法和诚实信用的原则。

第八条　经营者定价的基本依据是生产经营成本和市场供求状况。

第九条　经营者应当努力改进生产经营管理，降低生产经营成本，为消费者提供价格合理的商品和服务，并在市场竞争中获取合法利润。

第十条　经营者应当根据其经营条件建立、健全内部价格管理制度，准确记录与核定商品和服务的生产经营成本，不得弄虚作假。

第十一条 经营者进行价格活动，享有下列权利：

（一）自主制定属于市场调节的价格；

（二）在政府指导价规定的幅度内制定价格；

（三）制定属于政府指导价、政府定价产品范围内的新产品的试销价格，特定产品除外；

（四）检举、控告侵犯其依法自主定价权利的行为。

第十二条 经营者进行价格活动，应当遵守法律、法规，执行依法制定的政府指导价、政府定价和法定的价格干预措施、紧急措施。

第十三条 经营者销售、收购商品和提供服务，应当按照政府价格主管部门的规定明码价，注明商品的品名、产地、规格、等级、计价单位、价格或者服务的项目、收费标准等有关情况。

经营者不得在标价之外加价出售商品，不得收取任何未予标明的费用。

第十四条 经营者不得有下列不正当价格行为：

（一）相互串通，操纵市场价格，损害其他经营者或者消费者的合法权益；

（二）在依法降价处理鲜活商品、季节性商品、积压商品等商品外，为了排挤竞争对手或者独占市场，以低于成本的价格倾销，扰乱正常的生产经营秩序，损害国家利益或者其他经营者的合法权益；

（三）捏造、散布涨价信息，哄抬价格，推动商品价格过高上涨的；

（四）利用虚假的或者使人误解的价格手段，诱骗消费者或者其他经营者与其进行交易；

（五）提供相同商品或者服务，对具有同等交易条件的其他经营者实行价格歧视；

（六）采取抬高等级或者压低等级等手段收购、销售商品或者提供服务，变相提高或者压低价格；

（七）违反法律、法规的规定牟取暴利；

（八）法律、行政法规禁止的其他不正当价格行为。

第十五条 各类中介机构提供有偿服务收取费用，应当遵守本法的规定。法律另有规定的，按照有关规定执行。

第十六条 经营者销售进口商品、收购出口商品，应当遵守本章的有关规定，维护国内市场秩序。

第十七条 行业组织应当遵守价格法律、法规，加强价格自律，接受政府价格主管部门的工作指导。

第三章 政府的定价行为

第十八条 下列商品和服务价格，政府在必要时可以实行政府指导价或者政府定价：

（一）与国民经济发展和人民生活关系重大的极少数商品价格；

（二）资源稀缺的少数商品价格；

（三）自然垄断经营的商品价格；

（四）重要的公用事业价格；

（五）重要的公益性服务价格。

第十九条　政府指导价、政府定价的定价权限和具体适用范围，以中央的和地方的定价目录为依据。

中央定价目录由国务院价格主管部门制定、修订，报国务院批准后公布。

地方定价目录由省、自治区、直辖市人民政府价格主管部门按照中央定价目录规定的定价权限和具体适用范围制度，经本级人民政府审核同意，报国务院价格主管部门审定后公布。

省、自治区、直辖市人民政府以下各级地方人民政府不得制定价目录。

第二十条　国务院价格主管部门和其他有关部门，按照中央定价目录规定的定价权限和具体适用范围制定政府指导价、政府定价；其中重要的商品和服务价格的政府指导价、政府定价，应当按照规定经国务院批准。

省、自治区、直辖市人民政府价格主管部门和其他有关部门，应当按照地方定价目录规定的定价权限和具体适用范围制定在本地区执行的政府指导价、政府定价。

市、县人民政府可以根据省、自治区、直辖市人民政府的授权，按照地方定价目录规定的定价权限和具体适用范围制定在本地区执行的政府指导价、政府定价。

第二十一条　制定政府指导价、政府定价，应当依据有关商品或者服务的社会平均成本和市场供求状况、国民经济与社会发展要求以及社会承受能力，实行合理的购销差价、批零差价、地区差价和季节差价。

第二十二条　政府价格主管部门和其他有关部门制定政府指导价、政府定价，应当开展价格、成本调查，听取消费者、经营者和有关方面的意见。

政府价格主管部门开展对政府指导价、政府定价的价格、成本调查时，有关单位应当如实反映情况，提供必需的账簿、文件以及其他资料。

第二十三条　制定关系群众切身利益的公用事业价格、公益性服务价格、自然垄断经营的商品价格等政府指导价、政府定价，应当建立听证会制度，由政府价格主管部门主持，征求消费者、经营者和有关方面的意见，论证其必要性、可行性。

第二十四条　政府指导价、政府定价制定后，由制定价格的部门向消费者、经营者公布。

第二十五条　政府指导价、政府定价的具体适用范围、价格水平，应当根据经济运行情况，按照规定的定价权限和程序适时调整。

消费者、经营者可以对政府指导价、政府定价提出调整建议。

第四章　价格总水平调控

第二十六条　稳定市场价格总水平是国家重要的宏观经济政策目标。国家根据国民经济发展的需要和社会承受能力，确定市场价格总水平调控目标，列入国民经济和社会发展计划，并综合运用货币、财政、投资、进出口等方面的政策和措施，予以实现。

第二十七条　政府可以建立重要商品储备制度，设立价格调节基金，调控价格，稳定市场。

第二十八条 为适应价格调控和管理的需要，政府价格主管部门应当建立价格监测制度，对重要商品、服务价格的变动进行监测。

第二十九条 政府在粮食等重要农产品的市场购买价格过低时，可以在收购中实行保护价格，并采取相应的经济措施保证其实现。

第三十条 当重要商品和服务价格显著上涨或者有可能显著上涨，国务院和省、自治区、直辖市人民政府可以对部分价格采取限定差价率或者利润率、规定限价、实行提价申报制度和调价备案制度等干预措施。

省、自治区、直辖市人民政府采取前款规定的干预措施，应当报国务院备案。

第三十一条 当市场价格总水平出现剧烈波动等异常状态时，国务院可以在全国范围内或者部分区域内采取临时集中定价权限、部分或者全面冻结价格的紧急措施。

第三十二条 依照本法第三十条、第三十一条的规定实行干预措施、紧急措施的情形消除后，应当及时解除干预措施、紧急措施。

第五章　价格监督检查

第三十三条 县级以上各级人民政府价格主管部门，依法对价格活动进行监督检查，并依照本法的规定对价格违法行为实施行政处罚。

第三十四条 政府价格主管部门进行价格监督检查时，可以行使下列职权：

（一）询问当事人或者有关人员，并要求其提供证明材料和与价格违法行为有关的其他资料；

（二）查询、复制与价格违法行为有关的账簿、单据、凭证、文件及其他资料，核对与价格违法行为有关的银行资料；

（三）检查与价格违法行为有关的财物，必要时可以责令当事人暂停相关营业；

（四）在证据可能灭失或者以后难以取得的情况下，可以依法先行登记保存，当事人或者有关人员不得转移、隐匿或者销毁。

第三十五条 经营者接受政府价格主管部门的监督检查时，应当如实提供价格监督检查所必需的账簿、单据、凭证、件以及其他资料。

第三十六条 政府部门价格工作人员不得将依法取得的资料或者了解的情况用于依法进行价格管理以外的任何其他目的，不得泄露当事人的商业秘密。

第三十七条 消费者组织、职工价格监督组织、居民委员会、村民委员会等组织以及消费者，有权对价格行为进行社会监督。政府价格主管部门应当充分发挥群众的价格监督作用。

新闻单位有权进行价格舆论监督。

第三十八条 政府价格主管部门应当建立对价格违法行为的举报制度。

任何单位和个人均有权对价格违法行为进行举报。政府价格主管部门应当对举报者给予鼓励，并负责为举报者保密。

第六章　法 律 责 任

第三十九条 经营者不执行政府指导价、政府定价以及法定的价格干预措施、紧急措施的，责令改正，没收违法所得可以并处违法所得5倍以下的罚款；没有违法所得的，可以处以罚款；情节严重的，责令停业整顿。

第四十条 经营者有本法第十四条所列行为之一的，责令改正，没收违法所得，可以并处违法所得5倍以下的罚款；没有违法所得的，予以警告，可以并处罚款；情节严重的，责令停业整顿，或者由工商行政管理机关吊销营业执照。有关法律对本法第十四条所列行为的处罚及处罚机关另有规定的，可以依照有关法律的规定执行。

有本法第十四条第（一）项、第（二）项所列行为，属于是全国性的，由国务院价格主管部门认定；属于是省及省以下区域性的，由省、自治区、直辖市人民政府价格主管部门认定。

第四十一条 经营者因价格违法行为致使消费者或者其他经营者多付价款的，应当退还多付部分；造成损害的，应当依法承担赔偿责任。

第四十二条 经营者违反明码标价规定的，责令改正，没收违法所得，可以并处5千元以下的罚款。

第四十三条 经营者被责令暂停相关营业而不停止的，或者转移、隐匿、销毁依法登记保存的财物的，处相关营业所得或者转移、隐匿、销毁的财物价值一倍以上三倍以下的罚款。

第四十四条 拒绝按照规定提供监督检查所需资料提供虚假资料的，责令改正，予以警告；逾期不改正的，可以处以罚款。

第四十五条 地方各级人民政府或者各级人民政府有关部门违反本法规定，超越定价权限和范围擅自制定、调整价格或者不执行价格干预措施、紧急措施的，责令改正，并可以通报批评；对直接负责的主管人员和其他直接责任人员，依据给予行政处分。

第四十六条 价格工作人员泄露国家秘密、商业秘密以及滥用职权、徇私舞弊、玩忽职守、索贿受贿，构成犯罪的，依法追究刑事责任；尚不构成犯罪的，依法给予处分。

第七章 附 则

第四十七条 国家行政机关的收费，应当依法进行，严格控制收费项目，限定收费范围、标准。收费的具体管理办法由国务院另行制定。

利率、汇率、保险费率、证券及期货价格，适用有关法律、行政法规的规定，不适用本法。

第四十八条 本法自1998年5月1日起施行。

中华人民共和国招标投标法

（1999年8月30日第九届全国人民代表大会常务委员会第十一次会议通过，自2000年1月1日起施行）

第一章 总 则

第一条 为了规范招标投标活动，保护国家利益、社会公共利益和招标投标活动当事人的合法权益，提高经济效益，保证项目质量，制定本法。

第二条 在中华人民共和国境内进行招标投标活动，适用本法。

第三条 在中华人民共和国境内进行下列工程建设项目包括项目的勘察、设计、施工、监理以及与工程建设有关的重要设备、材料等的采购，必须进行招标：

（一）大型基础设施、公用事业等关系社会公共利益、公众安全的项目；

（二）全部或者部分使用国有资金投资或者国家融资的项目；

（三）使用国际组织或者外国政府贷款、援助资金的项目。

前款所列项目的具体范围和规模标准，由国务院发展计划部门会同国务院有关部门制订，报国务院批准。

法律或者国务院对必须进行招标的其他项目的范围有规定的，依照其规定。

第四条 任何单位和个人不得将依法必须进行招标的项目化整为零或者以其他任何方式规避招标。

第五条 招标投标活动应当遵循公开、公平、公正和诚实信用的原则。

第六条 依法必须进行招标的项目，其招标投标活动不受地区或者部门的限制。任何单位和个人不得违法限制或者排斥本地区、本系统以外的法人或者其他组织参加投标，不得以任何方式非法干涉招标投标活动。

第七条 招标投标活动及其当事人应当接受依法实施的监督。

有关行政监督部门依法对招标投标活动实施监督，依法查处招标投标活动中的违法行为。对招标投标活动的行政监督及有关部门的具体职权划分，由国务院规定。

第二章 招 标

第八条 招标人是依照本法规定提出招标项目、进行招标的法人或者其他组织。

第九条 招标项目按照国家有关规定需要履行项目审批手续的，应当先履行审批手续，取得批准。

招标人应当有进行招标项目的相应资金或者资金来源已经落实，并应当在招标文件中如实载明。

第十条 招标分为公开招标和邀请招标。

公开招标，是指招标人以招标公告的方式邀请不特定的法人或者其他组织投标。

邀请招标，是指招标人以投标邀请书的方式邀请特定的法人或者其他组织投标。

第十一条 国务院发展计划部门确定的国家重点项目和省、自治区、直辖市人民政府确定的地方重点项目不适宜公开招标的，经国务院发展计划部门或者省、自治区、直辖市人民政府批准，可以进行邀请招标。

第十二条 招标人有权自行选择招标代理机构，委托其办理招标事宜。任何单位和个人不得以任何方式为招标人指定招标代理机构。

招标人具有编制招标文件和组织评标能力的，可以自行办理招标事宜。任何单位和个人不得强制其委托招标代理机构办理招标事宜。

依法必须进行招标的项目，招标人自行办理招标事宜的，应当向有关行政监督部门备案。

第十三条 招标代理机构是依法设立、从事招标代理业务并提供相关服务的社会中介组织。

招标代理机构应当具备下列条件：

（一）有从事招标代理业务的营业场所和相应资金；

（二）有能够编制招标文件和组织评标的相应专业力量；

（三）有符合本法第三十七条第三款规定条件、可以作为评标委员会成员人选的技术、经济等方面的专家库。

第十四条 从事工程建设项目招标代理业务的招标代理机构，其资格由国务院或者省、自治区、直辖市人民政府的建设行政主管部门认定。具体办法由国务院建设行政主管部门会同国务院有关部门制定。从事其他招标代理业务的招标代理机构，其资格认定的主管部门由国务院规定。

招标代理机构与行政机关和其他国家机关不得存在隶属关系或者其他利益关系。

第十五条 招标代公理机构应当在招标人委托的范围内办理招标事宜，并遵守本法关于招标人的规定。

第十六条 招标人采用开招标方式的，应当发布招标公告。依法必须进行招标的项目的招标公告，应当通过国家指定的报刊、信息网络或者其他媒介发布。

招标公告应当载明招标人的名称和地址、招标项目的性质、数量、实施地点和时间以及获取招标文件的办法等事项。

第十七条 招标人采用邀请招标方式的，应当向三个以上具备承担招标项目的能力、资信良好的特定的法人或者其他组织发出投标邀请书。

投标邀请书应当载明本法第十六条第二款规定的事项。

第十八条 招标人可以根据招标项目本身的要求，在招标公告或者投标邀请书中，要求潜在投标人提供有关资质证明文件和业绩情况，并对潜在投标人进行资格审查；国家对投标人的资格条件有规定的，依照其规定。

招标人不得以不合理的条件限制或者排斥潜在投标人，不得对潜在投标人实行歧视待遇。

第十九条 招标人应当根据招标项目的特点和需要编制招标文件。招标文件应当包括招标项目的技术要求、对投标人资格审查的标准、投标报价要求和评标标准等所有实质性要求和条件以及拟签订合同的主要条款。

国家对招标项目的技术、标准有规定的，招标人应当按照其规定在招标文件中提出相应要求。

招标项目需要划分标段、确定工期的，招标人应当合理划分标段、确定工期，并在招标文件中载明。

第二十条 招标文件不得要求或者标明特定的生产供应者以及含有倾向或者排斥潜在投标人的其他内容。

第二十一条 招标人根据招标项目的具体情况，可以组织潜在投标人踏勘项目现场。

第二十二条 招标人不得向他人透露已获取招标文件的潜在投标人的名称、数量以及可能影响公平竞争的有关招标投标的其他情况。

招标人设有标底的，标底必须保密。

第二十三条 招标人对已发出的招标文件进行必要的澄清或者修改的，应当在招标文件要求提交投标文件截止时间至少十五日前，以书面形式通知所有招标文件收受人。该澄清或者修改的内容为招标文件的组成部分。

第二十四条 招标人应当确定投标人编制投标文件所需要的合理时间；但是，依法必须进行招标的项目，自招标文件开始发出之日起至投标提交投标文件截止之日止，最短不得少于二十日。

第三章 投 标

第二十五条 投标人是响应招标、参加投标竞争的法人或者其他组织。

依法招标的科研项目允许个人参加投标的，投标的个人适用本法有关投标人的规定。

第二十六条 投标人应当具备承担招标项目的能力；国家有关规定对投标人资格条件或者招标文件对投标人资格条件有规定的，投标人应当具备规定的资格条件。

第二十七条 投标人应当按照招标文件的要求编制投标文件。投标文件应当对招标文件提出的实质性要求和条件作出响应。

招标项目属于建设施工的，投标文件的内容应当包括拟派出的项目负责人与主要技术人员的简历、业绩和拟用于完成招标项目的机械设备等。

第二十八条 投标人应当在招标文件要求提交投标文件的截止时间前，将投标文件送达投标地点。招标人收到投标文件后，应当签收保存，不得开启。投标人少于三个的，招标人应当依照本法重新招标。

在招标文件要求提交投标文件的截止时间后送达的投标文件，招标人应当拒收。

第二十九条 投标人在招标文件要求提交投标文件的截止时间前，可以补充、修改或者撤回已提交的投标文件，并书面通知招标人。补充、修改的内容为投标文件的组成部分。

第三十条 投标人根据招标文件载明的项目实际情况，拟在中标后将中标项目的部分非主体、非关键性工作进行分包的，应当在投标文件中载明。

第三十一条 两个以上法人或者其他组织可以组成一个联合体，以一个投标人的身份共同投标。

联合体各方均应当具备承担招标项目的相应能力；国家有关规定或者招标文件对投标人资格条件有规定的，联合体各方均应当具备规定的相应资格条件。由同一专业的单位组成的联合体，按照资质等级较低的单位确定资质等级。

联合体各方应当签订共同投标协议，明确约定各方拟承担的工作和责任，并将共同投标协议连同投标文件一并提交招标人。联合体中标的，联合体各方应当共同与招标人签订合同，就中标项目向招标人承担连带责任。

招标人不得强制投标人组成联合体共同投标，不得限制投标人之间的竞争。

第三十二条　投标人不得相互串通投标报价，不得排挤其他投标人的公平竞争，损害招标人或者其他投标人的合法权益。

投标人不得与招标人串通投标，损害国家利益、社会公共利益或者他人的合法权益。

禁止投标人以向招标人或者评标委员会成员行贿的手段谋取中标。

第三十三条　投标人不得以低于成本的报价竞标，也不得以他人名义投标或者以其他方式弄虚作假，骗取中标。

第四章　开标、评标和中标

第三十四条　开标应当在招标文件确定的提交投标文件截止时间的同一时间公开进行；开标地点应当为招标文件中预先确定的地点。

第三十五条　开标由招标人主持，邀请所有投标人参加。

第三十六条　开标时，由投标人或者其推选的代表检查投标文件的密封情况，也可以由招标人委托的公证机构检查并公证；经确认无误后，由工作人员当众拆封，宣读投标人名称、投标价格和投标文件的其他主要内容。

招标人在招标文件要求提交投标文件的截止时间前收到的所有投标文件，开标时都应当当众予以拆封、宣读。

开标过程应当记录，并存档备查。

第三十七条　评标由招标人依法组建的评标委员会负责。

依法必须进行招标的项目，其评标委员会由招标人的代表和有关技术、经济等方面的专家组成，成员人数为五人以上单数，其中技术、经济等方面的专家不得少于成员总数的三分之二。

前款专家应当从事相关领域工作满八年并具有高级职称或者具有同等专业水平，由招标人从国务院有关部门或者省、自治区、直辖市人民政府有关部门提供的专家名册或者招标代理机构的专家库内的相关专业的专家名单中确定；一般招标项目可以采取随机抽取方式，特殊招标项目可以由招标人直接确定。

与投标人有利害关系的人不得进入相关项目的评标委员会；已经进入的应当更换。

评标委员会成员的名单在中标结果确定前应当保密。

第三十八条　招标人应当采取必要的措施，保证评标在严格保密的情况下进行。

任何单位和个人不得非法干预、影响评标的过程和结果。

第三十九条　评标委员会可以要求投标人对投标文件中含义不明确的内容作必要的澄清或者说明，但是澄清或者说明不得超出投标文件的范围或者改变投标文件的实质性内容。

第四十条　评标委员会应当按照招标文件确定的评标标准和方法，对投标文件进行评审和比较；设有标底的，应当参考标底。评标委员会完成评标后，应当向招标人提出书面评标报告，并推荐合格的中标候选人。

招标人根据评标委员会提出的书面评标报告和推荐的中标候选人确定中标人。招标人也可以授权评标委员会直接确定中标人。

国务院对特定招标项目的评标有特别规定的，从其规定。

第四十一条 中标人的投标应当符合下列条件

（一）能够最大限度地满足招标文件中规定的各项综合评价标准；

（二）能够满足招标文件的实质性要求，并且经评审的投标价格最低；但是投标价格低于成本的除外。

第四十二条 评标委员会经评审，认为所有投标都不符合招标文件要求的，可以否决所有投标。

依法必须进行招标的项目的所有投标被否决的，招标人应当依照本法重新招标。

第四十三条 在确定中标人前，招标人不得与投标人就投标价格、投标方案等实质性内容进行谈判。

第四十四条 评标委员会成员应当客观、公正地履行职务，遵守职业道德，对所提出的评审意见承担个人责任。

评标委员会成员不得私下接触投标人，不得收受投标人的财物或者其他好处。

评标委员会成员和参与评标的有关工作人员不得透露对投标文件的评审和比较、中标候选人的推荐情况以及与评标有关的其他情况。

第四十五条 中标人确定后，招标人应当向中标人发出中标通知书，并同时将中标结果通知所有未中标的投标人。

中标通知书对招标人和中标人具有法律效力。中标通知书发出后，招标人改变中标结果的，或者中标人放弃中标项目的，应当依法承担法律责任。

第四十六条 招标人和中标人应当自中标通知书发出之日起三十日内，按照招标文件和中标人的投标文件订立书面合同。招标人和中标人不得再行订立背离合同实质性内容的其他协议。

招标文件要求中标人提交履约保证金的，中标人应当提交。

第四十七条 依法必须进行招标的项目，招标人应当自确定中标人之日起十五日内，向有关行政监督部门提交招标投标情况的书面报告。

第四十八条 中标人应当按照合同约定履行义务，完成中标项目。中标人不得向他人转让中标项目，也不得将中标项目肢解后分别向他人转让。

中标人按照合同约定或者经招标人同意，可以将中标项目的部分非主体、非关键性工作分包给他人完成。接受分包的人应当具备相应的资格条件，并不得再次分包。

中标人应当就分包项目向招标人负责，接受分包的人就分包项目承担连带责任。

第五章 法律责任

第四十九条 违反本法规定，必须进行招标的项目而不招标的，将必须进行招标的项目化整为零或者以其他任何方式规避招标的，责令限期改正，可以处项目合同金额千分之五以上千分之十以下的罚款；对全部或者部分使用国有资金的项目，可以暂停项目执行或者暂停资金拨付；对单位直接负责的主管人员和其他直接责任人员依法给予处分。

第五十条　招标代理机构违反本法规定，泄露应当保密的与招标投标活动有关的情况和资料的，或者与招标人、投标人串通损害国家利益、社会公共利益或者他人合法权益的，处五万元以上二十五万元以下的罚款，对单位直接负责的主管人员和其他直接责任人员处单位罚款数额百分之五以上百分之十以下的罚款；有违法所得的，并处没收违法所得；情节严重的，暂停直至取消招标代理资格；构成犯罪的，依法追究刑事责任。给他人造成损失的，依法承担赔偿责任。

前款所列行为影响中标结果的，中标无效。

第五十一条　招标人以不合理的条件限制或者排斥潜在投标人的，对潜在投标人实行歧视待遇的，强制要求投标人组成联合体共同投标的，或者限制投标人之间竞争的，责令改正，可以处一万元以上五万元以下的罚款。

第五十二条　依法必须进行招标的项目的招标人向他人透露已获取招标文件的潜在投标人的名称、数量或者可能影响公平竞争的有关招标投标的其他情况的，或者泄露标底的，给予警告，可以并处一万元以上十万元以下的罚款；对单位直接负责的主管人员和其他直接责任人员依法给予处分；构成犯罪的，依法追究刑事责任。

前款所列行为影响中标结果的，中标无效。

第五十三条　投标人相互串通投标或者与招标人串通投标的，投标人以向招标人或者评标委员会成员行贿的手段谋取中标的，中标无效，处中标项目金额千分之五以上千分之十以下的罚款，对单位直接负责的主管人员和其他直接责任人员处单位罚款数额百分之五以上百分之十以下的罚款；有违法所得的，并处没收违法所得；情节严重的，取消其一年至二年内参加依法必须进行招标的项目的投标资格并予以公告，直至由工商行政管理机关吊销营业执照；构成犯罪的，依法追究刑事责任。给他人造成损失的，依法承担赔偿责任。

第五十四条　投标人以他人名义投标或者以其他方式弄虚作假，骗取中标的，中标无效，给招标人造成损失的，依法承担赔偿责任；构成犯罪的，依法追究刑事责任。

依法必须进行招标的项目的投标人有前款所列行为尚未构成犯罪的，处中标项目金额千分之五以上千分之十以下的罚款，对单位直接负责的主管人员和其他直接责任人员处单位罚款数额百分之五以上百分之十以下的罚款；有违法所得的，并处没收违法所得；情节严重的，取消其一年至三年内参加依法必须进行招标的项目的投标资格并予以公告，直至由工商行政管理机关吊销营业执照。

第五十五条　依法必须进行招标的项目，招标人违反本法规定，与投标人就投标价格、投标方案等实质性内容进行谈判的，给予警告，对单位直接负责的主管人员和其他直接责任人员依法给予处分。

前款所列行为影响中标结果的，中标无效。

第五十六条　评标委员会成员收受投标人的财物或者其他好处的，评标委员会成员或者参加评标的有关工作人员向他人透露对投标文件的评审和比较、中标候选人的推荐以及与评标有关的其他情况的，给予警告，没收收受的财物，可以并处三千元以上五万元以下的罚款，对有所列违法行为的评标委员会成员取消担任评标委员会成员的资格，不得再参加任何依法必须进行招标的项目的评标；构成犯罪的，依法追究刑事责任。

第五十七条 招标人在评标委员会依法推荐的中标候选人以外确定中标人的，依法必须进行招标的项目在所有投标被评标委员会否决后自行确定中标人的，中标无效。责令改正，可以处中标项目金额千分之五以上千分之十以下的罚款；对单位直接负责的主管人员和其他直接责任人员依法给予处分。

第五十八条 中标人将中标项目转让给他人的，将中标项目肢解后分别转让给他人的，违反本法规定将中标项目的部分主体、关键性工作分包给他人的，或者分包人再次分包的，转让、分包无效，处转让、分包项目金额千分之五以上千分之十以下的罚款；有违法所得的，并处没收违法所得；可以责令停业整顿；情节严重的，由工商行政管理机关吊销营业执照。

第五十九条 招标人与中标人不按照招标文件和中标人的投标文件订立合同的，或者招标人、中标人订立背离合同实质性内容的协议的，责令改正；可以处中标项目金额千分之五以上千分之十以下的罚款。

第六十条 标人不履行与招标人订立的合同的，履约保证金不予退还，给招标人造成的损失超过履约保证金数额的，还应当对超过部分予以赔偿；没有提交履约保证金的，应当对招标人的损失承担赔偿责任。

中标人不按照与招标人订立的合同履行义务，情节严重的，取消其二年至五年内参加依法必须进行招标的项目的投标资格并予以公告，直至由工商行政管理机关吊销营业执照。

因不可抗力不能履行合同的，不适用前两款规定。

第六十一条 本章规定的行政处罚，由国务院规定的有关行政监督部门决定。本法已对实施行政处罚的机关作出规定的除外。

第六十二条 任何单位违反本法规定，限制或者排斥本地区、本系统以外的法人或者其他组织参加投标的，为招标人指定招标代理机构的，强制招标人委托招标代理机构办理招标事宜的，或者以其他方式干涉招标投标活动的，责令改正；对单位直接负责的主管人员和其他直接责任人员依法给予警告、记过、记大过的处分，情节较重的，依法给予降级、撤职、开除的处分。

个人利用职权进行前款违法行为的，依照前款规定追究责任。

第六十三条 对招标投标活动依法负有行政监督职责的国家机关工作人员徇私舞弊、滥用职权或者玩忽职守，构成犯罪的，依法追究刑事责任；不构成犯罪的，依法给予行政处分。

第六十四条 依法必须进行招标的项目违反本法规定，中标无效的，应当依照本法规定的中标条件从其余投标人中重新确定中标人或者依照本法重新进行招标。

第六章 附 则

第六十五条 投标人和其他利害关系人认为招标投标活动不符合本法有关规定的，有权向招标人提出异议或者依法向有关行政监督部门投诉。

第六十六条　涉及国家安全、国家秘密、抢险救灾或者属于利用扶贫资金实行以工代赈、需要使用农民工等特殊情况，不适宜进行招标的项目，按照国家有关规定可以不进行招标。

第六十七条　使用国际组织或者外国政府贷款、援助资金的项目进行招标，贷款方、资金提供方对招标投标的具体条件和程序有不同规定的，可以适用其规定。但违背中华人民共和国的社会公共利益的除外。

第六十八条　本法自 2000 年 1 月 1 日起施行。

中华人民共和国招标投标法实施条例

（中华人民共和国国务院令第613号）

第一章　总　　则

第一条　为了规范招标投标活动，根据《中华人民共和国招标投标法》（以下简称招标投标法），制定本条例。

第二条　招标投标法第三条所称工程建设项目，是指工程以及与工程建设有关的货物、服务。

前款所称工程，是指建设工程，包括建筑物和构筑物的新建、改建、扩建及其相关的装修、拆除、修缮等；所称与工程建设有关的货物，是指构成工程不可分割的组成部分，且为实现工程基本功能所必需的设备、材料等；所称与工程建设有关的服务，是指为完成工程所需的勘察、设计、监理等服务。

第三条　依法必须进行招标的工程建设项目的具体范围和规模标准，由国务院发展改革部门会同国务院有关部门制订，报国务院批准后公布施行。

第四条　国务院发展改革部门指导和协调全国招标投标工作，对国家重大建设项目的工程招标投标活动实施监督检查。国务院工业和信息化、住房城乡建设、交通运输、铁道、水利、商务等部门，按照规定的职责分工对有关招标投标活动实施监督。

县级以上地方人民政府发展改革部门指导和协调本行政区域的招标投标工作。县级以上地方人民政府有关部门按照规定的职责分工，对招标投标活动实施监督，依法查处招标投标活动中的违法行为。县级以上地方人民政府对其所属部门有关招标投标活动的监督职责分工另有规定的，从其规定。

财政部门依法对实行招标投标的政府采购工程建设项目的预算执行情况和政府采购政策执行情况实施监督。

监察机关依法对与招标投标活动有关的监察对象实施监察。

第五条　设区的市级以上地方人民政府可以根据实际需要，建立统一规范的招标投标交易场所，为招标投标活动提供服务。招标投标交易场所不得与行政监督部门存在隶属关系，不得以营利为目的。

国家鼓励利用信息网络进行电子招标投标。

第六条　禁止国家工作人员以任何方式非法干涉招标投标活动。

第二章　招　　标

第七条　按照国家有关规定需要履行项目审批、核准手续的依法必须进行招标的项目，其招标范围、招标方式、招标组织形式应当报项目审批、核准部门审批、核准。项目审批、核准部门应当及时将审批、核准确定的招标范围、招标方式、招标组织形式通报有关行政监督部门。

第八条　国有资金占控股或者主导地位的依法必须进行招标的项目，应当公开招标；

但有下列情形之一的，可以邀请招标：

（一）技术复杂、有特殊要求或者受自然环境限制，只有少量潜在投标人可供选择；

（二）采用公开招标方式的费用占项目合同金额的比例过大。

有前款第二项所列情形，属于本条例第七条规定的项目，由项目审批、核准部门在审批、核准项目时作出认定；其他项目由招标人申请有关行政监督部门作出认定。

第九条　除招标投标法第六十六条规定的可以不进行招标的特殊情况外，有下列情形之一的，可以不进行招标：

（一）需要采用不可替代的专利或者专有技术；

（二）采购人依法能够自行建设、生产或者提供；

（三）已通过招标方式选定的特许经营项目投资人依法能够自行建设、生产或者提供；

（四）需要向原中标人采购工程、货物或者服务，否则将影响施工或者功能配套要求；

（五）国家规定的其他特殊情形。

招标人为适用前款规定弄虚作假的，属于招标投标法第四条规定的规避招标。

第十条　招标投标法第十二条第二款规定的招标人具有编制招标文件和组织评标能力，是指招标人具有与招标项目规模和复杂程度相适应的技术、经济等方面的专业人员。

第十一条　招标代理机构的资格依照法律和国务院的规定由有关部门认定。

国务院住房城乡建设、商务、发展改革、工业和信息化等部门，按照规定的职责分工对招标代理机构依法实施监督管理。

第十二条　招标代理机构应当拥有一定数量的取得招标职业资格的专业人员。取得招标职业资格的具体办法由国务院人力资源社会保障部门会同国务院发展改革部门制定。

第十三条　招标代理机构在其资格许可和招标人委托的范围内开展招标代理业务，任何单位和个人不得非法干涉。

招标代理机构代理招标业务，应当遵守招标投标法和本条例关于招标人的规定。招标代理机构不得在所代理的招标项目中投标或者代理投标，也不得为所代理的招标项目的投标人提供咨询。

招标代理机构不得涂改、出租、出借、转让资格证书。

第十四条　招标人应当与被委托的招标代理机构签订书面委托合同，合同约定的收费标准应当符合国家有关规定。

第十五条　公开招标的项目，应当依照招标投标法和本条例的规定发布招标公告、编制招标文件。

招标人采用资格预审办法对潜在投标人进行资格审查的，应当发布资格预审公告、编制资格预审文件。

依法必须进行招标的项目的资格预审公告和招标公告，应当在国务院发展改革部门依法指定的媒介发布。在不同媒介发布的同一招标项目的资格预审公告或者招标公告的内容应当一致。指定媒介发布依法必须进行招标的项目的境内资格预审公告、招标公告，不得收取费用。

编制依法必须进行招标的项目的资格预审文件和招标文件，应当使用国务院发展改革部门会同有关行政监督部门制定的标准文本。

第十六条 招标人应当按照资格预审公告、招标公告或者投标邀请书规定的时间、地点发售资格预审文件或者招标文件。资格预审文件或者招标文件的发售期不得少于5日。

招标人发售资格预审文件、招标文件收取的费用应当限于补偿印刷、邮寄的成本支出，不得以营利为目的。

第十七条 招标人应当合理确定提交资格预审申请文件的时间。依法必须进行招标的项目提交资格预审申请文件的时间，自资格预审文件停止发售之日起不得少于5日。

第十八条 资格预审应当按照资格预审文件载明的标准和方法进行。

国有资金占控股或者主导地位的依法必须进行招标的项目，招标人应当组建资格审查委员会审查资格预审申请文件。资格审查委员会及其成员应当遵守招标投标法和本条例有关评标委员会及其成员的规定。

第十九条 资格预审结束后，招标人应当及时向资格预审申请人发出资格预审结果通知书。未通过资格预审的申请人不具有投标资格。

通过资格预审的申请人少于3个的，应当重新招标。

第二十条 招标人采用资格后审办法对投标人进行资格审查的，应当在开标后由评标委员会按照招标文件规定的标准和方法对投标人的资格进行审查。

第二十一条 招标人可以对已发出的资格预审文件或者招标文件进行必要的澄清或者修改。澄清或者修改的内容可能影响资格预审申请文件或者投标文件编制的，招标人应当在提交资格预审申请文件截止时间至少3日前，或者投标截止时间至少15日前，以书面形式通知所有获取资格预审文件或者招标文件的潜在投标人；不足3日或者15日的，招标人应当顺延提交资格预审申请文件或者投标文件的截止时间。

第二十二条 潜在投标人或者其他利害关系人对资格预审文件有异议的，应当在提交资格预审申请文件截止时间2日前提出；对招标文件有异议的，应当在投标截止时间10日前提出。招标人应当自收到异议之日起3日内作出答复；作出答复前，应当暂停招标投标活动。

第二十三条 招标人编制的资格预审文件、招标文件的内容违反法律、行政法规的强制性规定，违反公开、公平、公正和诚实信用原则，影响资格预审结果或者潜在投标人投标的，依法必须进行招标的项目的招标人应当在修改资格预审文件或者招标文件后重新招标。

第二十四条 招标人对招标项目划分标段的，应当遵守招标投标法的有关规定，不得利用划分标段限制或者排斥潜在投标人。依法必须进行招标的项目的招标人不得利用划分标段规避招标。

第二十五条 招标人应当在招标文件中载明投标有效期。投标有效期从提交投标文件的截止之日起算。

第二十六条 招标人在招标文件中要求投标人提交投标保证金的，投标保证金不得超过招标项目估算价的2%。投标保证金有效期应当与投标有效期一致。

依法必须进行招标的项目的境内投标单位，以现金或者支票形式提交的投标保证金应当从其基本账户转出。

招标人不得挪用投标保证金。

第二十七条 招标人可以自行决定是否编制标底。一个招标项目只能有一个标底。标底必须保密。

接受委托编制标底的中介机构不得参加受托编制标底项目的投标，也不得为该项目的投标人编制投标文件或者提供咨询。

招标人设有最高投标限价的，应当在招标文件中明确最高投标限价或者最高投标限价的计算方法。招标人不得规定最低投标限价。

第二十八条　招标人不得组织单个或者部分潜在投标人踏勘项目现场。

第二十九条　招标人可以依法对工程以及与工程建设有关的货物、服务全部或者部分实行总承包招标。以暂估价形式包括在总承包范围内的工程、货物、服务属于依法必须进行招标的项目范围且达到国家规定规模标准的，应当依法进行招标。

前款所称暂估价，是指总承包招标时不能确定价格而由招标人在招标文件中暂时估定的工程、货物、服务的金额。

第三十条　对技术复杂或者无法精确拟定技术规格的项目，招标人可以分两阶段进行招标。

第一阶段，投标人按照招标公告或者投标邀请书的要求提交不带报价的技术建议，招标人根据投标人提交的技术建议确定技术标准和要求，编制招标文件。

第二阶段，招标人向在第一阶段提交技术建议的投标人提供招标文件，投标人按照招标文件的要求提交包括最终技术方案和投标报价的投标文件。

招标人要求投标人提交投标保证金的，应当在第二阶段提出。

第三十一条　招标人终止招标的，应当及时发布公告，或者以书面形式通知被邀请的或者已经获取资格预审文件、招标文件的潜在投标人。已经发售资格预审文件、招标文件或者已经收取投标保证金的，招标人应当及时退还所收取的资格预审文件、招标文件的费用，以及所收取的投标保证金及银行同期存款利息。

第三十二条　招标人不得以不合理的条件限制、排斥潜在投标人或者投标人。

招标人有下列行为之一的，属于以不合理条件限制、排斥潜在投标人或者投标人：

（一）就同一招标项目向潜在投标人或者投标人提供有差别的项目信息；

（二）设定的资格、技术、商务条件与招标项目的具体特点和实际需要不相适应或者与合同履行无关；

（三）依法必须进行招标的项目以特定行政区域或者特定行业的业绩、奖项作为加分条件或者中标条件；

（四）对潜在投标人或者投标人采取不同的资格审查或者评标标准；

（五）限定或者指定特定的专利、商标、品牌、原产地或者供应商；

（六）依法必须进行招标的项目非法限定潜在投标人或者投标人的所有制形式或者组织形式；

（七）以其他不合理条件限制、排斥潜在投标人或者投标人。

第三章　投　　标

第三十三条　投标人参加依法必须进行招标的项目的投标，不受地区或者部门的限制，任何单位和个人不得非法干涉。

第三十四条 与招标人存在利害关系可能影响招标公正性的法人、其他组织或者个人，不得参加投标。

单位负责人为同一人或者存在控股、管理关系的不同单位，不得参加同一标段投标或者未划分标段的同一招标项目投标。

违反前两款规定的，相关投标均无效。

第三十五条 投标人撤回已提交的投标文件，应当在投标截止时间前书面通知招标人。招标人已收取投标保证金的，应当自收到投标人书面撤回通知之日起5日内退还。

投标截止后投标人撤销投标文件的，招标人可以不退还投标保证金。

第三十六条 未通过资格预审的申请人提交的投标文件，以及逾期送达或者不按照招标文件要求密封的投标文件，招标人应当拒收。

招标人应当如实记载投标文件的送达时间和密封情况，并存档备查。

第三十七条 招标人应当在资格预审公告、招标公告或者投标邀请书中载明是否接受联合体投标。

招标人接受联合体投标并进行资格预审的，联合体应当在提交资格预审申请文件前组成。资格预审后联合体增减、更换成员的，其投标无效。

联合体各方在同一招标项目中以自己名义单独投标或者参加其他联合体投标的，相关投标均无效。

第三十八条 投标人发生合并、分立、破产等重大变化的，应当及时书面告知招标人。投标人不再具备资格预审文件、招标文件规定的资格条件或者其投标影响招标公正性的，其投标无效。

第三十九条 禁止投标人相互串通投标。

有下列情形之一的，属于投标人相互串通投标：

（一）投标人之间协商投标报价等投标文件的实质性内容；

（二）投标人之间约定中标人；

（三）投标人之间约定部分投标人放弃投标或者中标；

（四）属于同一集团、协会、商会等组织成员的投标人按照该组织要求协同投标；

（五）投标人之间为谋取中标或者排斥特定投标人而采取的其他联合行动。

第四十条 有下列情形之一的，视为投标人相互串通投标：

（一）不同投标人的投标文件由同一单位或者个人编制；

（二）不同投标人委托同一单位或者个人办理投标事宜；

（三）不同投标人的投标文件载明的项目管理成员为同一人；

（四）不同投标人的投标文件异常一致或者投标报价呈规律性差异；

（五）不同投标人的投标文件相互混装；

（六）不同投标人的投标保证金从同一单位或者个人的账户转出。

第四十一条 禁止招标人与投标人串通投标。

有下列情形之一的，属于招标人与投标人串通投标：

（一）招标人在开标前开启投标文件并将有关信息泄露给其他投标人；

（二）招标人直接或者间接向投标人泄露标底、评标委员会成员等信息；

（三）招标人明示或者暗示投标人压低或者抬高投标报价；

（四）招标人授意投标人撤换、修改投标文件；

（五）招标人明示或者暗示投标人为特定投标人中标提供方便；

（六）招标人与投标人为谋求特定投标人中标而采取的其他串通行为。

第四十二条　使用通过受让或者租借等方式获取的资格、资质证书投标的，属于招标投标法第三十三条规定的以他人名义投标。

投标人有下列情形之一的，属于招标投标法第三十三条规定的以其他方式弄虚作假的行为：

（一）使用伪造、变造的许可证件；

（二）提供虚假的财务状况或者业绩；

（三）提供虚假的项目负责人或者主要技术人员简历、劳动关系证明；

（四）提供虚假的信用状况；

（五）其他弄虚作假的行为。

第四十三条　提交资格预审申请文件的申请人应当遵守招标投标法和本条例有关投标人的规定。

第四章　开标、评标和中标

第四十四条　招标人应当按照招标文件规定的时间、地点开标。

投标人少于3个的，不得开标；招标人应当重新招标。

投标人对开标有异议的，应当在开标现场提出，招标人应当当场作出答复，并制作记录。

第四十五条　国家实行统一的评标专家专业分类标准和管理办法。具体标准和办法由国务院发展改革部门会同国务院有关部门制定。

省级人民政府和国务院有关部门应当组建综合评标专家库。

第四十六条　除招标投标法第三十七条第三款规定的特殊招标项目外，依法必须进行招标的项目，其评标委员会的专家成员应当从评标专家库内相关专业的专家名单中以随机抽取方式确定。任何单位和个人不得以明示、暗示等任何方式指定或者变相指定参加评标委员会的专家成员。

依法必须进行招标的项目的招标人非因招标投标法和本条例规定的事由，不得更换依法确定的评标委员会成员。更换评标委员会的专家成员应当依照前款规定进行。

评标委员会成员与投标人有利害关系的，应当主动回避。

有关行政监督部门应当按照规定的职责分工，对评标委员会成员的确定方式、评标专家的抽取和评标活动进行监督。行政监督部门的工作人员不得担任本部门负责监督项目的评标委员会成员。

第四十七条　招标投标法第三十七条第三款所称特殊招标项目，是指技术复杂、专业性强或者国家有特殊要求，采取随机抽取方式确定的专家难以保证胜任评标工作的项目。

第四十八条　招标人应当向评标委员会提供评标所必需的信息，但不得明示或者暗示其倾向或者排斥特定投标人。

招标人应当根据项目规模和技术复杂程度等因素合理确定评标时间。超过三分之一的评标委员会成员认为评标时间不够的，招标人应当适当延长。

评标过程中，评标委员会成员有回避事由、擅离职守或者因健康等原因不能继续评标的，应当及时更换。被更换的评标委员会成员作出的评审结论无效，由更换后的评标委员会成员重新进行评审。

第四十九条 评标委员会成员应当依照招标投标法和本条例的规定，按照招标文件规定的评标标准和方法，客观、公正地对投标文件提出评审意见。招标文件没有规定的评标标准和方法不得作为评标的依据。

评标委员会成员不得私下接触投标人，不得收受投标人给予的财物或者其他好处，不得向招标人征询确定中标人的意向，不得接受任何单位或者个人明示或者暗示提出的倾向或者排斥特定投标人的要求，不得有其他不客观、不公正履行职务的行为。

第五十条 招标项目设有标底的，招标人应当在开标时公布。标底只能作为评标的参考，不得以投标报价是否接近标底作为中标条件，也不得以投标报价超过标底上下浮动范围作为否决投标的条件。

第五十一条 有下列情形之一的，评标委员会应当否决其投标：

（一）投标文件未经投标单位盖章和单位负责人签字；

（二）投标联合体没有提交共同投标协议；

（三）投标人不符合国家或者招标文件规定的资格条件；

（四）同一投标人提交两个以上不同的投标文件或者投标报价，但招标文件要求提交备选投标的除外；

（五）投标报价低于成本或者高于招标文件设定的最高投标限价；

（六）投标文件没有对招标文件的实质性要求和条件作出响应；

（七）投标人有串通投标、弄虚作假、行贿等违法行为。

第五十二条 投标文件中有含义不明确的内容、明显文字或者计算错误，评标委员会认为需要投标人作出必要澄清、说明的，应当书面通知该投标人。投标人的澄清、说明应当采用书面形式，并不得超出投标文件的范围或者改变投标文件的实质性内容。

评标委员会不得暗示或者诱导投标人作出澄清、说明，不得接受投标人主动提出的澄清、说明。

第五十三条 评标完成后，评标委员会应当向招标人提交书面评标报告和中标候选人名单。中标候选人应当不超过3个，并标明排序。

评标报告应当由评标委员会全体成员签字。对评标结果有不同意见的评标委员会成员应当以书面形式说明其不同意见和理由，评标报告应当注明该不同意见。评标委员会成员拒绝在评标报告上签字又不书面说明其不同意见和理由的，视为同意评标结果。

第五十四条 依法必须进行招标的项目，招标人应当自收到评标报告之日起3日内公示中标候选人，公示期不得少于3日。

投标人或者其他利害关系人对依法必须进行招标的项目的评标结果有异议的，应当在中标候选人公示期间提出。招标人应当自收到异议之日起3日内作出答复；作出答复前，应当暂停招标投标活动。

第五十五条　国有资金占控股或者主导地位的依法必须进行招标的项目，招标人应当确定排名第一的中标候选人为中标人。排名第一的中标候选人放弃中标、因不可抗力不能履行合同、不按照招标文件要求提交履约保证金，或者被查实存在影响中标结果的违法行为等情形，不符合中标条件的，招标人可以按照评标委员会提出的中标候选人名单排序依次确定其他中标候选人为中标人，也可以重新招标。

第五十六条　中标候选人的经营、财务状况发生较大变化或者存在违法行为，招标人认为可能影响其履约能力的，应当在发出中标通知书前由原评标委员会按照招标文件规定的标准和方法审查确认。

第五十七条　招标人和中标人应当依照招标投标法和本条例的规定签订书面合同，合同的标的、价款、质量、履行期限等主要条款应当与招标文件和中标人的投标文件的内容一致。招标人和中标人不得再行订立背离合同实质性内容的其他协议。

招标人最迟应当在书面合同签订后5日内向中标人和未中标的投标人退还投标保证金及银行同期存款利息。

第五十八条　招标文件要求中标人提交履约保证金的，中标人应当按照招标文件的要求提交。履约保证金不得超过中标合同金额的10%。

第五十九条　中标人应当按照合同约定履行义务，完成中标项目。中标人不得向他人转让中标项目，也不得将中标项目肢解后分别向他人转让。

中标人按照合同约定或者经招标人同意，可以将中标项目的部分非主体、非关键性工作分包给他人完成。接受分包的人应当具备相应的资格条件，并不得再次分包。

中标人应当就分包项目向招标人负责，接受分包的人就分包项目承担连带责任。

第五章　投诉与处理

第六十条　投标人或者其他利害关系人认为招标投标活动不符合法律、行政法规规定的，可以自知道或者应当知道之日起10日内向有关行政监督部门投诉。投诉应当有明确的请求和必要的证明材料。

就本条例第二十二条、第四十四条、第五十四条规定事项投诉的，应当先向招标人提出异议，异议答复期间不计算在前款规定的期限内。

第六十一条　投诉人就同一事项向两个以上有权受理的行政监督部门投诉的，由最先收到投诉的行政监督部门负责处理。

行政监督部门应当自收到投诉之日起3个工作日内决定是否受理投诉，并自受理投诉之日起30个工作日内作出书面处理决定；需要检验、检测、鉴定、专家评审的，所需时间不计算在内。

投诉人捏造事实、伪造材料或者以非法手段取得证明材料进行投诉的，行政监督部门应当予以驳回。

第六十二条　行政监督部门处理投诉，有权查阅、复制有关文件、资料，调查有关情况，相关单位和人员应当予以配合。必要时，行政监督部门可以责令暂停招标投标活动。

行政监督部门的工作人员对监督检查过程中知悉的国家秘密、商业秘密，应当依法予以保密。

第六章 法律责任

第六十三条 招标人有下列限制或者排斥潜在投标人行为之一的，由有关行政监督部门依照招标投标法第五十一条的规定处罚：

（一）依法应当公开招标的项目不按照规定在指定媒介发布资格预审公告或者招标公告；

（二）在不同媒介发布的同一招标项目的资格预审公告或者招标公告的内容不一致，影响潜在投标人申请资格预审或者投标。

依法必须进行招标的项目的招标人不按照规定发布资格预审公告或者招标公告，构成规避招标的，依照招标投标法第四十九条的规定处罚。

第六十四条 招标人有下列情形之一的，由有关行政监督部门责令改正，可以处10万元以下的罚款：

（一）依法应当公开招标而采用邀请招标；

（二）招标文件、资格预审文件的发售、澄清、修改的时限，或者确定的提交资格预审申请文件、投标文件的时限不符合招标投标法和本条例规定；

（三）接受未通过资格预审的单位或者个人参加投标；

（四）接受应当拒收的投标文件。

招标人有前款第一项、第三项、第四项所列行为之一的，对单位直接负责的主管人员和其他直接责任人员依法给予处分。

第六十五条 招标代理机构在所代理的招标项目中投标、代理投标或者向该项目投标人提供咨询的，接受委托编制标底的中介机构参加受托编制标底项目的投标或者为该项目的投标人编制投标文件、提供咨询的，依照招标投标法第五十条的规定追究法律责任。

第六十六条 招标人超过本条例规定的比例收取投标保证金、履约保证金或者不按照规定退还投标保证金及银行同期存款利息的，由有关行政监督部门责令改正，可以处5万元以下的罚款；给他人造成损失的，依法承担赔偿责任。

第六十七条 投标人相互串通投标或者与招标人串通投标的，投标人向招标人或者评标委员会成员行贿谋取中标的，中标无效；构成犯罪的，依法追究刑事责任；尚不构成犯罪的，依照招标投标法第五十三条的规定处罚。投标人未中标的，对单位的罚款金额按照招标项目合同金额依照招标投标法规定的比例计算。

投标人有下列行为之一的，属于招标投标法第五十三条规定的情节严重行为，由有关行政监督部门取消其1年至2年内参加依法必须进行招标的项目的投标资格：

（一）以行贿谋取中标；

（二）3年内2次以上串通投标；

（三）串通投标行为损害招标人、其他投标人或者国家、集体、公民的合法利益，造成直接经济损失30万元以上；

（四）其他串通投标情节严重的行为。

投标人自本条第二款规定的处罚执行期限届满之日起3年内又有该款所列违法行为之一的，或者串通投标、以行贿谋取中标情节特别严重的，由工商行政管理机关吊销营业执照。

法律、行政法规对串通投标报价行为的处罚另有规定的，从其规定。

第六十八条 投标人以他人名义投标或者以其他方式弄虚作假骗取中标的，中标无效；构成犯罪的，依法追究刑事责任；尚不构成犯罪的，依照招标投标法第五十四条的规定处罚。依法必须进行招标的项目的投标人未中标的，对单位的罚款金额按照招标项目合同金额依照招标投标法规定的比例计算。

投标人有下列行为之一的，属于招标投标法第五十四条规定的情节严重行为，由有关行政监督部门取消其1年至3年内参加依法必须进行招标的项目的投标资格：

（一）伪造、变造资格、资质证书或者其他许可证件骗取中标；

（二）3年内2次以上使用他人名义投标；

（三）弄虚作假骗取中标给招标人造成直接经济损失30万元以上；

（四）其他弄虚作假骗取中标情节严重的行为。

投标人自本条第二款规定的处罚执行期限届满之日起3年内又有该款所列违法行为之一的，或者弄虚作假骗取中标情节特别严重的，由工商行政管理机关吊销营业执照。

第六十九条 出让或者出租资格、资质证书供他人投标的，依照法律、行政法规的规定给予行政处罚；构成犯罪的，依法追究刑事责任。

第七十条 依法必须进行招标的项目的招标人不按照规定组建评标委员会，或者确定、更换评标委员会成员违反招标投标法和本条例规定的，由有关行政监督部门责令改正，可以处10万元以下的罚款，对单位直接负责的主管人员和其他直接责任人员依法给予处分；违法确定或者更换的评标委员会成员作出的评审结论无效，依法重新进行评审。

国家工作人员以任何方式非法干涉选取评标委员会成员的，依照本条例第八十一条的规定追究法律责任。

第七十一条 评标委员会成员有下列行为之一的，由有关行政监督部门责令改正；情节严重的，禁止其在一定期限内参加依法必须进行招标的项目的评标；情节特别严重的，取消其担任评标委员会成员的资格：

（一）应当回避而不回避；

（二）擅离职守；

（三）不按照招标文件规定的评标标准和方法评标；

（四）私下接触投标人；

（五）向招标人征询确定中标人的意向或者接受任何单位或者个人明示或者暗示提出的倾向或者排斥特定投标人的要求；

（六）对依法应当否决的投标不提出否决意见；

（七）暗示或者诱导投标人作出澄清、说明或者接受投标人主动提出的澄清、说明；

（八）其他不客观、不公正履行职务的行为。

第七十二条 评标委员会成员收受投标人的财物或者其他好处的，没收收受的财物，处3000元以上5万元以下的罚款，取消担任评标委员会成员的资格，不得再参加依法必须进行招标的项目的评标；构成犯罪的，依法追究刑事责任。

第七十三条 依法必须进行招标的项目的招标人有下列情形之一的，由有关行政监督部门责令改正，可以处中标项目金额10‰以下的罚款；给他人造成损失的，依法承担赔偿责任；对单位直接负责的主管人员和其他直接责任人员依法给予处分：

（一）无正当理由不发出中标通知书；

（二）不按照规定确定中标人；

（三）中标通知书发出后无正当理由改变中标结果；

（四）无正当理由不与中标人订立合同；

（五）在订立合同时向中标人提出附加条件。

第七十四条 中标人无正当理由不与招标人订立合同，在签订合同时向招标人提出附加条件，或者不按照招标文件要求提交履约保证金的，取消其中标资格，投标保证金不予退还。对依法必须进行招标的项目的中标人，由有关行政监督部门责令改正，可以处中标项目金额10‰以下的罚款。

第七十五条 招标人和中标人不按照招标文件和中标人的投标文件订立合同，合同的主要条款与招标文件、中标人的投标文件的内容不一致，或者招标人、中标人订立背离合同实质性内容的协议的，由有关行政监督部门责令改正，可以处中标项目金额5‰以上10‰以下的罚款。

第七十六条 中标人将中标项目转让给他人的，将中标项目肢解后分别转让给他人的，违反招标投标法和本条例规定将中标项目的部分主体、关键性工作分包给他人的，或者分包人再次分包的，转让、分包无效，处转让、分包项目金额5‰以上10‰以下的罚款；有违法所得的，并处没收违法所得；可以责令停业整顿；情节严重的，由工商行政管理机关吊销营业执照。

第七十七条 投标人或者其他利害关系人捏造事实、伪造材料或者以非法手段取得证明材料进行投诉，给他人造成损失的，依法承担赔偿责任。

招标人不按照规定对异议作出答复，继续进行招标投标活动的，由有关行政监督部门责令改正，拒不改正或者不能改正并影响中标结果的，依照本条例第八十二条的规定处理。

第七十八条 取得招标职业资格的专业人员违反国家有关规定办理招标业务的，责令改正，给予警告；情节严重的，暂停一定期限内从事招标业务；情节特别严重的，取消招标职业资格。

第七十九条 国家建立招标投标信用制度。有关行政监督部门应当依法公告对招标人、招标代理机构、投标人、评标委员会成员等当事人违法行为的行政处理决定。

第八十条 项目审批、核准部门不依法审批、核准项目招标范围、招标方式、招标组织形式的，对单位直接负责的主管人员和其他直接责任人员依法给予处分。

有关行政监督部门不依法履行职责，对违反招标投标法和本条例规定的行为不依法查处，或者不按照规定处理投诉、不依法公告对招标投标当事人违法行为的行政处理决定的，对直接负责的主管人员和其他直接责任人员依法给予处分。

项目审批、核准部门和有关行政监督部门的工作人员徇私舞弊、滥用职权、玩忽职守，构成犯罪的，依法追究刑事责任。

第八十一条 国家工作人员利用职务便利，以直接或者间接、明示或者暗示等任何方式非法干涉招标投标活动，有下列情形之一的，依法给予记过或者记大过处分；情节严重的，依法给予降级或者撤职处分；情节特别严重的，依法给予开除处分；构成犯罪的，依法追究刑事责任：

（一）要求对依法必须进行招标的项目不招标，或者要求对依法应当公开招标的项目不公开招标；

（二）要求评标委员会成员或者招标人以其指定的投标人作为中标候选人或者中标人，或者以其他方式非法干涉评标活动，影响中标结果；

（三）以其他方式非法干涉招标投标活动。

第八十二条 依法必须进行招标的项目的招标投标活动违反招标投标法和本条例的规定，对中标结果造成实质性影响，且不能采取补救措施予以纠正的，招标、投标、中标无效，应当依法重新招标或者评标。

第七章 附 则

第八十三条 招标投标协会按照依法制定的章程开展活动，加强行业自律和服务。

第八十四条 政府采购的法律、行政法规对政府采购货物、服务的招标投标另有规定的，从其规定。

第八十五条 本条例自 2012 年 2 月 1 日起施行。

二、规章、规范性文件和司法解释

建筑工程施工发包与承包计价管理办法

（中华人民共和国住房和城乡建设部令第 16 号，自 2014 年 2 月 1 日起施行）

第一条 为了规范建筑工程施工发包与承包计价行为，维护建筑工程发包与承包双方的合法权益，促进建筑市场的健康发展，根据有关法律、法规，制定本办法。

第二条 在中华人民共和国境内的建筑工程施工发包与承包计价（以下简称工程发承包计价）管理，适用本办法。

本办法所称建筑工程是指房屋建筑和市政基础设施工程。

本办法所称工程发承包计价包括编制工程量清单、最高投标限价、招标标底、投标报价，进行工程结算，以及签订和调整合同价款等活动。

第三条 建筑工程施工发包与承包价在政府宏观调控下，由市场竞争形成。

工程发承包计价应当遵循公平、合法和诚实信用的原则。

第四条 国务院住房城乡建设主管部门负责全国工程发承包计价工作的管理。

县级以上地方人民政府住房城乡建设主管部门负责本行政区域内工程发承包计价工作的管理。其具体工作可以委托工程造价管理机构负责。

第五条 国家推广工程造价咨询制度，对建筑工程项目实行全过程造价管理。

第六条 全部使用国有资金投资或者以国有资金投资为主的建筑工程（以下简称国有资金投资的建筑工程），应当采用工程量清单计价；非国有资金投资的建筑工程，鼓励采用工程量清单计价。

国有资金投资的建筑工程招标的，应当设有最高投标限价；非国有资金投资的建筑工程招标的，可以设有最高投标限价或者招标标底。

最高投标限价及其成果文件，应当由招标人报工程所在地县级以上地方人民政府住房城乡建设主管部门备案。

第七条 工程量清单应当依据国家制定的工程量清单计价规范、工程量计算规范等编制。工程量清单应当作为招标文件的组成部分。

第八条 最高投标限价应当依据工程量清单、工程计价有关规定和市场价格信息等编制。招标人设有最高投标限价的，应当在招标时公布最高投标限价的总价，以及各单位工程的分部分项工程费、措施项目费、其他项目费、规费和税金。

第九条 招标标底应当依据工程计价有关规定和市场价格信息等编制。

第十条 投标报价不得低于工程成本，不得高于最高投标限价。

投标报价应当依据工程量清单、工程计价有关规定、企业定额和市场价格信息等编制。

第十一条 投标报价低于工程成本或者高于最高投标限价总价的，评标委员会应当否决投标人的投标。

对是否低于工程成本报价的异议，评标委员会可以参照国务院住房城乡建设主管部门和省、自治区、直辖市人民政府住房城乡建设主管部门发布的有关规定进行评审。

第十二条 招标人与中标人应当根据中标价订立合同。不实行招标投标的工程由发承包双方协商订立合同。

合同价款的有关事项由发承包双方约定，一般包括合同价款约定方式，预付工程款、工程进度款、工程竣工价款的支付和结算方式，以及合同价款的调整情形等。

第十三条 发承包双方在确定合同价款时，应当考虑市场环境和生产要素价格变化对合同价款的影响。

实行工程量清单计价的建筑工程，鼓励发承包双方采用单价方式确定合同价款。

建设规模较小、技术难度较低、工期较短的建筑工程，发承包双方可以采用总价方式确定合同价款。

紧急抢险、救灾以及施工技术特别复杂的建筑工程，发承包双方可以采用成本加酬金方式确定合同价款。

第十四条 发承包双方应当在合同中约定，发生下列情形时合同价款的调整方法：

（一）法律、法规、规章或者国家有关政策变化影响合同价款的；

（二）工程造价管理机构发布价格调整信息的；

（三）经批准变更设计的；

（四）发包方更改经审定批准的施工组织设计造成费用增加的；

（五）双方约定的其他因素。

第十五条 发承包双方应当根据国务院住房城乡建设主管部门和省、自治区、直辖市人民政府住房城乡建设主管部门的规定，结合工程款、建设工期等情况在合同中约定预付工程款的具体事宜。

预付工程款按照合同价款或者年度工程计划额度的一定比例确定和支付，并在工程进度款中予以抵扣。

第十六条 承包方应当按照合同约定向发包方提交已完成工程量报告。发包方收到工程量报告后，应当按照合同约定及时核对并确认。

第十七条 发承包双方应当按照合同约定，定期或者按照工程进度分段进行工程款结算和支付。

第十八条 工程完工后，应当按照下列规定进行竣工结算：

（一）承包方应当在工程完工后的约定期限内提交竣工结算文件。

（二）国有资金投资建筑工程的发包方，应当委托具有相应资质的工程造价咨询企业对竣工结算文件进行审核，并在收到竣工结算文件后的约定期限内向承包方提出由工程造价咨询企业出具的竣工结算文件审核意见；逾期未答复的，按照合同约定处理，合同没有约定的，竣工结算文件视为已被认可。

非国有资金投资的建筑工程发包方，应当在收到竣工结算文件后的约定期限内予以答复，逾期未答复的，按照合同约定处理，合同没有约定的，竣工结算文件视为已被认可；发包方对竣工结算文件有异议的，应当在答复期内向承包方提出，并可以在提出异议之日起的约定期限内与承包方协商；发包方在协商期内未与承包方协商或者经协商未能与承包方达成协议的，应当委托工程造价咨询企业进行竣工结算审核，并在协商期满后的约定期限内向承包方提出由工程造价咨询企业出具的竣工结算文件审核意见。

（三）承包方对发包方提出的工程造价咨询企业竣工结算审核意见有异议的，在接到该审核意见后一个月内，可以向有关工程造价管理机构或者有关行业组织申请调解，调解不成的，可以依法申请仲裁或者向人民法院提起诉讼。

发承包双方在合同中对本条第（一）项、第（二）项的期限没有明确约定的，应当按照国家有关规定执行；国家没有规定的，可认为其约定期限均为28日。

第十九条 工程竣工结算文件经发承包双方签字确认的，应当作为工程决算的依据，未经对方同意，另一方不得就已生效的竣工结算文件委托工程造价咨询企业重复审核。发包方应当按照竣工结算文件及时支付竣工结算款。

竣工结算文件应当由发包方报工程所在地县级以上地方人民政府住房城乡建设主管部门备案。

第二十条 造价工程师编制工程量清单、最高投标限价、招标标底、投标报价、工程结算审核和工程造价鉴定文件，应当签字并加盖造价工程师执业专用章。

第二十一条 县级以上地方人民政府住房城乡建设主管部门应当依照有关法律、法规和本办法规定，加强对建筑工程发承包计价活动的监督检查和投诉举报的核查，并有权采取下列措施：

（一）要求被检查单位提供有关文件和资料；

（二）就有关问题询问签署文件的人员；

（三）要求改正违反有关法律、法规、本办法或者工程建设强制性标准的行为。

县级以上地方人民政府住房城乡建设主管部门应当将监督检查的处理结果向社会公开。

第二十二条 造价工程师在最高投标限价、招标标底或者投标报价编制、工程结算审核和工程造价鉴定中，签署有虚假记载、误导性陈述的工程造价成果文件的，记入造价工程师信用档案，依照《注册造价工程师管理办法》进行查处；构成犯罪的，依法追究刑事责任。

第二十三条 工程造价咨询企业在建筑工程计价活动中，出具有虚假记载、误导性陈述的工程造价成果文件的，记入工程造价咨询企业信用档案，由县级以上地方人民政府住房城乡建设主管部门责令改正，处1万元以上3万元以下的罚款，并予以通报。

第二十四条 国家机关工作人员在建筑工程计价监督管理工作中玩忽职守、徇私舞弊、滥用职权的，由有关机关给予行政处分；构成犯罪的，依法追究刑事责任。

第二十五条 建筑工程以外的工程施工发包与承包计价管理可以参照本办法执行。

第二十六条 省、自治区、直辖市人民政府住房城乡建设主管部门可以根据本办法制定实施细则。

第二十七条 本办法自2014年2月1日起施行。原建设部2001年11月5日发布的《建筑工程施工发包与承包计价管理办法》（建设部令第107号）同时废止。

工程造价咨询企业管理办法

（中华人民共和国建设部令第149号，2006年2月22日经建设部第85次常务会议讨论通过，自2006年7月1日起施行）

第一章　总　　则

第一条　为了加强对工程造价咨询企业的管理，提高工程造价咨询工作质量，维护建设市场秩序和社会公共利益，根据《中华人民共和国行政许可法》、《国务院对确需保留的行政审批项目设定行政许可的决定》，制定本办法。

第二条　在中华人民共和国境内从事工程造价咨询活动，实施对工程造价咨询企业的监督管理，应当遵守本办法。

第三条　本办法所称工程造价咨询企业，是指接受委托，对建设项目投资、工程造价的确定与控制提供专业咨询服务的企业。

第四条　工程造价咨询企业应当依法取得工程造价咨询企业资质，并在其资质等级许可的范围内从事工程造价咨询活动。

第五条　工程造价咨询企业从事工程造价咨询活动，应当遵循独立、客观、公正、诚实信用的原则，不得损害社会公共利益和他人的合法权益。

任何单位和个人不得非法干预依法进行的工程造价咨询活动。

第六条　国务院建设主管部门负责全国工程造价咨询企业的统一监督管理工作。

省、自治区、直辖市人民政府建设主管部门负责本行政区域内工程造价咨询企业的监督管理工作。

有关专业部门负责对本专业工程造价咨询企业实施监督管理。

第七条　工程造价咨询行业组织应当加强行业自律管理。

鼓励工程造价咨询企业加入工程造价咨询行业组织。

第二章　资质等级与标准

第八条　工程造价咨询企业资质等级分为甲级、乙级。

第九条　甲级工程造价咨询企业资质标准如下：

（一）已取得乙级工程造价咨询企业资质证书满3年；

（二）企业出资人中，注册造价工程师人数不低于出资人总人数的60%，且其出资额不低于企业注册资本总额的60%；

（三）技术负责人已取得造价工程师注册证书，并具有工程或工程经济类高级专业技术职称，且从事工程造价专业工作15年以上；

（四）专职从事工程造价专业工作的人员（以下简称专职专业人员）不少于20人，其中，具有工程或者工程经济类中级以上专业技术职称的人员不少于16人；取得造价工程师注册证书的人员不少于10人，其他人员具有从事工程造价专业工作的经历；

（五）企业与专职专业人员签订劳动合同，且专职专业人员符合国家规定的职业年龄

（出资人除外）；

（六）专职专业人员人事档案关系由国家认可的人事代理机构代为管理；

（七）企业注册资本不少于人民币100万元；

（八）企业近3年工程造价咨询营业收入累计不低于人民币500万元；

（九）具有固定的办公场所，人均办公建筑面积不少于10平方米；

（十）技术档案管理制度、质量控制制度、财务管理制度齐全；

（十一）企业为本单位专职专业人员办理的社会基本养老保险手续齐全；

（十二）在申请核定资质等级之日前3年内无本办法第二十七条禁止的行为。

第十条 乙级工程造价咨询企业资质标准如下：

（一）企业出资人中，注册造价工程师人数不低于出资人总人数的60%，且其出资额不低于注册资本总额的60%；

（二）技术负责人已取得造价工程师注册证书，并具有工程或工程经济类高级专业技术职称，且从事工程造价专业工作10年以上；

（三）专职专业人员不少于12人，其中，具有工程或者工程经济类中级以上专业技术职称的人员不少于8人；取得造价工程师注册证书的人员不少于6人，其他人员具有从事工程造价专业工作的经历；

（四）企业与专职专业人员签订劳动合同，且专职专业人员符合国家规定的职业年龄（出资人除外）；

（五）专职专业人员人事档案关系由国家认可的人事代理机构代为管理；

（六）企业注册资本不少于人民币50万元；

（七）具有固定的办公场所，人均办公建筑面积不少于10平方米；

（八）技术档案管理制度、质量控制制度、财务管理制度齐全；

（九）企业为本单位专职专业人员办理的社会基本养老保险手续齐全；

（十）暂定期内工程造价咨询营业收入累计不低于人民币50万元；

（十一）申请核定资质等级之日前无本办法第二十七条禁止的行为。

第三章 资质许可

第十一条 申请甲级工程造价咨询企业资质的，应当向申请人工商注册所在地省、自治区、直辖市人民政府建设主管部门或者国务院有关专业部门提出申请。

省、自治区、直辖市人民政府建设主管部门、国务院有关专业部门应当自受理申请材料之日起20日内审查完毕，并将初审意见和全部申请材料报国务院建设主管部门；国务院建设主管部门应当自受理之日起20日内作出决定。

第十二条 申请乙级工程造价咨询企业资质的，由省、自治区、直辖市人民政府建设主管部门审查决定。其中，申请有关专业乙级工程造价咨询企业资质的，由省、自治区、直辖市人民政府建设主管部门商同级有关专业部门审查决定。

乙级工程造价咨询企业资质许可的实施程序由省、自治区、直辖市人民政府建设主管部门依法确定。

省、自治区、直辖市人民政府建设主管部门应当自作出决定之日起30日内，将准予资质许可的决定报国务院建设主管部门备案。

第十三条 申请工程造价咨询企业资质，应当提交下列材料并同时在网上申报：

（一）《工程造价咨询企业资质等级申请书》；

（二）专职专业人员（含技术负责人）的造价工程师注册证书、造价员资格证书、专业技术职称证书和身份证；

（三）专职专业人员（含技术负责人）的人事代理合同和企业为其交纳的本年度社会基本养老保险费用的凭证；

（四）企业章程、股东出资协议并附工商部门出具的股东出资情况证明；

（五）企业缴纳营业收入的营业税发票或税务部门出具的缴纳工程造价咨询营业收入的营业税完税证明；企业营业收入含其他业务收入的，还需出具工程造价咨询营业收入的财务审计报告；

（六）工程造价咨询企业资质证书；

（七）企业营业执照；

（八）固定办公场所的租赁合同或产权证明；

（九）有关企业技术档案管理、质量控制、财务管理等制度的文件；

（十）法律、法规规定的其他材料。

新申请工程造价咨询企业资质的，不需要提交前款第（五）项、第（六）项所列材料。

第十四条 新申请工程造价咨询企业资质的，其资质等级按照本办法第十条第（一）项至第（九）项所列资质标准核定为乙级，设暂定期一年。

暂定期届满需继续从事工程造价咨询活动的，应当在暂定期届满30日前，向资质许可机关申请换发资质证书。符合乙级资质条件的，由资质许可机关换发资质证书。

第十五条 准予资质许可的，资质许可机关应当向申请人颁发工程造价咨询企业资质证书。

工程造价咨询企业资质证书由国务院建设主管部门统一印制，分正本和副本。正本和副本具有同等法律效力。

工程造价咨询企业遗失资质证书的，应当在公众媒体上声明作废后，向资质许可机关申请补办。

第十六条 工程造价咨询企业资质有效期为3年。

资质有效期届满，需要继续从事工程造价咨询活动的，应当在资质有效期届满30日前向资质许可机关提出资质延续申请。资质许可机关应当根据申请作出是否准予延续的决定。准予延续的，资质有效期延续3年。

第十七条 工程造价咨询企业的名称、住所、组织形式、法定代表人、技术负责人、注册资本等事项发生变更的，应当自变更确立之日起30日内，到资质许可机关办理资质证书变更手续。

第十八条 工程造价咨询企业合并的，合并后存续或者新设立的工程造价咨询企业可以承继合并前各方中较高的资质等级，但应当符合相应的资质等级条件。

工程造价咨询企业分立的，只能由分立后的一方承继原工程造价咨询企业资质，但应当符合原工程造价咨询企业资质等级条件。

第四章　工程造价咨询管理

第十九条　工程造价咨询企业依法从事工程造价咨询活动，不受行政区域限制。

甲级工程造价咨询企业可以从事各类建设项目的工程造价咨询业务。

乙级工程造价咨询企业可以从事工程造价5000万元人民币以下的各类建设项目的工程造价咨询业务。

第二十条　工程造价咨询业务范围包括：

（一）建设项目建议书及可行性研究投资估算、项目经济评价报告的编制和审核；

（二）建设项目概预算的编制与审核，并配合设计方案比选、优化设计、限额设计等工作进行工程造价分析与控制；

（三）建设项目合同价款的确定（包括招标工程工程量清单和标底、投标报价的编制和审核）；合同价款的签订与调整（包括工程变更、工程洽商和索赔费用的计算）及工程款支付，工程结算及竣工结（决）算报告的编制与审核等；

（四）工程造价经济纠纷的鉴定和仲裁的咨询；

（五）提供工程造价信息服务等。

工程造价咨询企业可以对建设项目的组织实施进行全过程或者若干阶段的管理和服务。

第二十一条　工程造价咨询企业在承接各类建设项目的工程造价咨询业务时，应当与委托人订立书面工程造价咨询合同。

工程造价咨询企业与委托人可以参照《建设工程造价咨询合同》（示范文本）订立合同。

第二十二条　工程造价咨询企业从事工程造价咨询业务，应当按照有关规定的要求出具工程造价成果文件。

工程造价成果文件应当由工程造价咨询企业加盖有企业名称、资质等级及证书编号的执业印章，并由执行咨询业务的注册造价工程师签字、加盖执业印章。

第二十三条　工程造价咨询企业设立分支机构的，应当自领取分支机构营业执照之日起30日内，持下列材料到分支机构工商注册所在地省、自治区、直辖市人民政府建设主管部门备案：

（一）分支机构营业执照复印件；

（二）工程造价咨询企业资质证书复印件；

（三）拟在分支机构执业的不少于3名注册造价工程师的注册证书复印件；

（四）分支机构固定办公场所的租赁合同或产权证明。

省、自治区、直辖市人民政府建设主管部门应当在接受备案之日起20日内，报国务院建设主管部门备案。

第二十四条　分支机构从事工程造价咨询业务，应当由设立该分支机构的工程造价咨询企业负责承接工程造价咨询业务、订立工程造价咨询合同、出具工程造价成果文件。

分支机构不得以自己名义承接工程造价咨询业务、订立工程造价咨询合同、出具工程造价成果文件。

第二十五条 工程造价咨询企业跨省、自治区、直辖市承接工程造价咨询业务的，应当自承接业务之日起30日内到建设工程所在地省、自治区、直辖市人民政府建设主管部门备案。

第二十六条 工程造价咨询收费应当按照有关规定，由当事人在建设工程造价咨询合同中约定。

第二十七条 工程造价咨询企业不得有下列行为：

（一）涂改、倒卖、出租、出借资质证书，或者以其他形式非法转让资质证书；

（二）超越资质等级业务范围承接工程造价咨询业务；

（三）同时接受招标人和投标人或两个以上投标人对同一工程项目的工程造价咨询业务；

（四）以给予回扣、恶意压低收费等方式进行不正当竞争；

（五）转包承接的工程造价咨询业务；

（六）法律、法规禁止的其他行为。

第二十八条 除法律、法规另有规定外，未经委托人书面同意，工程造价咨询企业不得对外提供工程造价咨询服务过程中获知的当事人的商业秘密和业务资料。

第二十九条 县级以上地方人民政府建设主管部门、有关专业部门应当依照有关法律、法规和本办法的规定，对工程造价咨询企业从事工程造价咨询业务的活动实施监督检查。

第三十条 监督检查机关履行监督检查职责时，有权采取下列措施：

（一）要求被检查单位提供工程造价咨询企业资质证书、造价工程师注册证书，有关工程造价咨询业务的文档，有关技术档案管理制度、质量控制制度、财务管理制度的文件；

（二）进入被检查单位进行检查，查阅工程造价咨询成果文件以及工程造价咨询合同等相关资料；

（三）纠正违反有关法律、法规和本办法及执业规程规定的行为。

监督检查机关应当将监督检查的处理结果向社会公布。

第三十一条 监督检查机关进行监督检查时，应当有两名以上监督检查人员参加，并出示执法证件，不得妨碍被检查单位的正常经营活动，不得索取或者收受财物、谋取其他利益。

有关单位和个人对依法进行的监督检查应当协助与配合，不得拒绝或者阻挠。

第三十二条 有下列情形之一的，资质许可机关或者其上级机关，根据利害关系人的请求或者依据职权，可以撤销工程造价咨询企业资质：

（一）资质许可机关工作人员滥用职权、玩忽职守作出准予工程造价咨询企业资质许可的；

（二）超越法定职权作出准予工程造价咨询企业资质许可的；

（三）违反法定程序作出准予工程造价咨询企业资质许可的；

（四）对不具备行政许可条件的申请人作出准予工程造价咨询企业资质许可的；

（五）依法可以撤销工程造价咨询企业资质的其他情形。

工程造价咨询企业以欺骗、贿赂等不正当手段取得工程造价咨询企业资质的，应当予以撤销。

第三十三条 工程造价咨询企业取得工程造价咨询企业资质后，不再符合相应资质条件的，资质许可机关根据利害关系人的请求或者依据职权，可以责令其限期改正；逾期不改的，可以撤回其资质。

第三十四条 有下列情形之一的，资质许可机关应当依法注销工程造价咨询企业资质：

（一）工程造价咨询企业资质有效期满，未申请延续的；

（二）工程造价咨询企业资质被撤销、撤回的；

（三）工程造价咨询企业依法终止的；

（四）法律、法规规定的应当注销工程造价咨询企业资质的其他情形。

第三十五条 工程造价咨询企业应当按照有关规定，向资质许可机关提供真实、准确、完整的工程造价咨询企业信用档案信息。

工程造价咨询企业信用档案应当包括工程造价咨询企业的基本情况、业绩、良好行为、不良行为等内容。违法行为、被投诉举报处理、行政处罚等情况应当作为工程造价咨询企业的不良记录记入其信用档案。

任何单位和个人有权查阅信用档案。

第五章 法律责任

第三十六条 申请人隐瞒有关情况或者提供虚假材料申请工程造价咨询企业资质的，不予受理或者不予资质许可，并给予警告，申请人在1年内不得再次申请工程造价咨询企业资质。

第三十七条 以欺骗、贿赂等不正当手段取得工程造价咨询企业资质的，由县级以上地方人民政府建设主管部门或者有关专业部门给予警告，并处以1万元以上3万元以下的罚款，申请人3年内不得再次申请工程造价咨询企业资质。

第三十八条 未取得工程造价咨询企业资质从事工程造价咨询活动或者超越资质等级承接工程造价咨询业务的，出具的工程造价成果文件无效，由县级以上地方人民政府建设主管部门或者有关专业部门给予警告，责令限期改正，并处以1万元以上3万元以下的罚款。

第三十九条 违反本办法第十七条规定，工程造价咨询企业不及时办理资质证书变更手续的，由资质许可机关责令限期办理；逾期不办理的，可处以1万元以下的罚款。

第四十条 有下列行为之一的，由县级以上地方人民政府建设主管部门或者有关专业部门给予警告，责令限期改正；逾期未改正的，可处以5000元以上2万元以下的罚款：

（一）违反本办法第二十三条规定，新设立分支机构不备案的；

（二）违反本办法第二十五条规定，跨省、自治区、直辖市承接业务不备案的。

第四十一条 工程造价咨询企业有本办法第二十七条行为之一的，由县级以上地方人民政府建设主管部门或者有关专业部门给予警告，责令限期改正，并处以1万元以上3万元以下的罚款。

第四十二条　资质许可机关有下列情形之一的，由其上级行政主管部门或者监察机关责令改正，对直接负责的主管人员和其他直接责任人员依法给予处分；构成犯罪的，依法追究刑事责任：

（一）对不符合法定条件的申请人准予工程造价咨询企业资质许可或者超越职权作出准予工程造价咨询企业资质许可决定的；

（二）对符合法定条件的申请人不予工程造价咨询企业资质许可或者不在法定期限内作出准予工程造价咨询企业资质许可决定的；

（三）利用职务上的便利，收受他人财物或者其他利益的；

（四）不履行监督管理职责，或者发现违法行为不予查处的。

第六章　附　　则

第四十三条　本办法自2006年7月1日起施行。2000年1月25日建设部发布的《工程造价咨询单位管理办法》（建设部令第74号）同时废止。

本办法施行前建设部发布的规章与本办法的规定不一致的，以本办法为准。

第四十四条　本办法第九条第（二）项、第（六）项和第十条第（一）项、第（五）项的规定，暂不适用于本办法施行前已取得工程造价咨询资质且尚未进行改制的单位。

注册造价工程师管理办法

（中华人民共和国建设部令第150号，2006年12月11日经建设部第112次常务会议讨论通过，自2007年3月1日起施行）

第一章　总　　则

第一条　为了加强对注册造价工程师的管理，规范注册造价工程师执业行为，维护社会公共利益，制定本办法。

第二条　中华人民共和国境内注册造价工程师的注册、执业、继续教育和监督管理，适用本办法。

第三条　本办法所称注册造价工程师，是指通过全国造价工程师执业资格统一考试或者资格认定、资格互认，取得中华人民共和国造价工程师执业资格（以下简称执业资格），并按照本办法注册，取得中华人民共和国造价工程师注册执业证书（以下简称注册证书）和执业印章，从事工程造价活动的专业人员。

未取得注册证书和执业印章的人员，不得以注册造价工程师的名义从事工程造价活动。

第四条　国务院建设主管部门对全国注册造价工程师的注册、执业活动实施统一监督管理；国务院铁路、交通、水利、信息产业等有关部门按照国务院规定的职责分工，对有关专业注册造价工程师的注册、执业活动实施监督管理。

省、自治区、直辖市人民政府建设主管部门对本行政区域内注册造价工程师的注册、执业活动实施监督管理。

第五条　工程造价行业组织应当加强造价工程师自律管理。

鼓励注册造价工程师加入工程造价行业组织。

第二章　注　　册

第六条　注册造价工程师实行注册执业管理制度。

取得执业资格的人员，经过注册方能以注册造价工程师的名义执业。

第七条　注册造价工程师的注册条件为：

（一）取得执业资格；

（二）受聘于一个工程造价咨询企业或者工程建设领域的建设、勘察设计、施工、招标代理、工程监理、工程造价管理等单位；

（三）无本办法第十二条不予注册的情形。

第八条　取得执业资格的人员申请注册的，应当向聘用单位工商注册所在地的省、自治区、直辖市人民政府建设主管部门（以下简称省级注册初审机关）或者国务院有关部门（以下简称部门注册初审机关）提出注册申请。

对申请初始注册的，注册初审机关应当自受理申请之日起20日内审查完毕，并将申请材料和初审意见报国务院建设主管部门（以下简称注册机关）。注册机关应当自受理之日起20日内作出决定。

对申请变更注册、延续注册的，注册初审机关应当自受理申请之日起5日内审查完毕，并将申请材料和初审意见报注册机关。注册机关应当自受理之日起10日内作出决定。

注册造价工程师的初始、变更、延续注册，逐步实行网上申报、受理和审批。

第九条 取得资格证书的人员，可自资格证书签发之日起1年内申请初始注册。逾期未申请者，须符合继续教育的要求后方可申请初始注册。初始注册的有效期为4年。

申请初始注册的，应当提交下列材料：

（一）初始注册申请表；

（二）执业资格证件和身份证件复印件；

（三）与聘用单位签订的劳动合同复印件；

（四）工程造价岗位工作证明；

（五）取得资格证书的人员，自资格证书签发之日起1年后申请初始注册的，应当提供继续教育合格证明；

（六）受聘于具有工程造价咨询资质的中介机构的，应当提供聘用单位为其交纳的社会基本养老保险凭证、人事代理合同复印件，或者劳动、人事部门颁发的离退休证复印件；

（七）外国人、台港澳人员应当提供外国人就业许可证书、台港澳人员就业证书复印件。

第十条 注册造价工程师注册有效期满需继续执业的，应当在注册有效期满30日前，按照本办法第八条规定的程序申请延续注册。延续注册的有效期为4年。

申请延续注册的，应当提交下列材料：

（一）延续注册申请表；

（二）注册证书；

（三）与聘用单位签订的劳动合同复印件；

（四）前一个注册期内的工作业绩证明；

（五）继续教育合格证明。

第十一条 在注册有效期内，注册造价工程师变更执业单位的，应当与原聘用单位解除劳动合同，并按照本办法第八条规定的程序办理变更注册手续。变更注册后延续原注册有效期。

申请变更注册的，应当提交下列材料：

（一）变更注册申请表；

（二）注册证书；

（三）与新聘用单位签订的劳动合同复印件；

（四）与原聘用单位解除劳动合同的证明文件；

（五）受聘于具有工程造价咨询资质的中介机构的，应当提供聘用单位为其交纳的社会基本养老保险凭证、人事代理合同复印件，或者劳动、人事部门颁发的离退休证复印件；

（六）外国人、台港澳人员应当提供外国人就业许可证书、台港澳人员就业证书复印件。

第十二条 有下列情形之一的，不予注册：

（一）不具有完全民事行为能力的；

（二）申请在两个或者两个以上单位注册的；

（三）未达到造价工程师继续教育合格标准的；

（四）前一个注册期内工作业绩达不到规定标准或未办理暂停执业手续而脱离工程造价业务岗位的；

（五）受刑事处罚，刑事处罚尚未执行完毕的；

（六）因工程造价业务活动受刑事处罚，自刑事处罚执行完毕之日起至申请注册之日止不满 5 年的；

（七）因前项规定以外原因受刑事处罚，自处罚决定之日起至申请注册之日止不满 3 年的；

（八）被吊销注册证书，自被处罚决定之日起至申请注册之日止不满 3 年的；

（九）以欺骗、贿赂等不正当手段获准注册被撤销，自被撤销注册之日起至申请注册之日止不满 3 年的；

（十）法律、法规规定不予注册的其他情形。

第十三条 被注销注册或者不予注册者，在具备注册条件后重新申请注册的，按照本办法第八条第一款、第二款规定的程序办理。

第十四条 准予注册的，由注册机关核发注册证书和执业印章。

注册证书和执业印章是注册造价工程师的执业凭证，应当由注册造价工程师本人保管、使用。

造价工程师注册证书由注册机关统一印制。

注册造价工程师遗失注册证书、执业印章，应当在公众媒体上声明作废后，按照本办法第八条第一款、第三款规定的程序申请补发。

第三章 执 业

第十五条 注册造价工程师执业范围包括：

（一）建设项目建议书、可行性研究投资估算的编制和审核，项目经济评价，工程概、预、结算、竣工结（决）算的编制和审核；

（二）工程量清单、标底（或者控制价）、投标报价的编制和审核，工程合同价款的签订及变更、调整、工程款支付与工程索赔费用的计算；

（三）建设项目管理过程中设计方案的优化、限额设计等工程造价分析与控制，工程保险理赔的核查；

（四）工程经济纠纷的鉴定。

第十六条 注册造价工程师享有下列权利：

（一）使用注册造价工程师名称；

（二）依法独立执行工程造价业务；

（三）在本人执业活动中形成的工程造价成果文件上签字并加盖执业印章；

（四）发起设立工程造价咨询企业；

（五）保管和使用本人的注册证书和执业印章；

（六）参加继续教育。

第十七条　注册造价工程师应当履行下列义务：

（一）遵守法律、法规、有关管理规定，恪守职业道德；

（二）保证执业活动成果的质量；

（三）接受继续教育，提高执业水平；

（四）执行工程造价计价标准和计价方法；

（五）与当事人有利害关系的，应当主动回避；

（六）保守在执业中知悉的国家秘密和他人的商业、技术秘密。

第十八条　注册造价工程师应当在本人承担的工程造价成果文件上签字并盖章。

第十九条　修改经注册造价工程师签字盖章的工程造价成果文件，应当由签字盖章的注册造价工程师本人进行；注册造价工程师本人因特殊情况不能进行修改的，应当由其他注册造价工程师修改，并签字盖章；修改工程造价成果文件的注册造价工程师对修改部分承担相应的法律责任。

第二十条　注册造价工程师不得有下列行为：

（一）不履行注册造价工程师义务；

（二）在执业过程中，索贿、受贿或者谋取合同约定费用外的其他利益；

（三）在执业过程中实施商业贿赂；

（四）签署有虚假记载、误导性陈述的工程造价成果文件；

（五）以个人名义承接工程造价业务；

（六）允许他人以自己名义从事工程造价业务；

（七）同时在两个或者两个以上单位执业；

（八）涂改、倒卖、出租、出借或者以其他形式非法转让注册证书或者执业印章；

（九）法律、法规、规章禁止的其他行为。

第二十一条　在注册有效期内，注册造价工程师因特殊原因需要暂停执业的，应当到注册初审机关办理暂停执业手续，并交回注册证书和执业印章。

第二十二条　注册造价工程师在每一注册期内应当达到注册机关规定的继续教育要求。

注册造价工程师继续教育分为必修课和选修课，每一注册有效期各为60学时。经继续教育达到合格标准的，颁发继续教育合格证明。

注册造价工程师继续教育，由中国建设工程造价管理协会负责组织。

第四章　监督管理

第二十三条　县级以上人民政府建设主管部门和其他有关部门应当依照有关法律、法规和本办法的规定，对注册造价工程师的注册、执业和继续教育实施监督检查。

第二十四条　注册机关应当将造价工程师注册信息告知注册初审机关。

省级注册初审机关应当将造价工程师注册信息告知本行政区域内市、县人民政府建设主管部门。

第二十五条 县级以上人民政府建设主管部门和其他有关部门依法履行监督检查职责时，有权采取下列措施：

（一）要求被检查人员提供注册证书；

（二）要求被检查人员所在聘用单位提供有关人员签署的工程造价成果文件及相关业务文档；

（三）就有关问题询问签署工程造价成果文件的人员；

（四）纠正违反有关法律、法规和本办法及工程造价计价标准和计价办法的行为。

第二十六条 注册造价工程师违法从事工程造价活动的，违法行为发生地县级以上地方人民政府建设主管部门或者其他有关部门应当依法查处，并将违法事实、处理结果告知注册机关；依法应当撤销注册的，应当将违法事实、处理建议及有关材料报注册机关。

第二十七条 注册造价工程师有下列情形之一的，其注册证书失效：

（一）已与聘用单位解除劳动合同且未被其他单位聘用的；

（二）注册有效期满且未延续注册的；

（三）死亡或者不具有完全民事行为能力的；

（四）其他导致注册失效的情形。

第二十八条 有下列情形之一的，注册机关或者其上级行政机关依据职权或者根据利害关系人的请求，可以撤销注册造价工程师的注册：

（一）行政机关工作人员滥用职权、玩忽职守作出准予注册许可的；

（二）超越法定职权作出准予注册许可的；

（三）违反法定程序作出准予注册许可的；

（四）对不具备注册条件的申请人作出准予注册许可的；

（五）依法可以撤销注册的其他情形。

申请人以欺骗、贿赂等不正当手段获准注册的，应当予以撤销。

第二十九条 有下列情形之一的，由注册机关办理注销注册手续，收回注册证书和执业印章或者公告其注册证书和执业印章作废：

（一）有本办法第二十七条所列情形发生的；

（二）依法被撤销注册的；

（三）依法被吊销注册证书的；

（四）受到刑事处罚的；

（五）法律、法规规定应当注销注册的其他情形。

注册造价工程师有前款所列情形之一的，注册造价工程师本人和聘用单位应当及时向注册机关提出注销注册申请；有关单位和个人有权向注册机关举报；县级以上地方人民政府建设主管部门或者其他有关部门应当及时告知注册机关。

第三十条 注册造价工程师及其聘用单位应当按照有关规定，向注册机关提供真实、准确、完整的注册造价工程师信用档案信息。

注册造价工程师信用档案应当包括造价工程师的基本情况、业绩、良好行为、不良行为等内容。违法违规行为、被投诉举报处理、行政处罚等情况应当作为造价工程师的不良行为记入其信用档案。

注册造价工程师信用档案信息按有关规定向社会公示。

第五章　法律责任

第三十一条　隐瞒有关情况或者提供虚假材料申请造价工程师注册的，不予受理或者不予注册，并给予警告，申请人在1年内不得再次申请造价工程师注册。

第三十二条　聘用单位为申请人提供虚假注册材料的，由县级以上地方人民政府建设主管部门或者其他有关部门给予警告，并可处以1万元以上3万元以下的罚款。

第三十三条　以欺骗、贿赂等不正当手段取得造价工程师注册的，由注册机关撤销其注册，3年内不得再次申请注册，并由县级以上地方人民政府建设主管部门处以罚款。其中，没有违法所得的，处以1万元以下罚款；有违法所得的，处以违法所得3倍以下且不超过3万元的罚款。

第三十四条　违反本办法规定，未经注册而以注册造价工程师的名义从事工程造价活动的，所签署的工程造价成果文件无效，由县级以上地方人民政府建设主管部门或者其他有关部门给予警告，责令停止违法活动，并可处以1万元以上3万元以下的罚款。

第三十五条　违反本办法规定，未办理变更注册而继续执业的，由县级以上人民政府建设主管部门或者其他有关部门责令限期改正；逾期不改的，可处以5000元以下的罚款。

第三十六条　注册造价工程师有本办法第二十条规定行为之一的，由县级以上地方人民政府建设主管部门或者其他有关部门给予警告，责令改正，没有违法所得的，处以1万元以下罚款，有违法所得的，处以违法所得3倍以下且不超过3万元的罚款。

第三十七条　违反本办法规定，注册造价工程师或者其聘用单位未按照要求提供造价工程师信用档案信息的，由县级以上地方人民政府建设主管部门或者其他有关部门责令限期改正；逾期未改正的，可处以1000元以上1万元以下的罚款。

第三十八条　县级以上人民政府建设主管部门和其他有关部门工作人员，在注册造价工程师管理工作中，有下列情形之一的，依法给予处分；构成犯罪的，依法追究刑事责任：

（一）对不符合注册条件的申请人准予注册许可或者超越法定职权作出注册许可决定的；

（二）对符合注册条件的申请人不予注册许可或者不在法定期限内作出注册许可决定的；

（三）对符合法定条件的申请不予受理或者未在法定期限内初审完毕的；

（四）利用职务之便，收取他人财物或者其他好处的；

（五）不依法履行监督管理职责，或者发现违法行为不予查处的。

第六章　附　　则

第三十九条　造价工程师执业资格考试工作按照国务院人事主管部门的有关规定执行。

第四十条　本办法自2007年3月1日起施行。2000年1月21日发布的《造价工程师注册管理办法》（建设部令第75号）同时废止。

人事部　建设部关于印发《造价工程师执业资格制度暂行规定》的通知

（人发〔1996〕77号，1996年8月26日发布并施行）

各省、自治区、直辖市人事（人事劳动）厅（局）、建委（建设厅、有关计委）、国务院各部委、各直属机构人事（干部）、建设部门：

为加强对建设工程造价的管理，提高工程造价专业人员的素质，确保建设工程造价管理工作的质量，现将《造价工程师执业资格制度暂行规定》印发给你们，请遵照执行。

人事部、建设部

一九九六年八月二十六日

第一章　总　　则

第一条　为了加强建设工程造价专业技术人员的执业准入控制和管理，确保建设工程造价管理工作质量，维护国家和社会公共利益，根据中共中央《关于建立社会主义市场经济体制若干问题的决定》和人事部、劳动部关于《职业资格证书规定》的有关条款，制定本规定。

第二条　造价工程师执业资格制度属于国家统一规划的专业技术人员执业资格制度范围。造价工程师，是指经全国统一考试合格，取得造价工程师执业资格证书，并经注册从事建设工程造价业务活动的专业技术人员。

第三条　国家在工程造价领域实施造价工程师执业资格制度。凡从事工程建设活动的建设、设计、施工、工程造价咨询、工程造价管理等单位和部门，必须在计价、评估、审查（核）、控制及管理等岗位配备有造价工程师执业资格的专业技术人员。

第四条　人事部和建设部共同负责全国造价工程师执业资格制度的政策制定、组织协调、资格考试、注册登记和监督管理工作。

第二章　考　　试

第五条　造价工程师执业资格考试实行全国统一大纲、统一命题、统一组织的办法。原则上每年举行一次。

第六条　建设部负责考试大纲的拟定、培训教材的编写和命题工作，统一计划和组织考前培训等有关工作。培训工作按照与考试分开、自愿参加的原则进行。

第七条　人事部负责审定考试大纲、考试科目和试题，组织或授权实施各项考务工作。会同建设部对考试进行监督、检查、指导和确定合格标准。

第八条　凡中华人民共和国公民，遵纪守法并具备以下条件之一者，均可申请参加造价工程师执业资格考试：

（一）工程造价专业大专毕业后，从事工程造价业务工作满五年；工程或工程经济类大专毕业后，从事工程造价业务工程满六年。

（二）工程造价专业本科毕业后，从事工程造价业务工作满四年；工程或工程经济类本科毕业后，从事工程造价业务工作满五年。

（三）获上述专业第二学士学位或研究生班毕业和获硕士学位后，从事工程造价业务工作满三年。

（四）获上述专业博士学位后，从事工程造价业务工作满二年。

第九条 申请参加造价工程师执业资格考试，需提供下列证明文件：

（一）造价工程师执业资格考试报名申请表。

（二）学历证明。

（三）工作实践经历证明。

第十条 通过造价工程师执业资格考试的合格者，由省、自治区、直辖市人事（职改）部门颁发人事部统一印制、人事部和建设部共同用印的造价工程师执业资格证书，该证书全国范围有效。

第三章 注 册

第十一条 造价工程师执业资格实行注册登记制度。建设部及各省、自治区、直辖市和国务院有关部门的建设行政主管部门为造价工程师的注册管理机构。人事部和各级人事（职改）部门对造价工程师的注册和使用情况有检查、监督的责任。

第十二条 考试合格人员在取得证书三个月内到当地省级或部级造价工程师注册管理机构办理注册登记手续。

第十三条 申请注册的人员必须同时具备下列条件：

（一）遵纪守法，恪守造价工程师职业道德。

（二）取得造价工程师执业资格证书。

（三）身体健康，能坚持在造价工程师岗位工作。

（四）所在单位考核同意。

再次注册者，应经单位考核合格并有继续教育、参加业务培训的证明。

第十四条 经批准注册的造价工程师，由其单位所在省、自治区、直辖市或国务院有关部门造价工程师注册管理机构核发建设部印制的造价工程师注册证，并在执业资格证书的注册登记栏内加盖注册专用印章。各注册管理机构应将注册汇总名单报建设部备案。

建设部对造价工程师注册证的使用进行监督、检查，并定期将有关情况向人事部通报。

第十五条 造价工程师注册有效期为三年，有效期满前三个月，持证者应当到原注册机构重新办理注册手续。对不符合本规定第十三条规定的，不予重新注册。

第十六条 造价工程师遇到下列情况之一的，应当由其所在单位向注册机构办理注销手续。

（一）死亡。

（二）服刑。

（三）脱离造价工程师岗位连续二年（含二年）以上。

（四）因健康原因不能坚持造价工程师岗位的工作。

第四章　权利与义务

第十七条　造价工程师享有以下权利：

（一）有独立依法执行造价工程师岗位业务并参与工程项目经济管理的权利。

（二）有在所经办的工程造价成果文件上签字的权利；凡经造价工程师签字的工程造价文件需要修改时应经本人同意。

（三）有使用造价工程师名称的权利。

（四）有依法申请开办工程造价咨询单位的权利。

（五）造价工程师对违反国家有关法律法规的意见和决定有权提出劝告，拒绝执行并有向上级或有关部门报告的权利。

第十八条　造价工程师应履行以下义务：

（一）必须熟悉并严格执行国家有关工程造价的法律法规和规定。

（二）恪守职业道德和行为规范，遵纪守法，秉公办事，对经办的工程造价文件质量负有经济的和法律的责任。

（三）及时掌握国内外新技术、新材料、新工艺的发展应用，为工程造价管理部门制订、修订工程定额提供依据。

（四）自觉接受继续教育，更新知识，积极参加职业培训，不断提高业务技术水平。

（五）不得参与与经办工程有关的其他单位事关本项工程的经营活动。

（六）严格保守执业中得知的技术和经济秘密。

第五章　附　　则

第十九条　本规定发布前已从事工程造价管理工作并具有高级专业技术职务的人员，经考核合格，可通过认定办法取得造价工程师资格。《造价工程师执业资格认定办法》由人事部、建设部另行制定。

第二十条　通过全国统一考试取得造价工程师执业资格的人员，根据工作需要可聘任工程师或经济师专业技术职务。

第二十一条　境外人员申请造价工程师资格考试和申请在境内从事工程造价业务的管理办法，经国务院有关部门批准后另行制定。

第二十二条　本规定有关报考条件、考务工作的解释权属人事部；有关考试大纲、参考教材、培训、注册管理等工作的解释权属建设部。

第二十三条　本规定自发布之日起施行。

国务院办公厅关于切实解决建设领域拖欠工程款问题的通知

（国办发〔2003〕94号）

各省、自治区、直辖市人民政府，国务院各部委、各直属机构：

随着我国经济和社会的全面发展，各地工程建设规模不断扩大，对推动国民经济增长和提高人民生活水平发挥了重要作用。但由于建设领域信用体系不健全，法制不完备和执法不严，建筑市场供求失衡，市场主体行为不规范，以及部分地区不切实际搞“形象工程”和“政绩工程”等，造成在建筑规模不断扩大的同时存在大量拖欠工程款问题。为切实解决这一问题，经国务院同意，现将有关事项通知如下：

一、提高认识，明确工作重点和目标

建设领域拖欠工程款现象不仅破坏了正常的经济秩序，严重影响了建筑市场的健康发展，而且进一步加剧了拖欠农民工工资问题，影响了社会稳定。各地区、各部门要从社会稳定的大局出发，充分认识解决建设领域拖欠工程款问题的必要性和紧迫性，将解决建设领域工程款拖欠作为整顿和规范市场经济秩序，保障建筑业企业和职工合法权益，促进建筑市场健康发展的一项重要工作，切实抓紧抓好。

各地政府要对当地建设领域拖欠工程款进行一次全面清理，采取有效措施，标本兼治，综合治理，重点解决房地产开发项目和政府投资工程项目拖欠的工程款。要做到清理与防范并重，在清理已有拖欠的同时，严格项目审批和市场监管，进一步规范建筑市场秩序，培育信用体系，健全法规制度，规范市场主体行为，从源头上防止发生新的拖欠。自2004年起，用3年时间基本解决建设领域拖欠工程款以及拖欠农民工工资问题。

二、加大工作力度，解决拖欠的工程款和农民工工资

（一）解决房地产开发项目拖欠的工程款。各地政府要对本地区房地产开发项目拖欠工程款情况进行检查和清理。对有拖欠工程款问题的房地产开发企业（包括其投资设立的项目开发公司），由房地产管理部门记入企业信用档案，通过媒体向社会公布，督促其尽快还款。对拒不改正的房地产开发企业，房地产管理部门要加大处罚力度，不批准其投资设立新的项目开发公司；计划、国土行政主管部门不批准其新开发建设项目、不为其办理用地手续；规划、建设行政主管部门要按照有关规定，在审批规划等方面采取措施，督促房地产开发企业尽快解决拖欠的工程款。房地产行政主管部门要将企业拖欠工程款情况告知该企业的贷款银行，由贷款银行将其列为信用不良单位，依法减少授信额度或者不提供授信。

（二）解决地方政府投资工程项目拖欠的工程款。各地要对政府及有关部门投资的工程项目情况进行一次检查，彻底清理发生拖欠工程款的项目。对于政府投资工程项目已拖欠的工程款，各地要结合自身财力情况，制订切实可行的还款计划，从本级财政每年安排用于城市建设的资金（包括土地出让收入、城市基础设施配套费、各种政策性收费等）

中，划出一定的比例专项用于清偿拖欠工程款。对使用中央预算内投资（包括国债投资）的项目，地方政府已经承诺的配套资金必须尽快落实。凡逾期未能基本解决政府投资工程项目拖欠工程款问题的，除极特殊的项目外，一律不再批准其新建政府投资工程项目。

（三）解决其他项目拖欠的工程款。对除上述项目以外的其他项目拖欠工程款问题，各地要明确负责检查和清理的部门，根据工程项目和工程款拖欠的具体情况，参照解决房地产开发项目和政府投资工程项目拖欠工程款的措施办理。

（四）运用法律手段解决拖欠的工程款。鼓励建筑业企业主动运用法律手段解决拖欠工程款问题。政府有关部门要及时准确地向人民法院提供业主拖欠工程款的信息，帮助建筑业企业通过法律途径解决拖欠工程款问题。有关部门和负有协助执行义务的单位要积极采取措施，协助人民法院解决拖欠工程款案件诉讼时间和判决后执行等方面的问题。

（五）解决拖欠农民工工资。各地要认真贯彻执行《国务院办公厅关于做好农民进城务工就业管理和服务工作的通知》（国办发〔2003〕1号），加强监察执法，严厉打击以各种名目拖欠、克扣农民工工资的违法违规行为，帮助农民工追讨工资。要对农民工集中的建筑业企业、在建工地进行逐一排查，检查用人单位支付农民工工资情况和与农民工签订劳动合同情况。对有拖欠和克扣行为的企业，责令其立即补发；不能立即补发的，要制订清欠计划，限期补发。凡因工程项目业主拖欠建筑业企业工程款，致使建筑业企业不能按时发放农民工和工人工资的，要严肃追究业主的责任，责令其限期付清工程款，并向社会公布。已获得工程款的建筑业企业，要优先偿付拖欠农民工和工人工资。对恶意拖欠、克扣农民工和工人工资的建筑业企业，要严格按照国家有关规定进行处罚，通过媒体予以曝光，并追究有关责任人的责任；涉嫌犯罪的，移交司法机关依法处理。

三、综合治理，从源头上防止拖欠工程款的发生

（一）严格审批管理，加强市场监督。政府有关行政主管部门要严格依法行政，提高执法水平，把好各项审批关口，加强市场监督。建设行政主管部门要严格执行建筑业企业市场准入和清出制度，继续完善企业资质管理办法，有效控制建筑业企业数量和从业人员总量，遏制建筑市场的恶性竞争；房地产行政主管部门要严格审批房地产开发企业，加强资质管理，避免自有资金不足的房地产企业进入市场，造成拖欠工程款的隐患。计划、建设行政主管部门要严格项目审批管理，对于房地产开发建设项目和政府投资的经营性工程项目，要严格执行项目资本金制度，项目资本金不得低于国家规定的比例，且后续资金来源应有保障。项目资本金不足的，不批准其立项，不颁发施工许可证。要防止一些地方利用拖欠工程款掩盖建设资金不足的矛盾，搞“形象工程”和“政绩工程”。工商、房地产行政主管部门要依法查处抽逃项目资本金的行为。

（二）规范建筑市场秩序，加强信用体系建设。各地要继续按照《国务院办公厅关于进一步整顿和规范建筑市场秩序的通知》（国办发〔2001〕81号）要求，建立和完善监督机制，加强执法队伍建设，切实加大建筑市场监管力度。要严肃查处规避招标和假招投标，综合整治转包和违法分包等行为，大力发展劳务分包企业，防止非法用工行为导致拖欠工资问题。总承包企业分包工程必须使用有资质的专业承包企业和劳务企业。

各地要充分发挥政府的引导和调控作用，引入市场化运作方式，运用信息网络技术

和社会各方面的监督力量，共同推进建设领域信用体系建设。要研究制定建筑市场各方主体行为信用标准，把按规定兑现工程款和工资作为重要的信用要求，科学评价企业和从业人员信用状况，完善业主、建筑业企业和从业人员信用档案。要将企业和个人的信用信息和市场监管制度结合起来，建立失信惩戒机制，约束建筑市场各方主体行为。

（三）完善各项法规制度，严格合同管理。要进一步建立健全建设领域法律法规体系，尽快制定和完善与《中华人民共和国建筑法》、《中华人民共和国合同法》等相配套的有关法规、制度，规范业主和建筑业企业行为，保护建设工程项目双方合法权益。要进一步加大普法力度，深入开展有关法律法规的宣传教育活动。改革工程项目管理制度，对房地产开发项目积极推行业主工程款支付担保等风险管理方式。政府投资工程可结合投资体制的改革逐步推行项目代建制，也可由财政部门按照政府投资计划，直接向中标的建筑业企业拨付工程款。

建设工程项目当事人应当严格依照法律法规订立合同。建设方必须按照法律法规和合同约定及时足额支付工程进度款，进行工程竣工验收、结算和支付工程款。建筑业企业承揽工程前要进行充分的工程项目风险评估，增强合同意识和合同管理能力，维护自身合法权益。要严格按照合同加强工程质量、工期等管理，防止因工程质量、工期问题造成拖欠工程款纠纷。建筑业企业要依法与农民工和工人签订劳动合同，明确劳动报酬等内容，并严格履行。劳动保障和建设行政主管部门要建立健全拖欠工资举报制度和解决拖欠工资的工作机制，加强劳动监察、劳动争议仲裁，切实做到专人负责、申诉有门、处理及时、客观公正，认真负责地对侵犯农民工和工人权益的违法行为进行处理。

（四）发挥行业自律作用，规范中介机构行为。建筑业行业协会要充分发挥行业自律作用，引导建筑业企业自觉抵制业主的不合理要求，防止不正当竞争，帮助和组织企业清偿债权债务。对于严重或恶意拖欠工程款的业主以及搞不正当竞争、签订“阴阳合同”的建筑业企业，要记入档案，定期向政府行政主管部门通报，并向社会曝光其不良行为。

会计师事务所等中介机构要依法据实为建筑业企业出具有关房地产企业的资信证明，并承担相应的法律责任。工程监理单位要依法对工程质量、工期、资金使用等实施监督，依据监理情况作出公正评判。造价咨询机构要为工程项目双方提供公平合理的造价咨询服务。有关仲裁机构要重视发挥质量监督、工程监理、造价咨询等机构在仲裁过程中的作用，对拖欠工程款和工资等纠纷依法裁决。

四、明确责任分工，加强组织领导

（一）明确分工，各负其责。有关部门要按照现行职责分工，各负其责，密切配合。地方各级人民政府要切实负起责任，层层落实责任制。要按照整顿和规范市场经济秩序的统一要求，实行责任追究制度。对在监管中不依法行政、不严格执法的政府行政主管部门和个人，要严肃追究其行政责任。

（二）加强领导，认真组织。为推动建设领域拖欠工程款问题的有效解决，由建设部牵头，会同发展改革委、财政部、劳动保障部、人民银行、银监会等有关部门建立工作协商制度，指导各地开展工作，及时研究解决工作中遇到的重大问题。各地可根据工作需要成立相应的协调机构，负责组织指导本地区开展建设领域清理和整治拖欠工程款工作。各省、自治区、直辖市人民政府要在2004年6月底前将落实本通知情况报国务院办公厅并抄送建设部。

中华人民共和国国务院办公厅
二○○三年十一月二十二日

财政部 建设部关于印发《建设工程价款结算暂行办法》的通知

（财建〔2004〕369 号）

党中央有关部门，国务院各部委、各直属机构，有关人民团体，各中央管理企业，各省、自治区、直辖市、计划单列市财政厅（局）、建设厅（委、局），新疆生产建设兵团财务局：

为了维护建设市场秩序，规范建设工程价款结算活动，按照国家有关法律、法规，我们制订了《建设工程价款结算暂行办法》。现印发给你们，请贯彻执行。

附件：建设工程价款结算暂行办法

中华人民共和国财政部
中华人民共和国建设部
二〇〇四年十月二十日

附件：

建设工程价款结算暂行办法

第一章 总 则

第一条 为加强和规范建设工程价款结算，维护建设市场正常秩序，根据《中华人民共和国合同法》、《中华人民共和国建筑法》、《中华人民共和国招标投标法》、《中华人民共和国预算法》、《中华人民共和国政府采购法》、《中华人民共和国预算法实施条例》等有关法律、行政法规制订本办法。

第二条 凡在中华人民共和国境内的建设工程价款结算活动，均适用本办法。国家法律法规另有规定的，从其规定。

第三条 本办法所称建设工程价款结算（以下简称“工程价款结算”），是指对建设工程的发承包合同价款进行约定和依据合同约定进行工程预付款、工程进度款、工程竣工价款结算的活动。

第四条 国务院财政部门、各级地方政府财政部门和国务院建设行政主管部门、各级地方政府建设行政主管部门在各自职责范围内负责工程价款结算的监督管理。

第五条 从事工程价款结算活动，应当遵循合法、平等、诚信的原则，并符合国家有关法律、法规和政策。

第二章 工程合同价款的约定与调整

第六条 招标工程的合同价款应当在规定时间内，依据招标文件、中标人的投标文件，由发包人与承包人（以下简称“发、承包人”）订立书面合同约定。

非招标工程的合同价款依据审定的工程预（概）算书由发、承包人在合同中约定。

合同价款在合同中约定后，任何一方不得擅自改变。

第七条 发包人、承包人应当在合同条款中对涉及工程价款结算的下列事项进行约定：

（一）预付工程款的数额、支付时限及抵扣方式；

（二）工程进度款的支付方式、数额及时限；

（三）工程施工中发生变更时，工程价款的调整方法、索赔方式、时限要求及金额支付方式；

（四）发生工程价款纠纷的解决方法；

（五）约定承担风险的范围及幅度以及超出约定范围和幅度的调整办法；

（六）工程竣工价款的结算与支付方式、数额及时限；

（七）工程质量保证（保修）金的数额、预扣方式及时限；

（八）安全措施和意外伤害保险费用；

（九）工期及工期提前或延后的奖惩办法；

（十）与履行合同、支付价款相关的担保事项。

第八条 发、承包人在签订合同时对于工程价款的约定，可选用下列一种约定方式：

（一）固定总价。合同工期较短且工程合同总价较低的工程，可以采用固定总价合同方式。

（二）固定单价。双方在合同中约定综合单价包含的风险范围和风险费用的计算方法，在约定的风险范围内综合单价不再调整。风险范围以外的综合单价调整方法，应当在合同中约定。

（三）可调价格。可调价格包括可调综合单价和措施费等，双方应在合同中约定综合单价和措施费的调整方法，调整因素包括：

1. 法律、行政法规和国家有关政策变化影响合同价款；

2. 工程造价管理机构的价格调整；

3. 经批准的设计变更；

4. 发包人更改经审定批准的施工组织设计（修正错误除外）造成费用增加；

5. 双方约定的其他因素。

第九条 承包人应当在合同规定的调整情况发生后14天内，将调整原因、金额以书面形式通知发包人，发包人确认调整金额后将其作为追加合同价款，与工程进度款同期支付。发包人收到承包人通知后14天内不予确认也不提出修改意见，视为已经同意该项调整。

当合同规定的调整合同价款的调整情况发生后，承包人未在规定时间内通知发包人，或者未在规定时间内提出调整报告，发包人可以根据有关资料，决定是否调整和调整的金额，并书面通知承包人。

第十条 工程设计变更价款调整

（一）施工中发生工程变更，承包人按照经发包人认可的变更设计文件，进行变更施工，其中，政府投资项目重大变更，需按基本建设程序报批后方可施工。

（二）在工程设计变更确定后14天内，设计变更涉及工程价款调整的，由承包人向发包人提出，经发包人审核同意后调整合同价款。变更合同价款按下列方法进行：

1. 合同中已有适用于变更工程的价格，按合同已有的价格变更合同价款；

2. 合同中只有类似于变更工程的价格，可以参照类似价格变更合同价款；

3. 合同中没有适用或类似于变更工程的价格，由承包人或发包人提出适当的变更价格，经对方确认后执行。如双方不能达成一致的，双方可提请工程所在地工程造价管理机构进行咨询或按合同约定的争议或纠纷解决程序办理。

（三）工程设计变更确定后14天内，如承包人未提出变更工程价款报告，则发包人可根据所掌握的资料决定是否调整合同价款和调整的具体金额。重大工程变更涉及工程价款变更报告和确认的时限由发承包双方协商确定。

收到变更工程价款报告一方，应在收到之日起14天内予以确认或提出协商意见，自变更工程价款报告送达之日起14天内，对方未确认也未提出协商意见时，视为变更工程价款报告已被确认。

确认增（减）的工程变更价款作为追加（减）合同价款与工程进度款同期支付。

第三章 工程价款结算

第十一条 工程价款结算应按合同约定办理，合同未作约定或约定不明的，发、承包双方应依照下列规定与文件协商处理：

（一）国家有关法律、法规和规章制度；

（二）国务院建设行政主管部门、省、自治区、直辖市或有关部门发布的工程造价计价标准、计价办法等有关规定；

（三）建设项目的合同、补充协议、变更签证和现场签证，以及经发、承包人认可的其他有效文件；

（四）其他可依据的材料。

第十二条 工程预付款结算应符合下列规定：

（一）包工包料工程的预付款按合同约定拨付，原则上预付比例不低于合同金额的10%，不高于合同金额的30%，对重大工程项目，按年度工程计划逐年预付。计价执行《建设工程工程量清单计价规范》GB 50500—2003的工程，实体性消耗和非实体性消耗部分应在合同中分别约定预付款比例。

（二）在具备施工条件的前提下，发包人应在双方签订合同后的一个月内或不迟于约定的开工日期前的7天内预付工程款，发包人不按约定预付，承包人应在预付时间到期后10天内向发包人发出要求预付的通知，发包人收到通知后仍不按要求预付，承包人可在发出通知14天后停止施工，发包人应从约定应付之日起向承包人支付应付款的利息（利率按同期银行贷款利率计），并承担违约责任。

（三）预付的工程款必须在合同中约定抵扣方式，并在工程进度款中进行抵扣。

（四）凡是没有签订合同或不具备施工条件的工程，发包人不得预付工程款，不得以预付款为名转移资金。

第十三条 工程进度款结算与支付应当符合下列规定：

（一）工程进度款结算方式

1. 按月结算与支付。即实行按月支付进度款，竣工后清算的办法。合同工期在两个年度以上的工程，在年终进行工程盘点，办理年度结算。

2．分段结算与支付。即当年开工、当年不能竣工的工程按照工程形象进度，划分不同阶段支付工程进度款。具体划分在合同中明确。

（二）工程量计算

1．承包人应当按照合同约定的方法和时间，向发包人提交已完工程量的报告。发包人接到报告后14天内核实已完工程量，并在核实前1天通知承包人，承包人应提供条件并派人参加核实，承包人收到通知后不参加核实，以发包人核实的工程量作为工程价款支付的依据。发包人不按约定时间通知承包人，致使承包人未能参加核实，核实结果无效。

2．发包人收到承包人报告后14天内未核实完工程量，从第15天起，承包人报告的工程量即视为被确认，作为工程价款支付的依据，双方合同另有约定的，按合同执行。

3．对承包人超出设计图纸（含设计变更）范围和因承包人原因造成返工的工程量，发包人不予计量。

（三）工程进度款支付

1．根据确定的工程计量结果，承包人向发包人提出支付工程进度款申请，14天内，发包人应按不低于工程价款的60%，不高于工程价款的90%向承包人支付工程进度款。按约定时间发包人应扣回的预付款，与工程进度款同期结算抵扣。

2．发包人超过约定的支付时间不支付工程进度款，承包人应及时向发包人发出要求付款的通知，发包人收到承包人通知后仍不能按要求付款，可与承包人协商签订延期付款协议，经承包人同意后可延期支付，协议应明确延期支付的时间和从工程计量结果确认后第15天起计算应付款的利息（利率按同期银行贷款利率计）。

3．发包人不按合同约定支付工程进度款，双方又未达成延期付款协议，导致施工无法进行，承包人可停止施工，由发包人承担违约责任。

第十四条 工程完工后，双方应按照约定的合同价款及合同价款调整内容以及索赔事项，进行工程竣工结算。

（一）工程竣工结算方式

工程竣工结算分为单位工程竣工结算、单项工程竣工结算和建设项目竣工总结算。

（二）工程竣工结算编审

1．单位工程竣工结算由承包人编制，发包人审查；实行总承包的工程，由具体承包人编制，在总包人审查的基础上，发包人审查。

2．单项工程竣工结算或建设项目竣工总结算由总（承）包人编制，发包人可直接进行审查，也可以委托具有相应资质的工程造价咨询机构进行审查。政府投资项目，由同级财政部门审查。单项工程竣工结算或建设项目竣工总结算经发、承包人签字盖章后有效。

承包人应在合同约定期限内完成项目竣工结算编制工作，未在规定期限内完成的并且提不出正当理由延期的，责任自负。

（三）工程竣工结算审查期限

单项工程竣工后，承包人应在提交竣工验收报告的同时，向发包人递交竣工结算报告及完整的结算资料，发包人应按以下规定时限进行核对（审查）并提出审查意见。

序号	工程竣工结算报告金额	审 查 时 间
1	500 万元以下	从接到竣工结算报告和完整的竣工结算资料之日起 20 天
2	500 万元～2000 万元	从接到竣工结算报告和完整的竣工结算资料之日起 30 天
3	2000 万元～5000 万元	从接到竣工结算报告和完整的竣工结算资料之日起 45 天
4	5000 万元以上	从接到竣工结算报告和完整的竣工结算资料之日起 60 天

建设项目竣工总结算在最后一个单项工程竣工结算审查确认后 15 天内汇总，送发包人后 30 天内审查完成。

（四）工程竣工价款结算

发包人收到承包人递交的竣工结算报告及完整的结算资料后，应按本办法规定的期限（合同约定有期限的，从其约定）进行核实，给予确认或者提出修改意见。发包人根据确认的竣工结算报告向承包人支付工程竣工结算价款，保留 5% 左右的质量保证（保修）金，待工程交付使用一年质保期到期后清算（合同另有约定的，从其约定），质保期内如有返修，发生费用应在质量保证（保修）金内扣除。

（五）索赔价款结算

发承包人未能按合同约定履行自己的各项义务或发生错误，给另一方造成经济损失的，由受损方按合同约定提出索赔，索赔金额按合同约定支付。

（六）合同以外零星项目工程价款结算

发包人要求承包人完成合同以外零星项目，承包人应在接受发包人要求的 7 天内就用工数量和单价、机械台班数量和单价、使用材料和金额等向发包人提出施工签证，发包人签证后施工，如发包人未签证，承包人施工后发生争议的，责任由承包人自负。

第十五条 发包人和承包人要加强施工现场的造价控制，及时对工程合同外的事项如实记录并履行书面手续。凡由发、承包双方授权的现场代表签字的现场签证以及发、承包双方协商确定的索赔等费用，应在工程竣工结算中如实办理，不得因发、承包双方现场代表的中途变更改变其有效性。

第十六条 发包人收到竣工结算报告及完整的结算资料后，在本办法规定或合同约定期限内，对结算报告及资料没有提出意见，则视同认可。

承包人如未在规定时间内提供完整的工程竣工结算资料，经发包人催促后 14 天内仍未提供或没有明确答复，发包人有权根据已有资料进行审查，责任由承包人自负。

根据确认的竣工结算报告，承包人向发包人申请支付工程竣工结算款。发包人应在收到申请后 15 天内支付结算款，到期没有支付的应承担违约责任。承包人可以催告发包人支付结算价款，如达成延期支付协议，承包人应按同期银行贷款利率支付拖欠工程价款的利息。如未达成延期支付协议，承包人可以与发包人协商将该工程折价，或申请人民法院将该工程依法拍卖，承包人就该工程折价或者拍卖的价款优先受偿。

第十七条 工程竣工结算以合同工期为准，实际施工工期比合同工期提前或延后，发、承包双方应按合同约定的奖惩办法执行。

第四章 工程价款结算争议处理

第十八条 工程造价咨询机构接受发包人或承包人委托，编审工程竣工结算，应按合同约定和实际履约事项认真办理，出具的竣工结算报告经发、承包双方签字后生效。当事人一方对报告有异议的，可对工程结算中有异议部分，向有关部门申请咨询后协商处理，若不能达成一致的，双方可按合同约定的争议或纠纷解决程序办理。

第十九条 发包人对工程质量有异议，已竣工验收或已竣工未验收但实际投入使用的工程，其质量争议按该工程保修合同执行；已竣工未验收且未实际投入使用的工程以及停工、停建工程的质量争议，应当就有争议部分的竣工结算暂缓办理，双方可就有争议的工程委托有资质的检测鉴定机构进行检测，根据检测结果确定解决方案，或按工程质量监督机构的处理决定执行，其余部分的竣工结算依照约定办理。

第二十条 当事人对工程造价发生合同纠纷时，可通过下列办法解决：

（一）双方协商确定；

（二）按合同条款约定的办法提请调解；

（三）向有关仲裁机构申请仲裁或向人民法院起诉。

第五章 工程价款结算管理

第二十一条 工程竣工后，发、承包双方应及时办清工程竣工结算，否则，工程不得交付使用，有关部门不予办理权属登记。

第二十二条 发包人与中标的承包人不按照招标文件和中标的承包人的投标文件订立合同的，或者发包人、中标的承包人背离合同实质性内容另行订立协议，造成工程价款结算纠纷的，另行订立的协议无效，由建设行政主管部门责令改正，并按《中华人民共和国招标投标法》第五十九条进行处罚。

第二十三条 接受委托承接有关工程结算咨询业务的工程造价咨询机构应具有工程造价咨询单位资质，其出具的办理拨付工程价款和工程结算的文件，应当由造价工程师签字，并应加盖执业专用章和单位公章。

第六章 附 则

第二十四条 建设工程施工专业分包或劳务分包，总（承）包人与分包人必须依法订立专业分包或劳务分包合同，按照本办法的规定在合同中约定工程价款及其结算办法。

第二十五条 政府投资项目除执行本办法有关规定外，地方政府或地方政府财政部门对政府投资项目合同价款约定与调整、工程价款结算、工程价款结算争议处理等事项，如另有特殊规定的，从其规定。

第二十六条 凡实行监理的工程项目，工程价款结算过程中涉及监理工程师签证事项，应按工程监理合同约定执行。

第二十七条 有关主管部门、地方政府财政部门和地方政府建设行政主管部门可参照本办法，结合本部门、本地区实际情况，另行制订具体办法，并报财政部、建设部备案。

第二十八条 合同示范文本内容如与本办法不一致，以本办法为准。

第二十九条 本办法自公布之日起施行。

住房城乡建设部　财政部关于印发《建筑安装工程费用项目组成》的通知

（建标〔2013〕44号）

各省、自治区住房城乡建设厅、财政厅，直辖市建委（建交委）、财政局，国务院有关部门：

为适应深化工程计价改革的需要，根据国家有关法律、法规及相关政策，在总结原建设部、财政部《关于印发〈建筑安装工程费用项目组成〉的通知》（建标〔2003〕206号）（以下简称《通知》）执行情况的基础上，我们修订完成了《建筑安装工程费用项目组成》（以下简称《费用组成》），现印发给你们。为便于各地区、各部门做好发布后的贯彻实施工作，现将主要调整内容和贯彻实施有关事项通知如下：

一、《费用组成》调整的主要内容：

（一）建筑安装工程费用项目按费用构成要素组成划分为人工费、材料费、施工机具使用费、企业管理费、利润、规费和税金（见附件1）。

（二）为指导工程造价专业人员计算建筑安装工程造价，将建筑安装工程费用按工程造价形成顺序划分为分部分项工程费、措施项目费、其他项目费、规费和税金（见附件2）。

（三）按照国家统计局《关于工资总额组成的规定》，合理调整了人工费构成及内容。

（四）依据国家发展改革委、财政部等9部委发布的《标准施工招标文件》的有关规定，将工程设备费列入材料费；原材料费中的检验试验费列入企业管理费。

（五）将仪器仪表使用费列入施工机具使用费；大型机械进出场及安拆费列入措施项目费。

（六）按照《社会保险法》的规定，将原企业管理费中劳动保险费中的职工死亡丧葬补助费、抚恤费列入规费中的养老保险费；在企业管理费中的财务费和其他中增加担保费用、投标费、保险费。

（七）按照《社会保险法》、《建筑法》的规定，取消原规费中危险作业意外伤害保险费，增加工伤保险费、生育保险费。

（八）按照财政部的有关规定，在税金中增加地方教育附加。

二、为指导各部门、各地区按照本通知开展费用标准测算等工作，我们对原《通知》中建筑安装工程费用参考计算方法、公式和计价程序等进行了相应的修改完善，统一制订了《建筑安装工程费用参考计算方法》和《建筑安装工程计价程序》（见附件3、附件4）。

三、《费用组成》自2013年7月1日起施行，原建设部、财政部《关于印发〈建筑安装工程费用项目组成〉的通知》（建标〔2003〕206号）同时废止。

附件：1. 建筑安装工程费用项目组成（按费用构成要素划分）

　　　2. 建筑安装工程费用项目组成（按造价形成划分）

3. 建筑安装工程费用参考计算方法
4. 建筑安装工程计价程序

中华人民共和国住房和城乡建设部
中华人民共和国财政部
2013年3月21日

附件1：

建筑安装工程费用项目组成

（按费用构成要素划分）

建筑安装工程费按照费用构成要素划分：由人工费、材料（包含工程设备，下同）费、施工机具使用费、企业管理费、利润、规费和税金组成。其中人工费、材料费、施工机具使用费、企业管理费和利润包含在分部分项工程费、措施项目费、其他项目费中（见附表）。

（一）人工费：是指按工资总额构成规定，支付给从事建筑安装工程施工的生产工人和附属生产单位工人的各项费用。内容包括：

1. 计时工资或计件工资：是指按计时工资标准和工作时间或对已做工作按计件单价支付给个人的劳动报酬。

2. 奖金：是指对超额劳动和增收节支支付给个人的劳动报酬。如节约奖、劳动竞赛奖等。

3. 津贴补贴：是指为了补偿职工特殊或额外的劳动消耗和因其他特殊原因支付给个人的津贴，以及为了保证职工工资水平不受物价影响支付给个人的物价补贴。如流动施工津贴、特殊地区施工津贴、高温（寒）作业临时津贴、高空津贴等。

4. 加班加点工资：是指按规定支付的在法定节假日工作的加班工资和在法定日工作时间外延时工作的加点工资。

5. 特殊情况下支付的工资：是指根据国家法律、法规和政策规定，因病、工伤、产假、计划生育假、婚丧假、事假、探亲假、定期休假、停工学习、执行国家或社会义务等原因按计时工资标准或计时工资标准的一定比例支付的工资。

（二）材料费：是指施工过程中耗费的原材料、辅助材料、构配件、零件、半成品或成品、工程设备的费用。内容包括：

1. 材料原价：是指材料、工程设备的出厂价格或商家供应价格。

2. 运杂费：是指材料、工程设备自来源地运至工地仓库或指定堆放地点所发生的全部费用。

3. 运输损耗费：是指材料在运输装卸过程中不可避免的损耗。

4. 采购及保管费：是指为组织采购、供应和保管材料、工程设备的过程中所需要的各项费用。包括采购费、仓储费、工地保管费、仓储损耗。

工程设备是指构成或计划构成永久工程一部分的机电设备、金属结构设备、仪器装置及其他类似的设备和装置。

（三）施工机具使用费：是指施工作业所发生的施工机械、仪器仪表使用费或其租赁费。

1. 施工机械使用费：以施工机械台班耗用量乘以施工机械台班单价表示，施工机械台班单价应由下列七项费用组成：

（1）折旧费：指施工机械在规定的使用年限内，陆续收回其原值的费用。

（2）大修理费：指施工机械按规定的大修理间隔台班进行必要的大修理，以恢复其正常功能所需的费用。

（3）经常修理费：指施工机械除大修理以外的各级保养和临时故障排除所需的费用。包括为保障机械正常运转所需替换设备与随机配备工具附具的摊销和维护费用，机械运转中日常保养所需润滑与擦拭的材料费用及机械停滞期间的维护和保养费用等。

（4）安拆费及场外运费：安拆费指施工机械（大型机械除外）在现场进行安装与拆卸所需的人工、材料、机械和试运转费用以及机械辅助设施的折旧、搭设、拆除等费用；场外运费指施工机械整体或分体自停放地点运至施工现场或由一施工地点运至另一施工地点的运输、装卸、辅助材料及架线等费用。

（5）人工费：指机上司机（司炉）和其他操作人员的人工费。

（6）燃料动力费：指施工机械在运转作业中所消耗的各种燃料及水、电等。

（7）税费：指施工机械按照国家规定应缴纳的车船使用税、保险费及年检费等。

2. 仪器仪表使用费：是指工程施工所需使用的仪器仪表的摊销及维修费用。

（四）企业管理费：是指建筑安装企业组织施工生产和经营管理所需的费用。内容包括：

1. 管理人员工资：是指按规定支付给管理人员的计时工资、奖金、津贴补贴、加班加点工资及特殊情况下支付的工资等。

2. 办公费：是指企业管理办公用的文具、纸张、账表、印刷、邮电、书报、办公软件、现场监控、会议、水电、烧水和集体取暖降温（包括现场临时宿舍取暖降温）等费用。

3. 差旅交通费：是指职工因公出差、调动工作的差旅费、住勤补助费，市内交通费和误餐补助费，职工探亲路费，劳动力招募费，职工退休、退职一次性路费，工伤人员就医路费，工地转移费以及管理部门使用的交通工具的油料、燃料等费用。

4. 固定资产使用费：是指管理和试验部门及附属生产单位使用的属于固定资产的房屋、设备、仪器等的折旧、大修、维修或租赁费。

5. 工具用具使用费：是指企业施工生产和管理使用的不属于固定资产的工具、器具、家具、交通工具和检验、试验、测绘、消防用具等的购置、维修和摊销费。

6. 劳动保险和职工福利费：是指由企业支付的职工退职金、按规定支付给离休干部的经费，集体福利费、夏季防暑降温、冬季取暖补贴、上下班交通补贴等。

7. 劳动保护费：是企业按规定发放的劳动保护用品的支出。如工作服、手套、防暑降温饮料以及在有碍身体健康的环境中施工的保健费用等。

8. 检验试验费：是指施工企业按照有关标准规定，对建筑以及材料、构件和建筑安装物进行一般鉴定、检查所发生的费用，包括自设试验室进行试验所耗用的材料等费用。不包括新结构、新材料的试验费，对构件做破坏性试验及其他特殊要求检验试验的费用和建设单位委托检测机构进行检测的费用，对此类检测发生的费用，由建设单位在工程建设其他费用中列支。但对施工企业提供的具有合格证明的材料进行检测不合格的，该检测费用由施工企业支付。

9．工会经费：是指企业按《工会法》规定的全部职工工资总额比例计提的工会经费。

10．职工教育经费：是指按职工工资总额的规定比例计提，企业为职工进行专业技术和职业技能培训，专业技术人员继续教育、职工职业技能鉴定、职业资格认定以及根据需要对职工进行各类文化教育所发生的费用。

11．财产保险费：是指施工管理用财产、车辆等的保险费用。

12．财务费：是指企业为施工生产筹集资金或提供预付款担保、履约担保、职工工资支付担保等所发生的各种费用。

13．税金：是指企业按规定缴纳的房产税、车船使用税、土地使用税、印花税等。

14．其他：包括技术转让费、技术开发费、投标费、业务招待费、绿化费、广告费、公证费、法律顾问费、审计费、咨询费、保险费等。

（五）利润：是指施工企业完成所承包工程获得的盈利。

（六）规费：是指按国家法律、法规规定，由省级政府和省级有关权力部门规定必须缴纳或计取的费用。包括：

1．社会保险费

（1）养老保险费：是指企业按照规定标准为职工缴纳的基本养老保险费。

（2）失业保险费：是指企业按照规定标准为职工缴纳的失业保险费。

（3）医疗保险费：是指企业按照规定标准为职工缴纳的基本医疗保险费。

（4）生育保险费：是指企业按照规定标准为职工缴纳的生育保险费。

（5）工伤保险费：是指企业按照规定标准为职工缴纳的工伤保险费。

2．住房公积金：是指企业按规定标准为职工缴纳的住房公积金。

3．工程排污费：是指按规定缴纳的施工现场工程排污费。

其他应列而未列入的规费，按实际发生计取。

（七）税金：是指国家税法规定的应计入建筑安装工程造价内的营业税、城市维护建设税、教育费附加以及地方教育附加。

附表

建筑安装工程费用项目组成表

（按费用构成要素划分）

- 建筑安装工程费
  - 人工费
    - 1. 计时工资或计件工资
    - 2. 奖金
    - 3. 津贴、补贴
    - 4. 加班加点工资
    - 5. 特殊情况下支付的工资
  - 材料费
    - 1. 材料原价
    - 2. 运杂费
    - 3. 运输损耗费
    - 4. 采购及保管费
  - 施工机具使用费
    - 1. 施工机械使用费
      - ①折旧费
      - ②大修理费
      - ③经常修理费
      - ④安拆费及场外运费
      - ⑤人工费
      - ⑥燃料动力费
      - ⑦税费
    - 2. 仪器仪表使用费
  - 企业管理费
    - 1. 管理人员工资
    - 2. 办公费
    - 3. 差旅交通费
    - 4. 固定资产使用费
    - 5. 工具用具使用费
    - 6. 劳动保险和职工福利费
    - 7. 劳动保护费
    - 8. 检验试验费
    - 9. 工会经费
    - 10. 职工教育经费
    - 11. 财产保险费
    - 12. 财务费
    - 13. 税金
    - 14. 其他
  - 利润
  - 规费
    - 1. 社会保险费
      - ①养老保险费
      - ②失业保险费
      - ③医疗保险费
      - ④生育保险费
      - ⑤工伤保险费
    - 2. 住房公积金
    - 3. 工程排污费
  - 税金
    - 1. 营业税
    - 2. 城市维护建设税
    - 3. 教育费附加
    - 4. 地方教育附加

（人工费、材料费、施工机具使用费、企业管理费、利润 →）
1. 分部分项工程费
2. 措施项目费
3. 其他项目费

附件2：

建筑安装工程费用项目组成

（按造价形成划分）

建筑安装工程费按照工程造价形成由分部分项工程费、措施项目费、其他项目费、规费、税金组成，分部分项工程费、措施项目费、其他项目费包含人工费、材料费、施工机具使用费、企业管理费和利润（见附表）。

（一）分部分项工程费：是指各专业工程的分部分项工程应予列支的各项费用。

1. 专业工程：是指按现行国家计量规范划分的房屋建筑与装饰工程、仿古建筑工程、通用安装工程、市政工程、园林绿化工程、矿山工程、构筑物工程、城市轨道交通工程、爆破工程等各类工程。

2. 分部分项工程：指按现行国家计量规范对各专业工程划分的项目。如房屋建筑与装饰工程划分的土石方工程、地基处理与桩基工程、砌筑工程、钢筋及钢筋混凝土工程等。

各类专业工程的分部分项工程划分见现行国家或行业计量规范。

（二）措施项目费：是指为完成建设工程施工，发生于该工程施工前和施工过程中的技术、生活、安全、环境保护等方面的费用。内容包括：

1. 安全文明施工费

①环境保护费：是指施工现场为达到环保部门要求所需要的各项费用。

②文明施工费：是指施工现场文明施工所需要的各项费用。

③安全施工费：是指施工现场安全施工所需要的各项费用。

④临时设施费：是指施工企业为进行建设工程施工所必须搭设的生活和生产用的临时建筑物、构筑物和其他临时设施费用。包括临时设施的搭设、维修、拆除、清理费或摊销费等。

2. 夜间施工增加费：是指因夜间施工所发生的夜班补助费、夜间施工降效、夜间施工照明设备摊销及照明用电等费用。

3. 二次搬运费：是指因施工场地条件限制而发生的材料、构配件、半成品等一次运输不能到达堆放地点，必须进行二次或多次搬运所发生的费用。

4. 冬雨季施工增加费：是指在冬季或雨季施工需增加的临时设施、防滑、排除雨雪，人工及施工机械效率降低等费用。

5. 已完工程及设备保护费：是指竣工验收前，对已完工程及设备采取的必要保护措施所发生的费用。

6. 工程定位复测费：是指工程施工过程中进行全部施工测量放线和复测工作的费用。

7. 特殊地区施工增加费：是指工程在沙漠或其边缘地区、高海拔、高寒、原始森林等特殊地区施工增加的费用。

8．大型机械设备进出场及安拆费：是指机械整体或分体自停放场地运至施工现场或由一个施工地点运至另一个施工地点，所发生的机械进出场运输及转移费用及机械在施工现场进行安装、拆卸所需的人工费、材料费、机械费、试运转费和安装所需的辅助设施的费用。

9．脚手架工程费：是指施工需要的各种脚手架搭、拆、运输费用以及脚手架购置费的摊销（或租赁）费用。

措施项目及其包含的内容详见各类专业工程的现行国家或行业计量规范。

（三）其他项目费

1．暂列金额：是指建设单位在工程量清单中暂定并包括在工程合同价款中的一笔款项。用于施工合同签订时尚未确定或者不可预见的所需材料、工程设备、服务的采购，施工中可能发生的工程变更、合同约定调整因素出现时的工程价款调整以及发生的索赔、现场签证确认等的费用。

2．计日工：是指在施工过程中，施工企业完成建设单位提出的施工图纸以外的零星项目或工作所需的费用。

3．总承包服务费：是指总承包人为配合、协调建设单位进行的专业工程发包，对建设单位自行采购的材料、工程设备等进行保管以及施工现场管理、竣工资料汇总整理等服务所需的费用。

（四）规费：定义同附件1。

（五）税金：定义同附件1。

附表

建筑安装工程费用项目组成表

（按造价形成划分）

建筑安装工程费

- 分部分项工程费
  - 1. 房屋建筑与装饰工程
    - ①土石方工程
    - ②桩基工程
    - ……
  - 2. 仿古建筑工程
  - 3. 通用安装工程
  - 4. 市政工程
  - 5. 园林绿化工程
  - 6. 矿山工程
  - 7. 构筑物工程
  - 8. 城市轨道交通工程
  - 9. 爆破工程
  - ……
- 措施项目费
  - 1. 安全文明施工费
  - 2. 夜间施工增加费
  - 3. 二次搬运费
  - 4. 冬雨季施工增加费
  - 5. 已完工程及设备保护费
  - 6. 工程定位复测费
  - 7. 特殊地区施工增加费
  - 8. 大型机械进出场及安拆费
  - 9. 脚手架工程费
  - ……
- 其他项目费
  - 1. 暂列金额
  - 2. 计日工
  - 3. 总承包服务费
  - ……
- 规费
  - 1. 社会保险费
    - ①养老保险费
    - ②失业保险费
    - ③医疗保险费
    - ④生育保险费
    - ⑤工伤保险费
  - 2. 住房公积金
  - 3. 工程排污费
- 税金
  - 1. 营业税
  - 2. 城市维护建设税
  - 3. 教育费附加
  - 4. 地方教育附加

（分部分项工程费、措施项目费、其他项目费均包括：）

- 1. 人工费
- 2. 材料费
- 3. 施工机具使用费
- 4. 企业管理费
- 5. 利润

附件3：

建筑安装工程费用参考计算方法

一、各费用构成要素参考计算方法如下：

（一）人工费

公式1：

人工费 = ∑（工日消耗量×日工资单价）

$$日工资单价=\frac{生产工人平均月工资（计时、计件）+平均月（资金+津贴补贴+特殊情况下支付的工资）}{年平均每月法定工作日}$$

注：公式1主要适用于施工企业投标报价时自主确定人工费，也是工程造价管理机构编制计价定额确定定额人工单价或发布人工成本信息的参考依据。

公式2：

人工费 = ∑（工程工日消耗量×日工资单价）

日工资单价是指施工企业平均技术熟练程度的生产工人在每工作日（国家法定工作时间内）按规定从事施工作业应得的日工资总额。

工程造价管理机构确定日工资单价应通过市场调查、根据工程项目的技术要求，参考实物工程量人工单价综合分析确定，最低日工资单价不得低于工程所在地人力资源和社会保障部门所发布的最低工资标准的：普工1.3倍、一般技工2倍、高级技工3倍。

工程计价定额不可只列一个综合工日单价，应根据工程项目技术要求和工种差别适当划分多种日人工单价，确保各分部工程人工费的合理构成。

注：公式2适用于工程造价管理机构编制计价定额时确定定额人工费，是施工企业投标报价的参考依据。

（二）材料费

1. 材料费

材料费 = ∑（材料消耗量×材料单价）

材料单价 = {（材料原价+运杂费）×［1+运输损耗率（%）］}×［1+采购保管费率（%）］

2. 工程设备费

工程设备费 = ∑（工程设备量×工程设备单价）

工程设备单价 =（设备原价+运杂费）×［1+采购保管费率（%）］

（三）施工机具使用费

1. 施工机械使用费

施工机械使用费 = ∑（施工机械台班消耗量×机械台班单价）

机械台班单价 = 台班折旧费+台班大修费+台班经常修理费+台班安拆费及场外运费+台班人工费+台班燃料动力费+台班车船税费

注：工程造价管理机构在确定计价定额中的施工机械使用费时，应根据《建筑施工机械台班费用计算规则》结合市场调查编制施工机械台班单价。施工企业可以参考工程造价管理机构发布的台班单价，自主确定施工机械

使用费的报价，如租赁施工机械，公式为：施工机械使用费 = ∑（施工机械台班消耗量 × 机械台班租赁单价）。

2．仪器仪表使用费

仪器仪表使用费 = 工程使用的仪器仪表摊销费 + 维修费

（四）企业管理费费率

（1）以分部分项工程费为计算基础

$$企业管理费费率（\%）=\frac{生产工人年平均管理费}{年有效工天数 \times 人工单价} \times 人工费占分部分项工程费比例（\%）$$

（2）以人工费和机械费合计为计算基础

$$企业管理费费率（\%）=\frac{生产工人年平均管理费}{年有效施工天数 \times（人工单价 + 每一工日机械使用费）} \times 100\%$$

（3）以人工费为计算基础

$$企业管理费费率（\%）=\frac{生产工人年平均管理费}{年有效施工天数 \times 人工单价} \times 100\%$$

注：上述公式适用于施工企业投标报价时自主确定管理费，是工程造价管理机构编制计价定额确定企业管理费的参考依据。

工程造价管理机构在确定计价定额中企业管理费时，应以定额人工费或（定额人工费 + 定额机械费）作为计算基数，其费率根据历年工程造价积累的资料，辅以调查数据确定，列入分部分项工程和措施项目中。

（五）利润

1．施工企业根据企业自身需求并结合建筑市场实际自主确定，列入报价中。

2．工程造价管理机构在确定计价定额中利润时，应以定额人工费或（定额人工费 + 定额机械费）作为计算基数，其费率根据历年工程造价积累的资料，并结合建筑市场实际确定，以单位（单项）工程测算，利润在税前建筑安装工程费的比重可按不低于 5% 且不高于 7% 的费率计算。利润应列入分部分项工程和措施项目中。

（六）规费

1．社会保险费和住房公积金

社会保险费和住房公积金应以定额人工费为计算基础，根据工程所在地省、自治区、直辖市或行业建设主管部门规定费率计算。

社会保险费和住房公积金 = ∑（工程定额人工费 × 社会保险费和住房公积金费率）

式中：社会保险费和住房公积金费率可以每万元发承包价的生产工人人工费和管理人员工资含量与工程所在地规定的缴纳标准综合分析取定。

2．工程排污费

工程排污费等其他应列而未列入的规费应按工程所在地环境保护等部门规定的标准缴纳，按实计取列入。

（七）税金

税金计算公式：

税金 = 税前造价 × 综合税率（%）

综合税率：

（一）纳税地点在市区的企业

$$综合税率（\%）=\frac{1}{1-3\%-(3\%\times7\%)-(3\%\times3\%)-(3\%\times2\%)}-1$$

（二）纳税地点在县城、镇的企业

$$综合税率（\%）=\frac{1}{1-3\%-(3\%\times5\%)-(3\%\times3\%)-(3\%\times2\%)}-1$$

（三）纳税地点不在市区、县城、镇的企业

$$综合税率（\%）=\frac{1}{1-3\%-(3\%\times1\%)-(3\%\times3\%)-(3\%\times2\%)}-1$$

（四）实行营业税改增值税的，按纳税地点现行税率计算。

二、建筑安装工程计价参考公式如下

（一）分部分项工程费

分部分项工程费 = ∑（分部分项工程量 × 综合单价）

式中：综合单价包括人工费、材料费、施工机具使用费、企业管理费和利润以及一定范围的风险费用（下同）。

（二）措施项目费

1. 国家计量规范规定应予计量的措施项目，其计算公式为：

措施项目费 = ∑（措施项目工程量 × 综合单价）

2. 国家计量规范规定不宜计量的措施项目计算方法如下

（1）安全文明施工费

安全文明施工费 = 计算基数 × 安全文明施工费费率（%）

计算基数应为定额基价（定额分部分项工程费 + 定额中可以计量的措施项目费）、定额人工费或（定额人工费 + 定额机械费），其费率由工程造价管理机构根据各专业工程的特点综合确定。

（2）夜间施工增加费

夜间施工增加费 = 计算基数 × 夜间施工增加费费率（%）

（3）二次搬运费

二次搬运费 = 计算基数 × 二次搬运费费率（%）

（4）冬雨季施工增加费

冬雨季施工增加费 = 计算基数 × 冬雨季施工增加费费率（%）

（5）已完工程及设备保护费

已完工程及设备保护费 = 计算基数 × 已完工程及设备保护费费率（%）

上述（2）～（5）项措施项目的计费基数应为定额人工费或（定额人工费 + 定额机械费），其费率由工程造价管理机构根据各专业工程特点和调查资料综合分析后确定。

（三）其他项目费

1. 暂列金额由建设单位根据工程特点，按有关计价规定估算，施工过程中由建设单位掌握使用、扣除合同价款调整后如有余额，归建设单位。

2. 计日工由建设单位和施工企业按施工过程中的签证计价。

3．总承包服务费由建设单位在招标控制价中根据总包服务范围和有关计价规定编制，施工企业投标时自主报价，施工过程中按签约合同价执行。

（四）规费和税金

建设单位和施工企业均应按照省、自治区、直辖市或行业建设主管部门发布标准计算规费和税金，不得作为竞争性费用。

三、相关问题的说明

1．各专业工程计价定额的编制及其计价程序，均按本通知实施。

2．各专业工程计价定额的使用周期原则上为5年。

3．工程造价管理机构在定额使用周期内，应及时发布人工、材料、机械台班价格信息，实行工程造价动态管理，如遇国家法律、法规、规章或相关政策变化以及建筑市场物价波动较大时，应适时调整定额人工费、定额机械费以及定额基价或规费费率，使建筑安装工程费能反映建筑市场实际。

4．建设单位在编制招标控制价时，应按照各专业工程的计量规范和计价定额以及工程造价信息编制。

5．施工企业在使用计价定额时除不可竞争费用外，其余仅作参考，由施工企业投标时自主报价。

附件4：

建筑安装工程计价程序

建设单位工程招标控制价计价程序

工程名称：　　　　　　　　　　　　　　　　　标段：

序号	内　容	计算方法	金额（元）
1	分部分项工程费	按计价规定计算	
1.1			
1.2			
1.3			
1.4			
1.5			
2	措施项目费	按计价规定计算	
2.1	其中：安全文明施工费	按规定标准计算	
3	其他项目费		
3.1	其中：暂列金额	按计价规定估算	
3.2	其中：专业工程暂估价	按计价规定估算	
3.3	其中：计日工	按计价规定估算	
3.4	其中：总承包服务费	按计价规定估算	
4	规费	按规定标准计算	
5	税金（扣除不列入计税范围的工程设备金额）	（1+2+3+4）×规定税率	
招标控制价合计=1+2+3+4+5			

施工企业工程投标报价计价程序

工程名称：　　　　　　　　　　　　　　　　标段：

序号	内　　容	计 算 方 法	金额（元）
1	分部分项工程费	自主报价	
1.1			
1.2			
1.3			
1.4			
1.5			
2	措施项目费	自主报价	
2.1	其中：安全文明施工费	按规定标准计算	
3	其他项目费		
3.1	其中：暂列金额	按招标文件提供金额计列	
3.2	其中：专业工程暂估价	按招标文件提供金额计列	
3.3	其中：计日工	自主报价	
3.4	其中：总承包服务费	自主报价	
4	规费	按规定标准计算	
5	税金（扣除不列入计税范围的工程设备金额）	（1+2+3+4）×规定税率	
投标报价合计=1+2+3+4+5			

竣工结算计价程序

工程名称：　　　　　　　　　　　　　　标段：

序号	汇总内容	计算方法	金额（元）
1	分部分项工程费	按合同约定计算	
1.1			
1.2			
1.3			
1.4			
1.5			
2	措施项目	按合同约定计算	
2.1	其中：安全文明施工费	按规定标准计算	
3	其他项目		
3.1	其中：专业工程结算价	按合同约定计算	
3.2	其中：计日工	按计日工签证计算	
3.3	其中：总承包服务费	按合同约定计算	
3.4	索赔与现场签证	按发承包双方确认数额计算	
4	规费	按规定标准计算	
5	税金（扣除不列入计税范围的工程设备金额）	（1+2+3+4）×规定税率	
竣工结算总价合计=1+2+3+4+5			

最高人民法院关于审理建设工程施工合同纠纷案件适用法律问题的解释

（法释〔2004〕14号）

根据《中华人民共和国民法通则》、《中华人民共和国合同法》、《中华人民共和国招标投标法》、《中华人民共和国民事诉讼法》等法律规定，结合民事审判实际，就审理建设工程施工合同纠纷案件适用法律的问题，制定本解释。

第一条 建设工程施工合同具有下列情形之一的，应当根据合同法第五十二条第（五）项的规定，认定无效：

（一）承包人未取得建筑施工企业资质或者超越资质等级的；

（二）没有资质的实际施工人借用有资质的建筑施工企业名义的；

（三）建设工程必须进行招标而未招标或者中标无效的。

第二条 建设工程施工合同无效，但建设工程经竣工验收合格，承包人请求参照合同约定支付工程价款的，应予支持。

第三条 建设工程施工合同无效，且建设工程经竣工验收不合格的，按照以下情形分别处理：

（一）修复后的建设工程经竣工验收合格，发包人请求承包人承担修复费用的，应予支持；

（二）修复后的建设工程经竣工验收不合格，承包人请求支付工程价款的，不予支持。

因建设工程不合格造成的损失，发包人有过错的，也应承担相应的民事责任。

第四条 承包人非法转包、违法分包建设工程或者没有资质的实际施工人借用有资质的建筑施工企业名义与他人签订建设工程施工合同的行为无效。人民法院可以根据民法通则第一百三十四条规定，收缴当事人已经取得的非法所得。

第五条 承包人超越资质等级许可的业务范围签订建设工程施工合同，在建设工程竣工前取得相应资质等级，当事人请求按照无效合同处理的，不予支持。

第六条 当事人对垫资和垫资利息有约定，承包人请求按照约定返还垫资及其利息的，应予支持，但是约定的利息计算标准高于中国人民银行发布的同期同类贷款利率的部分除外。

当事人对垫资没有约定的，按照工程欠款处理。

当事人对垫资利息没有约定，承包人请求支付利息的，不予支持。

第七条 具有劳务作业法定资质的承包人与总承包人、分包人签订的劳务分包合同，当事人以转包建设工程违反法律规定为由请求确认无效的，不予支持。

第八条 承包人具有下列情形之一，发包人请求解除建设工程施工合同的，应予支持：

（一）明确表示或者以行为表明不履行合同主要义务的；

（二）合同约定的期限内没有完工，且在发包人催告的合理期限内仍未完工的；

（三）已经完成的建设工程质量不合格，并拒绝修复的；

（四）将承包的建设工程非法转包、违法分包的。

第九条 发包人具有下列情形之一，致使承包人无法施工，且在催告的合理期限内仍未履行相应义务，承包人请求解除建设工程施工合同的，应予支持：

（一）未按约定支付工程价款的；

（二）提供的主要建筑材料、建筑构配件和设备不符合强制性标准的；

（三）不履行合同约定的协助义务的。

第十条 建设工程施工合同解除后，已经完成的建设工程质量合格的，发包人应当按照约定支付相应的工程价款；已经完成的建设工程质量不合格的，参照本解释第三条规定处理。

因一方违约导致合同解除的，违约方应当赔偿因此而给对方造成的损失。

第十一条 因承包人的过错造成建设工程质量不符合约定，承包人拒绝修理、返工或者改建，发包人请求减少支付工程价款的，应予支持。

第十二条 发包人具有下列情形之一，造成建设工程质量缺陷，应当承担过错责任：

（一）提供的设计有缺陷；

（二）提供或者指定购买的建筑材料、建筑构配件、设备不符合强制性标准；

（三）直接指定分包人分包专业工程。

承包人有过错的，也应当承担相应的过错责任。

第十三条 建设工程未经竣工验收，发包人擅自使用后，又以使用部分质量不符合约定为由主张权利的，不予支持；但是承包人应当在建设工程的合理使用寿命内对地基基础工程和主体结构质量承担民事责任。

第十四条 当事人对建设工程实际竣工日期有争议的，按照以下情形分别处理：

（一）建设工程经竣工验收合格的，以竣工验收合格之日为竣工日期；

（二）承包人已经提交竣工验收报告，发包人拖延验收的，以承包人提交验收报告之日为竣工日期；

（三）建设工程未经竣工验收，发包人擅自使用的，以转移占有建设工程之日为竣工日期。

第十五条 建设工程竣工前，当事人对工程质量发生争议，工程质量经鉴定合格的，鉴定期间为顺延工期期间。

第十六条 当事人对建设工程的计价标准或者计价方法有约定的，按照约定结算工程价款。

因设计变更导致建设工程的工程量或者质量标准发生变化，当事人对该部分工程价款不能协商一致的，可以参照签订建设工程施工合同时当地建设行政主管部门发布的计价方法或者计价标准结算工程价款。

建设工程施工合同有效，但建设工程经竣工验收不合格的，工程价款结算参照本解释第三条规定处理。

第十七条 当事人对欠付工程价款利息计付标准有约定的，按照约定处理；没有约定的，按照中国人民银行发布的同期同类贷款利率计息。

第十八条　利息从应付工程价款之日计付。当事人对付款时间没有约定或者约定不明的，下列时间视为应付款时间：

（一）建设工程已实际交付的，为交付之日；

（二）建设工程没有交付的，为提交竣工结算文件之日；

（三）建设工程未交付，工程价款也未结算的，为当事人起诉之日。

第十九条　当事人对工程量有争议的，按照施工过程中形成的签证等书面文件确认。承包人能够证明发包人同意其施工，但未能提供签证文件证明工程量发生的，可以按照当事人提供的其他证据确认实际发生的工程量。

第二十条　当事人约定，发包人收到竣工结算文件后，在约定期限内不予答复，视为认可竣工结算文件的，按照约定处理。承包人请求按照竣工结算文件结算工程价款的，应予支持。

第二十一条　当事人就同一建设工程另行订立的建设工程施工合同与经过备案的中标合同实质性内容不一致的，应当以备案的中标合同作为结算工程价款的根据。

第二十二条　当事人约定按照固定价结算工程价款，一方当事人请求对建设工程造价进行鉴定的，不予支持。

第二十三条　当事人对部分案件事实有争议的，仅对有争议的事实进行鉴定，但争议事实范围不能确定，或者双方当事人请求对全部事实鉴定的除外。

第二十四条　建设工程施工合同纠纷以施工行为地为合同履行地。

第二十五条　因建设工程质量发生争议的，发包人可以以总承包人、分包人和实际施工人为共同被告提起诉讼。

第二十六条　实际施工人以转包人、违法分包人为被告起诉的，人民法院应当依法受理。

实际施工人以发包人为被告主张权利的，人民法院可以追加转包人或者违法分包人为本案当事人。发包人只在欠付工程价款范围内对实际施工人承担责任。

第二十七条　因保修人未及时履行保修义务，导致建筑物毁损或者造成人身、财产损害的，保修人应当承担赔偿责任。

保修人与建筑物所有人或者发包人对建筑物毁损均有过错的，各自承担相应的责任。

第二十八条　本解释自 2005 年 1 月 1 日起施行。

施行后受理的第一审案件适用本解释。

施行前最高人民法院发布的司法解释与本解释相抵触的，以本解释为准。

最高人民法院关于建设工程承包合同案件中双方当事人已确认的工程决算价款与审计部门审计的工程决算价款不一致时如何适用法律问题的电话答复意见

（〔2001〕民一他字第2号）

河南省高级人民法院：

你院“关于建设工程承包合同案件中双方当事人已确认的工程决算价款与审计部门审计的工程决算价款不一致时如何适用法律问题的请示”收悉。经研究认为，审计是国家对建设单位的一种行政监督，不影响建设单位与承建单位的合同效力。建设工程承包合同案件应以当事人的约定作为法院判决的依据。只有在合同明确约定以审计结论作为结算依据或者合同约定不明确、合同约定无效的情况下，才能将审计结论作为判决的依据。

2001年4月2日

最高人民法院关于当前形势下审理民商事合同纠纷案件若干问题的指导意见

（法发〔2009〕40号）

各省、自治区、直辖市高级人民法院，解放军军事法院，新疆维吾尔自治区高级人民法院生产建设兵团分院：

现将最高人民法院《关于当前形势下审理民商事合同纠纷案件若干问题的指导意见》印发给你们，请结合当地实际，认真贯彻落实。

二○○九年七月七日

当前，因全球金融危机蔓延所引发的矛盾和纠纷在司法领域已经出现明显反映，民商事案件尤其是与企业经营相关的民商事合同纠纷案件呈大幅增长的态势；同时出现了诸多由宏观经济形势变化所引发的新的审判实务问题。人民法院围绕国家经济发展战略和“保增长、保民生、保稳定”要求，坚持“立足审判、胸怀大局、同舟共济、共克时艰”的指导方针，牢固树立为大局服务、为人民司法的理念，认真研究并及时解决这些民商事审判实务中与宏观经济形势变化密切相关的普遍性问题、重点问题，有效化解矛盾和纠纷，不仅是民商事审判部门应对金融危机工作的重要任务，而且对于维护诚信的市场交易秩序，保障公平法治的投资环境，公平解决纠纷、提振市场信心等具有重要意义。现就人民法院在当前形势下审理民商事合同纠纷案件中的若干问题，提出以下意见。

一、慎重适用情势变更原则，合理调整双方利益关系

1. 当前市场主体之间的产品交易、资金流转因原料价格剧烈波动、市场需求关系的变化、流动资金不足等诸多因素的影响而产生大量纠纷，对于部分当事人在诉讼中提出适用情势变更原则变更或者解除合同的请求，人民法院应当依据公平原则和情势变更原则严格审查。

2. 人民法院在适用情势变更原则时，应当充分注意到全球性金融危机和国内宏观经济形势变化并非完全是一个令所有市场主体猝不及防的突变过程，而是一个逐步演变的过程。在演变过程中，市场主体应当对于市场风险存在一定程度的预见和判断。人民法院应当依法把握情势变更原则的适用条件，严格审查当事人提出的“无法预见”的主张，对于涉及石油、焦炭、有色金属等市场属性活泼、长期以来价格波动较大的大宗商品标的物以及股票、期货等风险投资型金融产品标的物的合同，更要慎重适用情势变更原则。

3. 人民法院要合理区分情势变更与商业风险。商业风险属于从事商业活动的固有风险，诸如尚未达到异常变动程度的供求关系变化、价格涨跌等。情势变更是当事人在缔约时无法预见的非市场系统固有的风险。人民法院在判断某种重大客观变化是否属于情势变更时，应当注意衡量风险类型是否属于社会一般观念上的事先无法预见、风险程度是否远

远超出正常人的合理预期、风险是否可以防范和控制、交易性质是否属于通常的“高风险高收益”范围等因素，并结合市场的具体情况，在个案中识别情势变更和商业风险。

4. 在调整尺度的价值取向把握上，人民法院仍应遵循侧重于保护守约方的原则。适用情势变更原则并非简单地豁免债务人的义务而使债权人承受不利后果，而是要充分注意利益均衡，公平合理地调整双方利益关系。在诉讼过程中，人民法院要积极引导当事人重新协商，改订合同；重新协商不成的，争取调解解决。为防止情势变更原则被滥用而影响市场正常的交易秩序，人民法院决定适用情势变更原则作出判决的，应当按照最高人民法院《关于正确适用〈中华人民共和国合同法〉若干问题的解释（二）服务党和国家工作大局的通知》（法〔2009〕165 号）的要求，严格履行适用情势变更的相关审核程序。

二、依法合理调整违约金数额，公平解决违约责任问题

5. 现阶段由于国内宏观经济环境的变化和影响，民商事合同履行过程中违约现象比较突出。对于双方当事人在合同中所约定的过分高于违约造成损失的违约金或者极具惩罚性的违约金条款，人民法院应根据合同法第一百一十四条第二款和最高人民法院《关于适用中华人民共和国合同法若干问题的解释（二）》（以下简称《合同法解释（二）》）第二十九条等关于调整过高违约金的规定内容和精神，合理调整违约金数额，公平解决违约责任问题。

6. 在当前企业经营状况普遍较为困难的情况下，对于违约金数额过分高于违约造成损失的，应当根据合同法规定的诚实信用原则、公平原则，坚持以补偿性为主、以惩罚性为辅的违约金性质，合理调整裁量幅度，切实防止以意思自治为由而完全放任当事人约定过高的违约金。

7. 人民法院根据合同法第一百一十四条第二款调整过高违约金时，应当根据案件的具体情形，以违约造成的损失为基准，综合衡量合同履行程度、当事人的过错、预期利益、当事人缔约地位强弱、是否适用格式合同或条款等多项因素，根据公平原则和诚实信用原则予以综合权衡，避免简单地采用固定比例等“一刀切”的做法，防止机械司法而可能造成的实质不公平。

8. 为减轻当事人诉累，妥当解决违约金纠纷，违约方以合同不成立、合同未生效、合同无效或者不构成违约进行免责抗辩而未提出违约金调整请求的，人民法院可以就当事人是否需要主张违约金过高问题进行释明。人民法院要正确确定举证责任，违约方对于违约金约定过高的主张承担举证责任，非违约方主张违约金约定合理的，亦应提供相应的证据。合同解除后，当事人主张违约金条款继续有效的，人民法院可以根据合同法第九十八条的规定进行处理。

三、区分可得利益损失类型，妥善认定可得利益损失

9. 在当前市场主体违约情形比较突出的情况下，违约行为通常导致可得利益损失。根据交易的性质、合同的目的等因素，可得利益损失主要分为生产利润损失、经营利润损失和转售利润损失等类型。生产设备和原材料等买卖合同违约中，因出卖人违约而造成买受人的可得利益损失通常属于生产利润损失。承包经营、租赁经营合同以及提供服务或劳

务的合同中，因一方违约造成的可得利益损失通常属于经营利润损失。先后系列买卖合同中，因原合同出卖方违约而造成其后的转售合同出售方的可得利益损失通常属于转售利润损失。

10. 人民法院在计算和认定可得利益损失时，应当综合运用可预见规则、减损规则、损益相抵规则以及过失相抵规则等，从非违约方主张的可得利益赔偿总额中扣除违约方不可预见的损失、非违约方不当扩大的损失、非违约方因违约获得的利益、非违约方亦有过失所造成的损失以及必要的交易成本。存在合同法第一百一十三条第二款规定的欺诈经营、合同法第一百一十四条第一款规定的当事人约定损害赔偿的计算方法以及因违约导致人身伤亡、精神损害等情形的，不宜适用可得利益损失赔偿规则。

11. 人民法院认定可得利益损失时应当合理分配举证责任。违约方一般应当承担非违约方没有采取合理减损措施而导致损失扩大、非违约方因违约而获得利益以及非违约方亦有过失的举证责任；非违约方应当承担其遭受的可得利益损失总额、必要的交易成本的举证责任。对于可以预见的损失，既可以由非违约方举证，也可以由人民法院根据具体情况予以裁量。

四、正确把握法律构成要件，稳妥认定表见代理行为

12. 当前在国家重大项目和承包租赁行业等受到全球性金融危机冲击和国内宏观经济形势变化影响比较明显的行业领域，由于合同当事人采用转包、分包、转租方式，出现了大量以单位部门、项目经理乃至个人名义签订或实际履行合同的情形，并因合同主体和效力认定问题引发表见代理纠纷案件。对此，人民法院应当正确适用合同法第四十九条关于表见代理制度的规定，严格认定表见代理行为。

13. 合同法第四十九条规定的表见代理制度不仅要求代理人的无权代理行为在客观上形成具有代理权的表象，而且要求相对人在主观上善意且无过失地相信行为人有代理权。合同相对人主张构成表见代理的，应当承担举证责任，不仅应当举证证明代理行为存在诸如合同书、公章、印鉴等有权代理的客观表象形式要素，而且应当证明其善意且无过失地相信行为人具有代理权。

14. 人民法院在判断合同相对人主观上是否属于善意且无过失时，应当结合合同缔结与履行过程中的各种因素综合判断合同相对人是否尽到合理注意义务，此外还要考虑合同的缔结时间、以谁的名义签字、是否盖有相关印章及印章真伪、标的物的交付方式与地点、购买的材料、租赁的器材、所借款项的用途、建筑单位是否知道项目经理的行为、是否参与合同履行等各种因素，作出综合分析判断。

五、正确适用强制性规定，稳妥认定民商事合同效力

15. 正确理解、识别和适用合同法第五十二条第（五）项中的“违反法律、行政法规的强制性规定”，关系到民商事合同的效力维护以及市场交易的安全和稳定。人民法院应当注意根据《合同法解释（二）》第十四条之规定，注意区分效力性强制规定和管理性强制规定。违反效力性强制规定的，人民法院应当认定合同无效；违反管理性强制规定的，人民法院应当根据具体情形认定其效力。

16. 人民法院应当综合法律法规的意旨，权衡相互冲突的权益，诸如权益的种类、交易安全以及其所规制的对象等，综合认定强制性规定的类型。如果强制性规范规制的是合同行为本身即只要该合同行为发生即绝对地损害国家利益或者社会公共利益的，人民法院应当认定合同无效。如果强制性规定规制的是当事人的“市场准入”资格而非某种类型的合同行为，或者规制的是某种合同的履行行为而非某类合同行为，人民法院对于此类合同效力的认定，应当慎重把握，必要时应当征求相关立法部门的意见或者请示上级人民法院。

六、合理适用不安抗辩权规则，维护权利人合法权益

17. 在当前情势下，为敦促诚信的合同一方当事人及时保全证据、有效保护权利人的正当合法权益，对于一方当事人已经履行全部交付义务，虽然约定的价款期限尚未到期，但其诉请付款方支付未到期价款的，如果有确切证据证明付款方明确表示不履行给付价款义务，或者付款方被吊销营业执照、被注销、被有关部门撤销、处于歇业状态，或者付款方转移财产、抽逃资金以逃避债务，或者付款方丧失商业信誉，以及付款方以自己的行为表明不履行给付价款义务的其他情形的，除非付款方已经提供适当的担保，人民法院可以根据合同法第六十八条第一款、第六十九条、第九十四条第（二）项、第一百零八条、第一百六十七条等规定精神，判令付款期限已到期或者加速到期。

最高人民法院民事审判庭关于发包人收到承包人竣工结算文件后，在约定期限内不予答复，是否视为认可竣工结算文件的复函

（〔2005〕民一他字第23号）

重庆市高级人民法院：

你院渝高法〔2005〕154号《关于如何理解和适用最高人民法院〈关于审理建设工程施工合同纠纷案件适用法律问题的解释〉第二十条的请示》收悉。经研究，答复如下：

同意你院审委会的第二种意见，即：适用该司法解释第二十条的前提条件是当事人之间约定了发包人收到竣工结算文件后，在约定期限内不予答复，则视为认可竣工结算文件。承包人提交的竣工结算文件可以作为工程款结算的依据。建设部制定的建设工程施工合同格式文本中的通用条款第33条第3款的规定，不能简单地推论出，双方当事人具有发包人收到竣工结算文件一定期限内不予答复，则视为认可承包人提交的竣工结算文件的一致意思表示，承包人提交的竣工结算文件不能作为工程款结算的依据。

最高人民法院民事审判庭

二○○六年四月二十五日

最高人民法院关于建设工程价款优先受偿权问题的批复

（2002 年 6 月 11 日最高人民法院审判委员会第 1225 次会议通过）

（法释〔2002〕16 号）

上海市高级人民法院：

你院沪高法〔2001〕14 号《关于合同法第 286 条理解与适用问题的请示》收悉。经研究，答复如下：

一、人民法院在审理房地产纠纷案件和办理执行案件中，应当依照《中华人民共和国合同法》第二百八十六条的规定，认定建筑工程的承包人的优先受偿权优于抵押权和其他债权。

二、消费者交付购买商品房的全部或者大部分款项后，承包人就该商品房享有的工程价款优先受偿权不得对抗买受人。

三、建筑工程价款包括承包人为建设工程应当支付的工作人员报酬、材料款等实际支出的费用，不包括承包人因发包人违约所造成的损失。

四、建设工程承包人行使优先权的期限为六个月，自建设工程竣工之日或者建设工程合同约定的竣工之日起计算。

五、本批复第一条至第三条自公布之日起施行，第四条自公布之日起六个月后施行。

此复。

三、地方性法规和规章

天津市建筑市场管理条例

（天津市人民代表大会常务委员会公告第30号）

第一章　总　　则

第一条　为了加强和规范建筑市场管理，保护建筑活动当事人的合法权益，维护建筑市场秩序，根据国家有关法律、法规，结合本市实际情况，制定本条例。

第二条　在本市行政区域内进行建设工程的发包与承包，从事建设工程勘察、设计、施工、工程监理、工程咨询服务、建筑构配件和商品混凝土经营等与建筑市场有关的活动，以及实施建筑市场监督管理，应当遵守本条例。

第三条　市建设行政主管部门负责全市建筑市场的统一监督管理。区、县建设行政主管部门按照分工负责本辖区内建筑市场的监督管理。

市政公路、交通港口管理部门配合建设行政主管部门做好相关工作。

水行政管理部门按照职责分工负责水利专业建设工程市场的监督管理。

质量技术监督等行政部门按照各自职责，依法做好相关管理工作。

第四条　建筑市场管理应当遵循统一、开放、有序的原则，建设工程发包、承包交易应当公开、公平、公正，不受地区、部门和行业的限制。

第五条　本市建立健全建筑市场信用体系，归集、评价、发布建筑活动当事人信用信息，向社会提供信用信息查询，实行守信激励、失信惩戒制度。

第二章　建筑市场主体管理

第六条　建设单位投资建设工程项目，应当具有相应的资金来源，依法独立承担民事责任。

房地产开发企业应当在其资质等级许可范围内，从事房地产开发项目建设。

第七条　下列单位从事建筑活动，应当依法取得相应等级的资质或者资格：

（一）建设工程勘察、设计、施工、工程监理单位；

（二）建设工程造价咨询、招标代理和质量检测单位；

（三）建筑构配件、商品混凝土生产经营单位；

（四）国家规定必须取得资质或者资格的其他单位。

第八条　实行代建制的建设项目，建设单位应当通过招标或者委托方式选择工程项目管理单位负责建设实施。

接受代建委托的工程项目管理单位应当具备国家规定的资格，并按照本市有关规定配备与建设项目规模相适应的管理人员和专业技术人员。

第九条　未在本市注册的勘察、设计、施工、工程监理、招标代理、造价咨询等单位，在本市承接工程之前，应当持相应的资质或者资格文件向市建设行政主管部门备案。

第十条　依照国家规定取得建筑师、建造师、结构工程师、监理工程师、造价工程师等资格的人员，从事执业活动，应当向建设行政主管部门申请执业注册；未经注册不得从事相应的执业活动。

前款规定的注册执业人员只能在其注册单位执业。

第三章　建设工程发包与承包

第十一条　建设单位在本市进行工程建设的，应当持建设项目立项审批或者核准、备案文件，向建设行政主管部门办理工程报建备案。

第十二条　建设单位应当依据国家和本市有关规定，将建设工程发包给具有相应等级资质的承包单位。

依法必须进行招标的建设工程，应当通过招标方式确定承包单位。法律法规另有规定的除外。

第十三条　勘察承包单位应当自主完成承包的建设工程勘察，不得将其承包的建设工程勘察转包。

第十四条　设计承包单位应当自主完成承包的建设工程设计。设计承包单位将建设工程主体以外的部分分包给其他设计单位进行设计的，应当经建设单位同意。分包设计单位应当具有相应的设计资质等级。设计承包单位应当对分包设计文件承担责任。

第十五条　施工总承包单位对承包的建设工程项目主体工程必须自行完成；对主体工程以外的专业工程可以分包给专业承包单位；对主体工程的劳务作业可以分包给劳务分包单位。

施工总承包单位将建设工程分包，应当在建设工程总承包合同中作出约定；未作约定的，应当经建设单位同意。

第十六条　专业承包单位可以承包施工总承包单位分包的专业工程，也可以承包建设单位按照规定发包的专业工程。

专业承包单位应当对承包的专业分包工程自行完成，对其中的劳务作业可以分包给劳务分包单位。

第十七条　禁止建设工程承包单位下列行为：

（一）施工总承包单位将建设工程分包给不具备相应等级资质的单位；

（二）施工总承包单位将主体工程分包给其他单位；

（三）总承包合同中未作约定，又未经建设单位书面同意，施工总承包单位将其承包的主体工程以外的部分分包给其他单位；

（四）专业承包单位将其承包的建设工程分包给其他专业承包单位；

（五）劳务分包单位将其承包的劳务作业分包给其他劳务分包单位；

（六）法律、法规、规章禁止的其他违法分包行为。

第十八条　施工总承包单位、专业承包单位承包建设工程后，应当确定与工程规模和技术复杂程度相适应的项目负责人、施工管理负责人和技术负责人，并对工程的合同履行、进度控制、主要施工设备、工程材料供应、工程质量、施工安全、文明施工、工程造价、劳务用工等进行管理。

第十九条　工程监理单位依据合同约定代表建设单位，按照国家和本市相关标准和规范对建设工程的施工质量、施工安全、合理工期和建设资金使用等情况进行监督。

第二十条　建设工程开工前，建设单位应当依法申领施工许可证。对符合法定条件的施工许可申请，建设行政主管部门应当自受理之日起三个工作日内核发施工许可证。

第四章　建设工程交易市场

第二十一条　本条例所称建设工程交易市场是指为建设工程发包、承包、分包交易活动提供工程信息服务和招标投标活动服务的场所。

建设工程交易市场应当与行政主管部门及其所属机构分立。

第二十二条　依法必须公开招标的建设工程，应当在建设工程交易市场内进行招标投标活动。其他建设工程的招标投标活动，也可以在建设工程交易市场内进行。

第二十三条　建设工程交易市场的管理服务机构应当为建设工程发包、承包、分包交易活动的各方当事人提供设施齐全的场所和规范的服务；收集、存贮和发布招标投标信息、政策法规信息、企业信息、材料价格信息、科技和人才信息等，为建设工程交易各方提供咨询服务。

第二十四条　建设工程交易市场的管理服务机构应当遵守下列规定：

（一）不得从事工程项目招标代理活动；

（二）不得与任何招标代理机构有隶属关系或者经济利益；

（三）不得以任何方式限制和排斥本地区、本系统以外的企业参加投标活动；

（四）不得以任何方式干预招标投标活动；

（五）不得发布虚假信息；

（六）不得违反规定收取费用；

（七）对在服务活动中接触的招标投标当事人的商业秘密，负有保密义务。

第二十五条　建设工程交易市场工作人员应当遵守下列规定：

（一）不得参与评标、定标等活动；

（二）不得向招标人推荐投标人；

（三）不得以任何方式泄露招标投标活动的内部信息；

（四）在履行服务职责时，遇到与本人或者近亲属有利害关系的情形，应当回避。

第五章　建设工程合同

第二十六条　建设工程的发包单位和承包单位应当依法订立书面建设工程合同。

双方当事人在签订建设工程合同时，可以采用有关行政管理部门制定的示范文本。

实行招标发包的建设工程，建设工程合同的实质性条款应当按照招标文件和中标人的投标文件内容予以确定。

第二十七条　建设单位与项目管理、勘察、设计、工程监理、施工、检测、主要设备和材料供应等单位依法订立书面建设工程合同后十五日内，建设单位应当向建设行政主管部门备案。

解除或者变更经备案的建设工程合同，自解除或者变更之日起十五日内，由建设单位向原备案机构备案。

建设工程合同文本与备案的合同不一致的，以备案的合同为准。

第二十八条 建设工程合同的主要内容，应当包括工程内容、承包范围、建设工期、中间交工工程的开工和竣工时间、工程质量、工程造价、技术资料交付时间、材料和设备供应责任、拨款和结算、竣工验收、质量保修范围和质量保证期、双方相互协助的义务、违约责任、履约担保、争议解决方式等。

第二十九条 订立建设工程合同时，发包单位要求承包单位提供履约担保的，承包单位应当提供担保；承包单位要求发包单位提供工程款支付担保的，发包单位应当提供担保。

第三十条 在建设工程合同履行过程中发生争议的，经双方同意，可以申请建设行政主管部门调解。

第六章 建设工程造价

第三十一条 市建设行政主管部门应当根据国家工程建设标准和规范，组织编制、修订和补充本市建设工程造价计价依据，向社会公布，并对建设工程造价活动实施监督管理。

第三十二条 建设工程的投资估算、初步设计概算、施工图预算、招标控制价，应当按照国家和本市建设工程造价计价依据进行编制。

投标人编制投标报价可以参照国家和本市建设工程造价计价依据，也可以自主报价，但不得低于成本价。

第三十三条 依法必须公开招标的建设工程施工招标，应当采用工程量清单计价方法计价；其他建设工程施工招标，鼓励采用工程量清单计价方法计价。

第三十四条 依法必须公开招标的建设工程施工招标，招标人应当将招标控制价在投标截止时间五日前公布。

投标人认为招标控制价没有按照计价依据编制的，在投标截止时间三日前，可以通过市建设工程造价管理机构向招标人书面提出复核申请，并提供要求复核的内容及相关材料。招标人应当及时组织复核，将复核结果向投标人反馈，并同时抄送市建设工程造价管理机构。

第三十五条 在建设工程合同中涉及工程造价调整的，双方当事人应当在建设工程合同中约定工程造价调整因素和调整方法。

第三十六条 建设工程施工合同履行过程中，非承包单位原因发生工程量清单增项、减项或者工程量发生增减的，双方当事人应当按照施工合同约定予以调整；双方在合同中未作约定，又没有达成补充协议的，应当按照本市有关建设工程计价依据予以调整。

第三十七条 双方当事人应当按照建设工程合同约定的期限，完成工程竣工结算。

建设工程合同对竣工结算期限约定不明确的，由双方当事人协商确定；协商不成的，承包单位应当在所承包的建设工程竣工验收后及时提出竣工结算文件，发包单位应当在收到竣工结算文件之日起五十日内完成审核。

双方当事人约定发包单位逾期不答复视为对竣工结算文件认可的，发包单位逾期不予答复，以承包单位提供的竣工结算文件作为结算依据。

建设工程完成全部竣工结算后，建设单位应当在十五日内向建设行政主管部门备案。

第三十八条 建设工程造价文件应当由具有从业资格的工程造价专业人员编制，并由未参与编制工作的注册造价工程师审核。造价咨询单位及其编制、审核人员对工程造价成果文件承担相应的责任。

第七章 建筑业劳务用工

第三十九条 施工总承包单位、专业承包单位对其所承包工程的建筑业劳务用工活动负总责，应当设立专门的部门或者专职人员进行管理服务；对其所直接聘用的建筑业劳务人员承担直接管理服务责任。

劳务分包单位对其所聘用的建筑业劳务人员承担直接管理服务责任。

施工总承包单位、专业承包单位与劳务分包单位签订劳务分包合同的，施工总承包单位、专业承包单位应当自合同签订之日起十五日内向建设行政主管部门备案。

第四十条 建筑业劳务用工实行实名管理。

建筑业劳务用工单位应当核实聘用劳务人员身份，建立用工档案，如实记录建筑业劳务用工情况。

施工总承包单位、专业承包单位应当按照国家和本市有关规定，督促劳务分包单位落实建筑业劳务用工管理制度。

第四十一条 建筑业劳务用工单位应当按月支付建筑业劳务人员工资，双方也可以约定按日支付，建筑业劳务用工单位不得截留、克扣。

建筑业劳务用工单位应当按月将用工情况进行核对，并予以公布。

第四十二条 施工总承包单位、专业承包单位应当按建设项目开设建筑业劳务用工工资预储账户，用于支付该项目劳务用工工资。建设单位应当一次性或者按施工进度向该项目的工资预储账户拨付资金。建设行政主管部门负责对工资预储账户实施监督。

第四十三条 建筑业劳务用工单位应当向应聘人员如实告知工作内容、工作条件、工作地点、安全生产、职业危害、劳动报酬等情况，组织实施对劳务人员的安全生产、职业技能培训和职业道德教育。

建筑业劳务用工单位有权了解应聘人员的基本情况。应聘人员应当如实说明；从事技术工种的应聘人员应当提供相应的上岗证书。

第八章 法 律 责 任

第四十四条 违反本条例第七条规定，勘察、设计、施工、工程监理单位超越本单位资质等级承包工程的，未取得资质证书承包工程的，以欺骗手段取得资质证书承包工程的，根据国家有关规定进行处罚。

建设工程造价咨询、招标代理和质量检测单位，未取得资质证书或者超越本单位资质等级承包工程的，所出具的成果文件无效，由建设行政主管部门责令停止违法行为，并处以一万元以上三万元以下的罚款；有违法所得的，没收违法所得。

第四十五条 违反本条例第八条第二款规定，代建单位未取得相应资格或者不配备相应管理人员和专业技术人员的，由建设行政主管部门责令停止违法行为，并处以合同约定代建费百分之二十五以上百分之五十以下的罚款。

第四十六条 违反本条例第九条规定，非本市注册的勘察、设计、施工、工程监理、招标代理、造价咨询等单位未经备案在本市承包工程的，由市建设行政主管部门责令改正，可处以三万元以上十万元以下的罚款。

第四十七条 违反本条例第十条规定，建筑师、建造师、结构工程师、监理工程师、造价工程师等人员，未经注册从事执业活动的，按照国家有关规定予以处罚；造成损失的，依法承担赔偿责任。

第四十八条 违反法律、行政法规和本条例规定，建设单位将建设工程发包给不具有相应等级资质的承包单位或者委托给不具有相应等级资质的工程监理单位的，由建设行政主管部门责令改正，并处以八十万元以上一百万元以下的罚款。

第四十九条 违反本条例第十三条、第十四条、第十五条、第十七条规定，违法分包的，由建设行政主管部门责令限期改正，没收违法所得，对勘察、设计单位处合同约定的勘察费、设计费百分之二十五以上百分之五十以下的罚款；对施工单位处以工程合同价款千分之五以上千分之十以下的罚款；可以责令停业整顿，降低资质等级；情节严重的，吊销资质证书。

第五十条 违反本条例第二十条规定，建设单位未取得施工许可证擅自施工的，由建设行政主管部门责令停止施工，限期改正，并处以工程合同价款百分之一以上百分之二以下的罚款。

第五十一条 违反本条例第二十二条规定，依法必须公开招标的建设工程，建设单位未在建设工程交易市场内进行招标投标活动的，由建设行政主管部门责令改正，并处以五万元以上十万元以下的罚款；对其主要负责人处以一万元以上三万元以下的罚款；主要负责人是国家工作人员的，依法予以处分。

第五十二条 建设工程交易市场的管理服务机构及其工作人员违反本条例第二十四条、第二十五条规定，由建设行政主管部门责令改正，对建设工程交易市场的管理服务机构可处以一万元以上五万元以下的罚款；对主要负责人和直接责任人员可处以五千元以下的罚款；给当事人造成损失的，依法承担赔偿责任；构成犯罪的，依法追究刑事责任。

第五十三条 违反本条例第二十七条、第三十九条第三款规定，未办理合同备案的，由建设行政主管部门责令限期改正；逾期不改正的，处以三万元罚款。

第五十四条 违反本条例第四十条规定，聘用单位未对建筑业劳务用工实行实名管理的，由建设行政主管部门责令限期改正；逾期不改正的，处以五万元以上十万元以下的罚款。

第五十五条 违反本条例第四十一条规定，建筑业劳务用工单位截留、克扣劳务用工工资的，由建设行政主管部门责令限期改正；逾期不改正的，处以截留、克扣工资总额百分之五以上百分之十以下的罚款；构成犯罪的，依法追究刑事责任。

第五十六条 违反本条例第四十二条规定，未建立建设项目劳务用工工资预储账户或者未向账户拨付资金的，由建设行政主管部门责令限期改正；逾期不改正的，处以十万元以上二十万元以下的罚款。

第五十七条　建筑活动当事人依法受到行政处罚的，可以将其违法行为和处理结果记入建筑市场信用信息系统。

建设行政主管部门依照本条例第四十九条、第五十三条、第五十四条、第五十五条、第五十六条规定责令建筑活动当事人限期改正，情节严重的，市建设行政主管部门可以取消其六个月以上十二个月以下在本市参加招投标活动的资格。

第五十八条　有关行政主管部门、其他专业部门及其工作人员和建筑市场管理执法人员索贿受贿、滥用职权、玩忽职守、徇私舞弊的，由其所在单位或者上级主管部门给予行政处分；构成犯罪的，依法追究刑事责任。

第五十九条　当事人对行政处罚决定不服的，可以依法申请行政复议或者提起行政诉讼。逾期不申请复议、不起诉又不履行行政处罚决定的，由作出行政处罚决定的部门依法申请人民法院强制执行。

第九章　附　　则

第六十条　本条例自2011年9月1日起施行。2002年7月18日天津市第十三届人民代表大会常务委员会第三十四次会议通过、2005年5月24日天津市第十四届人民代表大会常务委员会第二十次会议修正的《天津市建筑市场管理条例》和天津市人民政府《关于修改批转市建委拟订的〈天津市建设工程勘察设计市场管理规定〉的通知》同时废止。

山西省建设工程造价管理办法

（山西省人民政府令第161号）

第一条 为规范建设工程造价的计价行为，合理确定和有效控制建设工程造价，维护工程建设当事人合法权益，根据有关法律、法规，制定本办法。

第二条 在本省行政区域内从事建设工程造价活动，适用本办法。

第三条 本办法所称建设工程造价，是指建设项目从筹建到竣工验收交付使用前的全部费用，包括设备及工器具购置费用、建筑安装工程费用、工程建设其他费用、预备费、建设期贷款利息和有关税金。

第四条 县级以上人民政府建设行政主管部门负责本行政区域内建设工程造价活动的监督管理工作。

建设行政主管部门委托建设工程造价管理机构负责建设工程造价活动的具体监督管理工作。

省人民政府发展计划行政主管部门按照其职责，做好建设工程造价管理工作。

执行国务院行业工程造价计价依据的本省行业造价管理部门，负责本专业工程造价活动的管理工作。

第五条 建设工程造价的计价依据分为统一计价依据、行业计价依据和一次性补充计价依据。

建设工程造价计价依据包括下列内容：

（一）估算指标、概算指标；

（二）概算定额、预算定额、单位估价表、费用定额、工期定额；

（三）人工单价、材料和设备预算价格、施工机械台班单价以及有关工程造价调整规定；

（四）国家和省规定的其他有关计价依据。

第六条 统一计价依据由省建设工程造价管理机构负责编制，省建设行政主管部门会同省发展计划行政主管部门制定并发布。

第七条 行业计价依据按国家行业主管部门制定的标准执行；其中人工单价、材料和设备预算价格、施工机械台班单价以及有关费用执行相关行业规定。

第八条 一次性补充计价依据由建设单位和施工企业根据建设工程实际情况进行编制，或者委托有资格的工程造价咨询单位编制，报工程所在地建设工程造价管理机构确认。

第九条 省建设工程造价管理机构应当定期发布人工、材料、施工机械台班价格信息。

市（地）建设工程造价管理机构负责本行政区域内材料预算价格的编制、材料价格信息的发布，并报省建设工程造价管理机构备案。

建设工程造价管理机构应当建立建设工程造价数据库，为建设工程造价的计价和管理提供依据。

第十条　鼓励在建设工程造价管理和计价中开发、应用计算机软件。采用本省统一计价依据开发的建设工程造价计算机软件，应当经省建设工程造价管理机构鉴定。

第十一条　工程建设项目的投资估算、初步设计概算、施工图预算、竣工结算，应当由有注册造价工程师资格的单位或者委托有相应资质的建设工程造价咨询单位编制。

第十二条　工程建设项目的投资估算，应当根据投资估算指标和建设期间的价格变动因素进行编制。按国家和本省有关规定需要履行可行性研究报告投资估算审批手续的，应当履行审批手续。

第十三条　初步设计概算应当在建设项目投资估算范围内，根据概算指标、概算定额、费用定额、单位估价表和建设期间的价格变动因素进行编制。按国家和本省有关规定需要履行初步设计概算审批手续的，应当履行审批手续。

第十四条　施工图预算应当在批准的初步设计概算范围内，根据施工图设计文件、预算定额、费用定额、单位估价表和建设工程所在地当时的材料预算价格或调整系数进行编制。

第十五条　建设工程招标标底应当根据招标文件规定的计价方法和要求及统一的工程量计算规则编制。招标投标工程可以采用工程量清单方法编制招标标底和投标报价。

一个招标工程只能编制一个标底。标底应当由符合标底编制条件的招标人或其委托具有相应资质的工程造价咨询单位、招标代理机构编制。标底在开标前不得泄露。

第十六条　建设工程竣工后，施工企业应当按合同约定的时间、方式向建设单位提出工程竣工结算文件。

建设单位在收到施工企业提出的工程竣工结算文件后按合同约定的时间提出审查意见。逾期未提出审查意见的，竣工结算文件视为已被认可。

第十七条　从事建设工程造价咨询的单位，应当向建设行政主管部门申请并取得建设工程造价咨询单位资质证书后，方可从事建设工程造价咨询业务。

第十八条　从事建设工程造价活动的人员应当取得注册造价工程师执业资格或者概预算人员从业资格。

第十九条　建设工程造价咨询单位可以根据委托承揽下列业务：

（一）建设项目投资估算的编制、审核及项目评价；

（二）建设工程初步设计概算、施工图预算、竣工结算、招标标底、投标报价的编制、审核；

（三）合同价款的调整和索赔费用的计算；

（四）建设项目各阶段的建设工程造价控制；

（五）建设工程结算争议的鉴定；

（六）与建设工程造价业务有关的其他事项。

第二十条　建设工程造价咨询单位承揽业务应当与委托方签订书面合同。

建设工程造价咨询单位不得以同一咨询文件分别为多方编制、审核建设工程造价。

第二十一条　建设工程造价文件应当加盖编制单位印章，并由相应专业的注册造价工程师或者概预算人员签字和加盖资格印章，方可生效。

第二十二条 建设工程造价咨询单位应当对所承揽的项目进行登记，建立严格的编制、审核制度和档案管理制度。

第二十三条 从事建设工程造价活动的单位和人员，应当接受建设行政主管部门的指导和监督，依据国家和本省的有关规定编制、审核建设工程造价，不得弄虚作假、抬价、压价或者附和不合理条件。

第二十四条 建设工程造价咨询单位和人员，应当在其资质证书或者资格证书许可的范围内活动。禁止超越资质证书或者资格证书许可的范围从事建设工程造价活动。禁止转让工程造价咨询业务。

第二十五条 建设单位或者施工企业对建设工程造价咨询单位出具的建设工程造价文件有异议的，应当自收到建设工程造价文件之日起 15 日内提出，逾期不提出的，视为同意；建设工程造价咨询单位应当自收到书面异议之日起 15 日内，予以书面答复。

第二十六条 当事人对建设工程造价文件有争议的，可以向建设工程造价管理机构申请调解。

第二十七条 对违反建设工程造价管理的行为，任何单位或者个人有权向建设行政主管部门检举或者投诉；建设行政主管部门接到检举或者投诉后，应当及时调查处理。

第二十八条 未取得建设工程造价咨询单位资质证书，从事建设工程造价咨询业务的，由建设行政主管部门责令其停止违法行为，可处以 10000 元以上 30000 元以下的罚款，或者移交工商行政管理部门依照法律、行政法规进行处罚。

第二十九条 建设工程造价咨询单位违反本办法规定，有下列行为之一的，由建设行政主管部门依法责令限期改正，可处以 10000 元以上 30000 元以下的罚款；情节严重的，依法降低其资质等级或者注销其资质证书：

（一）隐瞒真实情况、弄虚作假申请资质等级的；

（二）伪造、涂改、出租、转让、出卖建设工程造价咨询单位资质证书的；

（三）不办理注销或者变更手续的；

（四）超越资质等级和资质证书核定的范围承揽建设工程造价咨询业务的。

第三十条 未经注册以造价工程师名义从事建设工程造价活动的，由建设行政主管部门责令其停止违法行为，可处以 5000 元以上 30000 元以下的罚款。

未取得概预算人员从业资格证书而从事建设工程造价活动的，由建设行政主管部门责令其停止违法行为，可处以 1000 元以上 10000 元以下的罚款。

第三十一条 注册造价工程师或者概预算人员违反本办法，有下列行为之一的，由建设行政主管部门责令其停止违法行为，对注册造价工程师可处以 5000 元以上 30000 元以下的罚款；对概预算人员可处以 1000 元以上 10000 元以下的罚款；情节严重的，注销其资格证书，收回执业资格印章或者从业资格印章，并予以公告，2～3 年内不得参加注册造价工程师执业资格或者概预算人员从业资格考试：

（一）在申请注册过程中，隐瞒真实情况，弄虚作假的；

（二）同时在两个以上单位执业或从业的；

（三）允许他人以本人名义执业或从业的。

第三十二条 当事人对行政处罚决定不服的，可以依法申请行政复议或者提起行政诉讼；当事人逾期不申请行政复议或者不提起行政诉讼，又不履行行政处罚决定的，由作出行政处罚决定的机关依法申请人民法院强制执行。

第三十三条 工程造价管理人员玩忽职守、滥用职权、徇私舞弊尚未构成犯罪的，依法给予行政处分；构成犯罪的，依法追究刑事责任。

第三十四条 本办法自2003年2月1日起施行。

内蒙古自治区建设工程造价管理办法

（内蒙古自治区人民政府令第187号）

第一章　总　　则

第一条　为了规范建设工程造价管理，合理确定和有效控制建设工程造价，维护工程建设各方的合法权益，根据《中华人民共和国建筑法》及相关法律、法规，结合自治区实际，制定本办法。

第二条　自治区行政区域内从事建设工程造价计价活动及其监督管理，适用本办法。

交通运输、水利、电力等专业建设工程的造价管理，按照法律、法规和国家相关规定执行。

第三条　本办法所称建设工程，是指各类房屋和市政基础设施建筑以及与其配套的线路、管道、设备安装、装饰装修工程。

本办法所称建设工程造价，是指建设工程从立项到竣工验收交付使用期间，因工程建设活动所需的费用，包括建筑安装工程费、设备及工器具购置费、预备费、工程建设其他费和税费、建设期间贷款利息。

第四条　旗县级以上人民政府住房和城乡建设行政主管部门（以下简称建设行政主管部门），负责本行政区域内建设工程造价计价活动的监督管理。

旗县级以上人民政府建设行政主管部门所属的建设工程造价管理机构，具体负责本行政区域内的建设工程造价管理工作。

发展和改革、财政、审计、监察等有关部门按照各自职责，做好建设工程造价监督管理的相关工作。

第五条　建设工程造价行业协会应当加强行业自律，发挥行业指导、服务和协调作用。

第六条　从事建设工程造价计价活动应当遵循合法、公正、诚实信用的原则，不得损害社会公共利益和他人的合法权益。

第二章　工程造价计价管理

第七条　建设工程计价是指对建设工程造价进行确定与控制的活动，主要包括：

（一）编制和审核投资估算、初步设计概算、施工图预算、工程量清单、招标控制价、投标报价等；

（二）约定和调整合同价款；

（三）实施工程计量与支付工程价款；

（四）办理变更签证、工程索赔、工程结算和决算；

（五）处理建设工程造价争议和进行建设工程造价鉴定；

（六）其他与建设工程造价计价有关的活动。

第八条　建设工程计价依据是指从事建设工程造价计价活动中所使用的各类规范、标准、定额、造价信息以及工程造价管理制度等，主要包括：

（一）投资估算指标、概算指标、建筑安装工程费用定额；

（二）工期定额、劳动定额、概算定额、预算定额及其相关补充定额；

（三）地区基础价格、单位估价表；

（四）人工、材料、设备和施工机械台班价格；

（五）工程量清单计价规范；

（六）国家和自治区规定的其他工程造价计价依据。

第九条　建设工程造价计价依据，应当按照下列规定制定和发布：

（一）投资估算指标、概算指标、建筑安装工程费用定额等计价依据，由自治区人民政府建设行政主管部门会同发展和改革、财政等行政主管部门制定和发布；

（二）工期定额、劳动定额、概算定额、预算定额及其相关补充定额、地区基础价格、单位估价表、人工单价、材料价格、施工机械台班价格等计价依据，由自治区人民政府建设行政主管部门制定和发布；

（三）建设工程人工成本、材料、设备、施工机械租赁等市场价格信息，由盟行政公署、设区的市人民政府建设行政主管部门发布。

第十条　建设工程造价的编制，应当符合下列规定：

（一）投资估算由建设单位或者受其委托的工程造价咨询企业编制；

（二）设计概算由设计单位或者受其委托的工程造价咨询企业编制；

（三）施工图预算由建设单位、施工单位或者受其委托的工程造价咨询企业编制，施工图预算应当控制在批准的设计概算范围内；

（四）工程量清单、招标控制价由建设单位或者受其委托的工程造价咨询企业、招标代理机构，根据施工图、招标文件、工程定额、计价规范等相关计价依据编制；

（五）投标报价由投标人或者受其委托的工程造价咨询企业，根据施工图、招标文件、施工组织设计、企业定额等相关计价依据自主确定；

（六）竣工结算应当依据建设项目合同、补充协议、变更签证等建设单位、施工单位认可的有效文件，由施工单位或者受其委托的工程造价咨询企业编制，经建设单位或者受其委托的工程造价咨询企业审核后确定。

第十一条　全部使用国有资金投资或者国有资金投资为主的工程建设项目，应当采用工程量清单方式计价。

全部使用国有资金投资或者国有资金投资为主的工程建设项目采用招标方式发包的，应当编制招标控制价。

对政府投资和以政府投资为主的建设项目施工图预算、工程结算、工程竣工决算，应当经同级财政部门审查，并依法接受审计监督。

第十二条　建设工程造价中的下列费用不得列入招标投标的竞争性费用：

（一）工程排污费；

（二）养老保险费、失业保险费、医疗保险费；

（三）住房公积金；

（四）危险作业意外伤害保险和工伤保险费；

（五）安全文明施工费；

（六）税金；

（七）国家和自治区规定的其他非竞争性费用。

第十三条 依法进行招标的建设工程，施工合同价应当与中标价一致，建设单位和施工单位不得另行签订与招标投标文件不符的协议。

第十四条 建设工程施工合同应当对下列与工程造价有关的事项作出具体约定：

（一）计价依据和计价方式；

（二）合同价格类型及合同总价，采用固定单价合同的各项目单价；

（三）采用工程预付款方式时的预付款数额，预付款支付方式、支付时间和抵扣方式；

（四）工程进度款支付的方式、数额和时间；

（五）合同价款的调整因素、调整方法、调整程序；

（六）索赔和现场签证的程序、金额确认和支付时间；

（七）发包人供应的材料、设备价款的确定和抵扣方式；

（八）合同风险的范围、幅度、承担方式和风险超出约定时合同价款的调整办法；

（九）工程结算的编制、审核时间，结算价款的支付方式、支付时间；

（十）工程质量不合格违约责任、工程质量奖励办法及工程质量保修金的数额、预留和返还的方式、时间；

（十一）施工工期拖延违约责任和工期提前竣工奖励办法；

（十二）工程造价争议调解、处理的方式；

（十三）工程造价约定的其他事项和违约责任。

第十五条 建设工程施工中对工程造价进行调整的，应当有建设单位、施工单位和工程监理人员签字的书面材料。

第十六条 依法进行招标的建设工程，建设单位和施工单位自签订《建设工程施工合同》之日起十日内，由施工单位将合同副本、招标文件、中标通知书及相关电子数据等，按分级管理原则，报建设行政主管部门备案。

建设工程施工过程中建设单位和施工单位签订建设工程造价调整补充协议的，应当自签订之日起十日内按前款规定备案。

第十七条 建设工程竣工验收后，应当以备案的《建设工程施工合同》为依据，结合合同约定的合同价款调整内容及时编制工程竣工结算，办理竣工结算手续，并在竣工结算结束之日起十日内将竣工结算书，按分级管理原则，报建设行政主管部门备案。

第十八条 建设工程造价管理中使用的计算机应用软件，应当符合自治区有关计价依据和计价办法的规定。

第三章 执业管理

第十九条 从事工程造价咨询业务的企业和执业人员，应当依法取得工程造价咨询单位资质证书和执业资格证书，并在规定的执业范围内从事工程造价咨询业务。

工程造价咨询企业不得与行政机关存在隶属关系或者其他利益关系。

第二十条 工程造价咨询企业及其执业人员应当严格执行工程建设标准、规范和工程造价计价依据，真实、准确出具建设工程造价成果文件，并加盖编制单位公章和执业资格专用章。

第二十一条 旗县级以上人民政府建设行政主管部门应当建立健全工程造价咨询企业和执业人员的信用管理体系，对因建设工程造价违法行为受到行政处罚的企业或者执业人员，应当记入其信用档案，并向社会公布。

第二十二条 工程造价咨询企业不得有下列行为：

（一）伪造、涂改、倒卖、出租、出借资质证书，或者以其他形式非法转让资质证书；

（二）故意提高或者降低定额标准编制工程计价文件；

（三）以给予回扣、恶意压低收费等方式进行不正当竞争；

（四）超越资质等级范围承接建设工程造价咨询业务；

（五）与建设单位或者施工单位串通、弄虚作假，恶意提高或压低建设工程造价；

（六）对同一招标事项，同时接受招标人和投标人委托，提供建设工程造价咨询服务；

（七）法律、法规、规章禁止的其他行为。

第二十三条 工程造价执业人员不得有下列行为：

（一）伪造、涂改、倒卖、出租、出借或者以其他形式非法转让资格证书或者执业印章；

（二）泄露标底、谋取合同约定费用以外的其他利益；

（三）签署虚假记载、误导性陈述的建设工程造价成果文件；

（四）以个人名义承接建设工程造价业务；

（五）允许他人以自己的名义从事建设工程造价业务；

（六）同时在两个以上企业执业；

（七）不按照建设工程计价依据计算工程造价；

（八）法律、法规、规章禁止的其他行为。

第二十四条 工程造价咨询企业应当建立质量控制、统计报表、档案管理等制度，接受建设行政主管部门的监督检查。

第二十五条 自治区人民政府建设行政主管部门应当会同物价行政管理部门，制定建设工程造价咨询服务收费标准，规范工程造价咨询企业的收费行为。

第二十六条 旗县级以上人民政府建设行政主管部门应当定期对建设工程造价咨询企业执业情况进行监督检查，对发现的问题应当及时处理，被检查企业应当予以配合，如实提供有关资料。

第二十七条 任何单位和个人对建设、勘查设计、施工、监理、造价咨询、招标代理等单位违反建设工程造价管理规定的行为，有权向旗县级以上人民政府建设行政主管部门或者其他有关行政主管部门举报，受理部门应当依法查处，并向举报人反馈查处结果。

第四章 法律责任

第二十八条 违反本办法规定的行为，法律、法规已经作出处罚规定的，从其规定。

第二十九条 违反本办法第十九条规定，从事工程造价咨询业务的，由旗县级以上人民政府建设行政主管部门责令停止违法行为，并对企业处以1万元以上3万元以下的罚款，对个人处以5000元以上1万元以下的罚款；造成损失的，依法承担赔偿责任。

第三十条 工程造价咨询企业违反本办法第二十二条规定的，由旗县级以上人民政府建设行政主管部门责令停止违法行为，并处以1万元以上3万元以下罚款；构成犯罪的，依法追究刑事责任。

第三十一条 工程造价执业人员违反本办法第二十三条规定的，由旗县级以上人民政府建设行政主管部门责令停止违法行为，没有违法所得的，处以5000元以上1万元以下的罚款；有违法所得的，处以违法所得3倍以下最高不超过3万元的罚款；构成犯罪的，依法追究刑事责任。

第三十二条 旗县级以上人民政府建设行政主管部门以及相关行政主管部门工作人员有下列行为之一的，由任免机关或者监察机关对直接负责的主管人员和其他直接责任人员依法给予行政处分；构成犯罪的，依法追究刑事责任：

（一）未依法履行监督检查职责的；

（二）利用职务便利收受他人财物或者获得其他利益的；

（三）其他玩忽职守、滥用职权、徇私舞弊的行为。

第五章 附　　则

第三十三条 本办法自2012年6月1日起施行。

辽宁省建设工程造价管理办法

（辽宁省人民政府令第260号）

第一条 为加强建设工程造价管理，合理确定和有效控制建设工程造价，保证建设工程质量和安全，维护工程建设各方的合法权益，根据《中华人民共和国建筑法》、《中华人民共和国招标投标法》等有关法律、法规，结合本省实际，制定本办法。

第二条 在本省行政区域内从事建设工程造价及其监督管理活动，适用本办法。

交通、水利、电力等工程造价管理，按照法律、法规以及国家和省有关规定执行。

第三条 省住房和城乡建设行政主管部门和市、县（含县级市、区，下同）人民政府确定的建设工程造价行政主管部门（以下统称建设工程造价行政主管部门）负责本行政区域内建设工程造价的监督管理工作。

省、市建设工程造价行政主管部门所属的建设工程造价机构（以下简称建设工程造价机构），按照国家和省有关规定承担建设工程造价的具体工作。

发展改革、财政、审计等有关行政管理部门按照各自职责，依法做好建设工程造价的相关监督管理工作。

第四条 建设工程造价活动应当遵循合法、客观公正、诚实信用的原则，不得损害社会公共利益和他人的合法权益。

第五条 建设工程造价行业协会应当建立健全自律机制，发挥行业指导、服务和协调作用。不得通过制订行业规则或者其他方式垄断市场，妨碍公平竞争，损害消费者、非会员企业和其他经济组织的合法权益或社会公共利益；不得滥用权力，限制会员开展正当的经营活动或者参与其他社会活动。

第六条 建设工程造价应当根据建设工程造价计价依据，按照建设工程项目全过程、分阶段合理编制确定，按照建设程序有效控制。

建设项目投资估算控制设计概算，设计概算控制施工图预算，施工图预算控制工程结算。

第七条 建设工程造价计价依据包括下列内容：

（一）估算指标、概算指标；

（二）概算定额、预算定额、消耗量定额、劳动定额、工期定额、费用定额及标准；

（三）人工、材料（设备）和施工机械台班预算价格、指导价格及市场价格；

（四）工程量清单计价规范；

（五）工程造价信息；

（六）国家和省发布的计价办法；

（七）国家和省规定的其他计价依据。

第八条 建设工程造价计价依据，由省建设工程造价行政主管部门按照有关规定组织制定，并向社会公布。

省建设工程造价机构应当根据国家和省的规定，结合本省建设工程的实际需要，及时组织编制、修订和补充定额项目、定额单价表、工程造价指数和结算规定，定期整理新材料、新工艺、新结构、新技术的补充定额项目，为建设工程造价活动提供依据。

建设工程造价机构应当根据市场变化，及时调查整理有关建设工程的材料、机械、设备以及劳务等方面的市场参考价格信息，为工程造价活动提供参考。

第九条 建筑施工企业可以根据本企业管理水平和技术能力，参照国家和省建设工程造价计价依据编制企业施工定额。

企业施工定额中的商业秘密受法律保护。

第十条 建设工程造价的确定，应当符合下列规定：

（一）建设项目可行性研究阶段应当编制投资估算。投资估算应当参照投资估算指标等相关计价依据并参考建设期价格、利率、汇率变化等，由具有相应资质的编制单位或者工程造价咨询企业编制，并按照规定报投资主管部门审批或者核准 。

（二）建设项目初步设计阶段应当编制设计概算。设计概算应当在投资估算的控制下，根据概算指标、概算定额等相关计价依据，由具有相应资质的设计单位或者工程造价咨询企业编制，并按照规定报投资主管部门审批或者核准。

（三）建设工程施工阶段应当编制施工图预算。施工图预算应当在设计概算范围内，根据经审定的施工图、施工组织设计方案和工程定额、计价规范等相关的计价依据，由建设单位、施工单位或者其委托具有相应资质的工程造价咨询企业编制确定。

（四）建设项目工程结算应当依据建设项目合同、补充协议、变更签证等发包人、承包人认可的有效文件，由承包人或者其委托具有相应资质的工程造价咨询企业编制，经发包人或者其委托具有相应资质的工程造价咨询企业审核后确定。审核确定后的建设项目工程结算，发包人应当按照有关规定向工程所在地建设工程造价行政主管部门备案。

（五）建设项目竣工决算应当依照国家和本省有关财务决算的规定编制。

政府投资的建设项目，其施工图预算、工程结算、工程竣工决算，必须按照国家和省有关规定报同级财政部门审查。

国有资金投资项目和政府财政性资金投资建设项目应当依法接受审计监督，被审计单位应当执行审计机关依法作出的审计决定。

第十一条 投资估算、设计概算一经批准或者核准，任何单位和个人不得擅自扩大建设规模，增加建设内容，提高建设标准。投资估算、设计概算在项目建设过程中确需调整的，应当经原审批或者核准部门审批或者核准。

第十二条 应用于本省建设工程的工程造价计算机软件所使用的计价依据、计价方法，应当符合本办法的规定。

第十三条 建设工程造价计价可以采用工程量清单计价方式或者定额计价方式，但两种计价方式不得在同一工程项目造价计价中同时使用。

第十四条 全部使用国有资金投资或者国有资金投资占主导地位的建设工程造价计价，应当采用工程量清单计价方式。

前款规定以外的建设工程造价计价方式由建设单位、施工单位双方依据国家和省有关造价计价依据协商确定。

国有资金投资项目采用招标投标方式发包的，应当编制招标控制价。招标控制价由建设单位报建设工程造价行政主管部门备案。

第十五条　采用招标投标方式发包的，投标人应当根据招标文件、施工图、施工组织设计、企业定额或者相关计价依据，并考虑市场价格风险等因素，自主确定投标报价，但不得低于建设工程成本。

第十六条　建设工程造价中的下列费用应当在工程总价中单独列项，并按照规定标准计取，不得列入招标投标的竞争性费用：

（一）建设工程排污费；

（二）社会保障费；

（三）住房公积金；

（四）危险作业意外伤害保险；

（五）安全文明施工费；

（六）国家和省政府规定的其他费用。

建设工程造价计价中的企业管理费，按照有关规定计取。

第十七条　建设工程发包人和承包人应当签订建设工程施工合同，并对涉及建设工程造价的相关事项做出明确约定。

依法进行招投标的建设工程，招标人与中标人不得再行订立违背建设工程施工合同实质性内容的其他协议；在施工过程中签订的补充协议应当符合主合同的实质性内容。

第十八条　建设工程发包人应当自合同签订之日起 15 日内，将合同副本报送建设工程所在地建设工程造价行政主管部门备案。

合同履行过程中，合同约定的工程价款、工期、工程质量等实质性内容发生变更的，发包人或者承包人应当将变更的内容按照前款规定报送备案。

第十九条　建设工程采用招标投标方式发包的，建设工程合同中关于工程造价的约定应当与招标文件和中标人投标文件的实质性内容相一致；不一致的，不得作为工程结算和审核的依据。

当事人就同一建设工程签订的合同变更或者另行签订的其他协议与经过备案的施工合同在实质性内容上不一致的，以经过备案的合同作为工程结算和审核的依据。

第二十条　从事建设工程造价咨询的企业，应当依法取得相应的资质证书，并在资质等级许可的范围内从事建设工程造价业务。

建设工程造价执业人员，应当依法取得造价工程师注册执业证书或者建设工程造价员资格证书。未取得资质证书的企业或者未取得注册执业证书、资格证书的人员，不得从事建设工程造价咨询业务。

第二十一条　建设工程造价咨询企业从事建设工程造价咨询业务，应当按照有关规定出具工程造价成果文件。

工程造价成果文件应当由建设工程造价咨询企业加盖有企业名称、资质等级及证书编号的执业印章，并由执行咨询业务的注册造价工程师或者建设工程造价员签字、加盖执业印章。

第二十二条　建设工程造价咨询企业在承接工程造价咨询业务时，应当与委托人订立书面建设工程造价咨询合同，并将合同报建设工程造价行政主管部门备案。

第二十三条 建设工程造价咨询企业在建设工程造价执业活动中，不得有下列行为：

（一）涂改、倒卖、出租、出借资质证书或者以其他形式非法转让资质证书；

（二）超越资质等级承接建设工程造价咨询业务；

（三）同时接受招标人和投标人或者两个以上投标人对同一建设工程项目的造价咨询业务；

（四）以给予回扣、恶意压低收费等方式进行不正当竞争；

（五）转让其所承接的建设工程造价咨询业务；

（六）建设工程造价成果文件上使用非本项目咨询人员的执业印章或者专用章；

（七）违背客观、公正和诚实信用原则出具建设工程造价咨询成果文件；

（八）法律、法规和规章禁止的其他行为。

第二十四条 建设工程造价执业人员不得有下列行为：

（一）不履行建设工程造价执业人员义务；

（二）在执业过程中，索贿、受贿或者谋取合同约定费用外的其他利益；

（三）在执业过程中实施商业贿赂；

（四）签署有虚假记载、误导性陈述的建设工程造价文件；

（五）以个人名义承接建设工程造价业务或者允许他人以自己名义从事建设工程造价业务；

（六）同时在两个或者两个以上单位执业；

（七）涂改、倒卖、出租、出借或者以其他形式非法转让注册证书或者执业印章；

（八）法律、法规、规章禁止的其他行为。

第二十五条 建设工程造价咨询企业设立分支机构的，应当自领取分支机构营业执照之日起 30 日内，按照国家有关规定到省建设工程造价行政主管部门备案。

建设工程造价咨询企业跨省、自治区、直辖市承接工程造价咨询业务的，应当自承接业务之日起 30 日内到省建设工程造价行政主管部门备案。

第二十六条 建设工程造价咨询企业应当建立健全质量控制、技术档案管理和财务管理等规章制度，严格执行建设工程建设标准、规范和造价计价依据，接受建设工程造价行政主管部门的监督检查。

第二十七条 建设工程造价行政主管部门应当通过备案审查、现场检查、专项检查、受理投诉举报等方式，加强建设工程造价活动的监督管理，及时纠正违反建设工程造价管理规定的行为。

第二十八条 建设工程造价行政主管部门应当按照国家和省的有关规定，建立建设工程造价咨询企业和建设工程造价执业人员信用档案，并向社会公布。建设工程造价咨询企业和建设工程造价执业人员，应当按规定向建设工程造价行政主管部门提供真实、准确、完整的信用档案信息。

建设工程造价咨询企业和建设工程造价执业人员，违法行为被投诉、举报受到处理和违法行为受到行政处罚等情况，应当作为不良记录记入其信用档案。

任何单位和个人有权依法查阅建设工程造价咨询企业和建设工程造价执业人员信用档案。

第二十九条 进行审计或者财政审查的建设工程项目，应当依照国家和省有关规定实施审计或者审查，接受审计监督和财政监督。

第三十条 建设工程造价发生争议，经协商不能达成一致意见的，可以按照合同约定的方式提请调解。也可以依法申请仲裁或者向人民法院起诉。

第三十一条 违反本办法规定，有下列行为之一的，由工程所在地建设工程造价行政主管部门责令限期改正；逾期未改正的，有违法所得的，处违法所得 1 倍以上 3 倍以下罚款，但最高不得超过 3 万元；无违法所得的，处 5000 元以上 1 万元以下罚款：

（一）应当采用工程量清单计价方式而未采用的；

（二）两种计价方式在同一工程项目造价计价中同时使用的；

（三）建设工程造价咨询企业设立分支机构或者跨省、自治区、直辖市承接建设工程造价咨询业务未备案的。

第三十二条 违反本办法第二十条规定的，按照下列规定予以处罚：

（一）未取得资质证书或者超越资质等级许可的范围从事建设工程造价业务的，出具的工程造价成果文件无效，由建设工程造价行政主管部门给予警告，责令限期改正，有违法所得的，处违法所得 1 倍以上 3 倍以下罚款，但最高不得超过 3 万元；无违法所得的，处 5000 元以上 1 万元以下罚款。

（二）未取得注册执业证书、资格证书的人员，从事建设工程造价业务的，所签署的工程造价成果文件无效，由建设工程造价行政主管部门给予警告，责令停止违法活动，有违法所得的，可并处违法所得 1 倍以上 3 倍以下罚款，但最高不得超过 3 万元；无违法所得的，可并处 3000 元以上 1 万元以下罚款。

第三十三条 建设工程造价咨询企业有下列行为之一的，由建设工程造价行政主管部门给予警告，责令限期改正，有违法所得的，处违法所得 1 倍以上 3 倍以下罚款，但最高不得超过 3 万元；无违法所得的，处 5000 元以上 1 万元以下罚款：

（一）涂改、倒卖、出租、出借资质证书或者以其他形式非法转让资质证书的；

（二）超越资质等级承接建设工程造价咨询业务的；

（三）同时接受招标人和投标人或者两个以上投标人对同一建设工程项目的造价咨询业务的；

（四）以给予回扣、恶意压低收费等方式进行不正当竞争的；

（五）转让其所承接的建设工程造价咨询业务的；

（六）建设工程造价成果文件上使用非本项目咨询人员的执业印章或者专用章的；

（七）违背客观、公正和诚实信用原则出具建设工程造价咨询成果文件的。

第三十四条 建设工程造价执业人员有下列行为之一的，由建设工程造价行政主管部门给予警告，责令限期改正，有违法所得的，处违法所得 1 倍以上 3 倍以下罚款，但最高不得超过 3 万元；无违法所得的，处 3000 元以上 1 万元以下罚款：

（一）不履行建设工程造价执业人员义务的；

（二）在执业过程中，索贿、受贿或者谋取合同约定费用外的其他利益的；

（三）在执业过程中实施商业贿赂的；

（四）签署有虚假记载、误导性陈述的建设工程造价文件的；

（五）以个人名义承接建设工程造价业务或者允许他人以自己名义从事建设工程造价业务的；

（六）同时在两个或者两个以上单位执业的；

（七）涂改、倒卖、出租、出借或者以其他形式非法转让注册证书或者执业印章的。

第三十五条 违反本办法规定的其他行为，按照有关法律、法规和规章的规定实施处罚。

第三十六条 建设工程造价行政主管部门以及其他有关部门、建设工程造价机构及其工作人员在建设工程造价工作中，有下列行为之一的，由其所在单位或者上级行政主管部门依法给予行政处分；构成犯罪的，依法追究刑事责任：

（一）利用职务之便谋取不正当利益的；

（二）不依法履行法定职责的；

（三）发现违法行为不予查处的；

（四）有其他滥用职权、徇私舞弊、玩忽职守行为的。

第三十七条 本办法所称建设工程造价，是指建设工程从筹建到竣工验收交付使用期间，按照国家和省有关规定应当计入工程造价的全部费用。

本办法所称建设工程造价计价，是指按照国家和省规定的计价依据、程序和方法计算建设工程造价的活动。

第三十八条 本办法自2011年12月1日起施行。

吉林市建设工程造价管理办法

（2013 年 1 月 17 日吉林市第十五届人民政府第 1 次常务会议审议通过，2013 年 1 月 24 日吉林市人民政府令第 230 号公布，自 2013 年 3 月 1 日起施行）

第一条 为加强建设工程造价管理，规范建设工程造价计价行为，合理确定和有效控制建设工程造价，维护建设工程各方当事人的合法权益，根据有关法律、法规，结合本市实际，制定本办法。

第二条 本市行政区域内的建设工程造价及其监督管理活动，适用本办法。交通、水利、电力等专业建设工程造价管理，国家、省另有规定的，从其规定。

第三条 本办法所称建设工程造价，是指建设工程项目从立项到竣工，按照国家和省有关规定应当计入建设项目投资的建筑安装工程费、设备及工器具购置费、工程建设其他费、预备费、有关税费和建设期间贷款利息等费用。

本办法所称建设工程造价计价，是指对建设工程造价进行确定与控制的活动。

第四条 市建设行政主管部门负责全市建设工程造价活动的监督管理，具体工作委托市建设工程造价管理机构实施。

县（市）建设行政主管部门负责本辖区内建设工程造价活动的监督管理。

财政部门负责财政性资金投资项目的预算、竣工结（决）算评价与审查。

建设工程造价管理机构依法履行职责所需经费，由财政部门按照国家和省有关规定予以保障。

第五条 建设工程造价行业协会应当加强行业自律，发挥行业服务和协调作用。不得以任何形式垄断市场，妨碍公平竞争，损害消费者、非会员企业和其他经济组织的合法权益或者社会公共利益；不得限制会员开展正当的经营活动或者参与其他社会活动。

第六条 建设工程造价计价依据按照《吉林省建设工程造价管理办法》规定执行。

发包人、承包人对建设工程造价计价依据理解不一致的，由市建设行政主管部门解释。

第七条 市建设行政主管部门应当测定建设工程一次性补充定额，采集、测算、汇总人工、材料、施工机械台班等价格信息，按照建筑结构类型采集、测算建筑工程质量安全成本，报省住房和城乡建设行政主管部门。

建设工程一次性补充材料价格，由市建设行政主管部门制定，并按照规定发布。

第八条 建设工程造价计价主要包括：

（一）编制和审核投资估算、初步设计概算、施工图预算、工程量清单、招标标底、招标控制价、投标报价；

（二）约定和调整合同价款；

（三）工程结算和决算；

（四）与建设工程造价确定和控制有关的其他活动。

第九条 投资估算、设计概算、施工图预算、工程量清单、招标标底、招标控制价、投标报价、竣工结算和竣工决算等工程造价成果文件，应当按照国家、省、市有关规定编制。

有注册造价工程师且工程造价人员专业配套的具有编制能力单位，可以自行编制和审核本单位工程造价成果文件；其他单位应当委托具有相应资质的工程造价咨询企业编制和审核工程造价成果文件。

第十条 建设工程造价计价采用工程量清单计价或者定额计价。

建设工程采用的计价方式，应当在招标文件中载明并在建设工程施工合同中约定。

全部使用国有资金投资或者以国有资金投资为主的建设工程项目，必须采用工程量清单计价。

第十一条 实行工程量清单计价方式进行招标的建设工程项目，招标人应当根据国家和省规定的计价依据及相关规定编制招标控制价，报送市、县（市）建设行政主管部门备案。

招标控制价应当在招标时公布，并作为招标文件的组成部分提供给投标人，不得上调或者下浮。

招标控制价及中标价不得低于公布的当期建筑工程质量安全成本。

第十二条 财政性资金投资建设工程项目工程量清单、招标控制价和工程竣工结算由财政部门或者财政部门委托具有相应资质的建设工程造价咨询企业编制和审查。未经审查的，不得作为工程价款结算的依据。

第十三条 投标报价应当根据招标文件的要求，按照国家、省、市发布的计价依据及相关规定，并结合市场行情与企业自身情况自主确定，但不得低于由省住房和城乡建设行政主管部门公布的当期建筑工程质量安全成本价格，也不得高于招标控制价。

第十四条 建设工程发包人和承包人应当签订书面的建设工程施工合同，并对涉及建设工程造价有关的事项作出明确约定。

第十五条 建设工程发包人应当在建设工程施工合同签订之日起 7 个工作日内，将合同及招投标文件、中标通知书等资料按照规定报市、县（市）建设行政主管部门备案。

备案部门应当自收到备案资料之日起 7 个工作日内，完成备案审查。备案部门发现合同违反法律、法规规定的，应当告知发包人与承包人纠正。

备案后的合同依法变更的，发包人应当在合同变更后 7 个工作日内，到原备案部门办理备案。

第十六条 建设工程项目采用招标方式发包的，建设工程施工合同中关于工程造价的约定应当与招标文件和中标人投标文件的实质性内容相一致。

当事人就同一建设工程另行签订的合同或者其他协议与经过备案的合同在实质性内容上不一致的，以经过备案的合同作为工程结算和审核的依据。

第十七条 发包人应当根据建设工程施工合同约定及国家、省有关规定预付工程款、支付工程进度款。

第十八条 建设工程竣工通过后，发包人和承包人应当按照建设工程施工合同约定及国家、省有关规定，及时编制、审核工程竣工结算，并办理工程结算手续。

第十九条 工程竣工结算后，发包人应当将工程竣工结算文件在7个工作日内报市、县（市）建设行政主管部门备案。备案部门应当自收到备案资料之日起7个工作日内，完成备案审查。

未办理竣工结算备案的建设工程项目，按照《建设工程价款结算暂行办法》及省有关规定执行。

第二十条 市、县（市）建设行政主管部门依法对建设工程造价咨询企业执业行为进行监督检查，对其资质实施动态管理。

第二十一条 建设工程造价咨询企业及工程造价人员应当严格遵守国家、省、市有关规定，真实准确地出具工程造价成果文件，并对其编制的工程造价成果文件承担法律责任。

第二十二条 建设工程造价咨询企业承接建设工程造价咨询业务，应当签订书面合同，并在合同签订之日起7个工作日内，报市、县（市）建设行政主管部门备案。

域外建设工程造价咨询企业在我市从事建设工程造价咨询业务的，应当在承接业务之日起30日内持资质证书、营业执照等相关证件到市建设行政主管部门备案。

第二十三条 市、县（市）建设行政主管部门应当按照国家、省有关规定，建立建设工程造价咨询企业和工程造价人员信用档案，并向社会公布。建设工程造价咨询企业和工程造价人员，应当按照规定向建设行政主管部门提供真实、准确、完整的信用档案信息。

建设工程造价咨询企业和工程造价人员，违法行为受到行政处罚等情况，应当作为不良记录记入其信用档案。

任何单位和个人有权依法查阅建设工程造价咨询企业和工程造价人员信用档案。

第二十四条 建设工程造价发生争议，经协商不能达成一致意见的，可以按照合同约定的方式提请调解，也可以依法申请仲裁或者向人民法院起诉。

第二十五条 发包人有下列行为之一的，由市、县（市）建设行政主管部门责令改正，逾期不改正的，处以10000元以上30000元以下罚款：

（一）应当采用工程量清单计价方式招标未采用的；

（二）应当公布招标控制价未公布的；

（三）未执行建筑工程质量安全成本的；

（四）未按照约定时间办理建设工程结算的；

（五）无编制招标控制价能力编制招标控制价的；

（六）委托不具有相应资质的建设工程造价咨询企业编制招标控制价的。

第二十六条 建设工程造价咨询企业、工程造价人员有违法行为的，按照有关法律、法规的规定处罚。

第二十七条 建设行政主管部门、建设工程造价管理机构的工作人员在建设工程造价管理中玩忽职守、滥用职权、徇私舞弊的，依法给予行政处分；构成犯罪的，依法追究刑事责任。

第二十八条 本办法自2013年3月1日起施行。

黑龙江省建设工程造价管理规定

（黑龙江省人民政府令第2号，2000年3月7日起施行）

第一条 为加强建设工程造价管理，规范建设工程造价计价行为，保护工程建设各方的合法权益，促进建筑市场健康发展，根据有关法律、法规，并结合本省实际，制定本规定。

第二条 建设工程造价（以下简称工程造价）是指建设项目从筹建到竣工验收交付使用期间所需的全部费用，包括建筑安装工程费、设备及工器具购置费、工程建设其他费、预备费、有关税款和建设期间贷款利息。

建筑安装工程费是指建设项目在实施阶段，承发包双方按照有关规定在施工合同中约定的工程价格。

第三条 凡在本省行政区域内从事工程造价专业活动的单位和个人，均应当遵守本规定。

第四条 省建设行政主管部门负责全省工程造价管理工作，市（行署）、县（县级市）建设行政主管部门负责本行政区域内的工程造价管理工作，具体业务由各级建设行政主管部门的工程造价管理机构负责。

省农垦系统的工程造价管理工作，由省建设行政主管部门委托省农垦总局负责。

国务院所属有关部门在本省的工程造价管理机构，按照规定负责制定本专业范围内的工程造价计价依据及日常管理工作。

第五条 各级工程造价管理机构主要负责制定工程造价管理的规章制度，实施工程造价计价依据（以下简称计价依据），处理工程造价纠纷，并对工程造价咨询机构的资质、造价工程师和助理造价工程师的从业资格进行管理。

计价依据的制定、修订、补充和解释由省工程造价管理机构负责。

第六条 计价依据主要包括工程估算指标、概算定额（概算指标）、预算定额、费用定额、工期定额、补充定额、施工机械台班费用定额、概算定额单位估价表、预算定额单位估价表、人工单价、材料和设备价格以及有关工程造价调整规定等。

国务院所属有关部门在本省执行本专业的计价依据时，其人工单价、材料和设备价格、施工机械台班价格以及有关费用，应当遵守本省的规定。

第七条 建设工程投资估算应当在优化建设方案的基础上，根据投资估算指标、有关规定以及建设期间价格变动等因素编制。

经批准的建设工程投资估算，应当作为建设项目工程造价的最高限额。

第八条 建设工程设计概算应当在投资估算的范围内，根据概算编制原则、概算定额（概算指标）、建设期间价格变动等因素以及有关规定编制。

经批准的建设工程设计概算应当包括工程设计范围内建设项目从筹建到竣工验收交付使用期间所需的全部费用。

第九条 建设工程施工图预算应当在批准的设计概算中的建筑安装工程费范围内，依据施工图、计价依据以及有关规定编制。

第十条 建设工程招标标底应当根据计价依据和有关规定编制。

第十一条 投标单位的投标报价应当按照招标文件的要求，根据计价依据和有关价格变动等因素，结合本企业的技术与管理水平编制。

第十二条 非招标工程的工程预算造价，由承发包双方在按照施工图计算工程量的基础上，结合价格变动等因素，按照有关计价依据确定。

第十三条 招标工程或者非招标工程，均应当由承发包双方在施工合同中依法约定工程造价，明确有关工程造价调整内容，并报相应的工程造价管理机构备案。

工程造价管理机构应当按照规定对国家和集体投资工程的施工合同中约定的工程造价进行审查，保证工程造价的合理确定。

第十四条 建设工程竣工结算应当以施工合同约定的工程造价为基础，结合合同约定的调整内容进行编制。

施工合同约定的调整内容所涉及的工程造价签证，应当是有承发包双方代表或者工程监理人员签字的书面材料，否则无效。

第十五条 建设工程投资估算、设计概算、施工图预算、招标标底和竣工结算，均应当按照国家规定由有编制资格的单位或者委托有相应资质的工程造价咨询单位编制。

第十六条 承包单位应当在工程竣工验收合格之日起30日内向发包单位提交竣工结算文件；发包单位应当在接到竣工结算文件之日起50日内完成竣工结算工作，并按照施工合同的约定支付全部工程款项。

比较复杂的大、中型工程项目的竣工结算，经承发包双方协商一致，并报工程造价管理机构批准后，可以延长竣工结算时间。

第十七条 工程价款的支付，实行预付工程款和支付工程进度款制度，禁止垫款施工。

发包方应当在施工合同约定的开工之日起15日内，向承包方支付不少于施工合同约定的工程造价25%的预付工程款。

发包方应当在工程开工后按照施工合同的约定，向承包方支付工程进度款，并按照比例冲销预付工程款。

第十八条 发包方未能如期预付工程款、支付工程进度款以及未能按照施工合同的约定支付全部工程款项的，除限期向承包方归还本金外，还应当限期支付相当于所拖欠工程价款的银行贷款利息2倍的滞纳金。

第十九条 除法律、法规和国家有关规定外，任何部门或者单位不得对已经结算完毕的工程竣工结算再行审查。

第二十条 承发包双方未能共同认定的竣工结算文件或者在竣工结算中发生纠纷的，可以向工程造价管理机构申请调解。

第二十一条 凡在本省从事工程造价管理工作的专业人员，必须取得国家造价工程师执业资格证书或者省建设行政主管部门统一颁发的助理造价工程师执业资格证书。

第二十二条 凡在本省从事工程造价咨询业务活动的单位，必须取得国务院建设行政主管部门或者省建设行政主管部门颁发的工程造价咨询单位资质证书。

工程造价咨询单位不得超越资质等级承担工程造价咨询业务。

第二十三条 工程造价咨询单位资质证书、造价工程师和助理造价工程师执业资格证书实行年度检验制度，由省建设行政主管部门负责年度检验工作。

未经年度检验或年度检验不合格的，不得从事工程造价专业活动。

第二十四条 省外工程造价咨询单位进入本省从事工程造价咨询业务活动的，应当到省工程造价管理机构办理登记手续，并到咨询服务所在地工程造价管理机构备案。

第二十五条 违反本规定第十条、第十一条、第十二条、第十四条第一款、第二十二条规定的，由建设行政主管部门责令限期改正；逾期未改的，处以责任方1万元以上5万元以下的罚款，有违法所得的，处以责任方违法所得3倍但不超过5万元的罚款。

第二十六条 违反本规定第十三条第一款规定的，由建设行政主管部门责令限期改正；逾期未改的，对责任方处以1000元以上1万元以下的罚款。

第二十七条 违反本规定第十五条规定的，由建设行政主管部门责令限期改正，对责任方处以1万元以上2万元以下的罚款。

第二十八条 违反本规定第十六条第一款规定的，由建设行政主管部门责令限期改正；逾期未改的，对责任方处以1000元以上5000元以下的罚款。

第二十九条 违反本规定第十七条第一款规定的，由建设行政主管部门责令限期改正，对责任方处以1万元以上5万元以下的罚款。

第三十条 违反本规定第十七条第二款、第三款规定的，由建设行政主管部门责令限期改正，处以3万元以上5万元以下的罚款。

第三十一条 违反本规定第二十一条、第二十四条规定的，由建设行政主管部门责令限期改正，对责任人员或者责任单位处以1000元罚款。

第三十二条 违反本规定第二十三条第二款规定的，由建设行政主管部门责令限期改正，并对工程造价咨询单位处以违法所得3倍但不超过5万元的罚款；对造价工程师和助理造价工程师处以违法所得3倍但不超过5000元的罚款。

第三十三条 当事人对行政处罚决定不服的，可以依法申请行政复议或者提起行政诉讼；当事人逾期不申请行政复议或者不提起行政诉讼，又不履行行政处罚决定的，由作出行政处罚决定的机关依法申请人民法院强制执行。

第三十四条 建设行政主管部门及其工程造价管理机构工作人员玩忽职守、滥用职权、徇私舞弊，尚未构成犯罪的，由其所在单位或其上级主管部门给予行政处分。

第三十五条 违反本规定给国家、集体或者个人造成损失的，应当依法履行赔偿责任。

第三十六条 本规定应用中的问题由省建设行政主管部门负责解释。

第三十七条 本规定自发布之日起施行。

江苏省建设工程造价管理办法

（江苏省人民政府令第66号）

第一章　总　　则

第一条　为加强建设工程造价管理，规范与建设工程造价有关的行为，维护工程建设参与各方的合法权益，依据《中华人民共和国建筑法》及相关法律、法规，结合本省实际，制定本办法。

第二条　本省行政区域内建设工程造价的确定与控制，以及相关的监督管理活动，适用本办法。

本办法所称建设工程，是指各类房屋建筑和市政基础设施，以及与其配套的线路、管道、设备安装工程。交通、水利、电力等工程的造价管理，按照法律、法规和国家相关规定执行。

本办法所称建设工程造价，是指建设项目从筹建到交付使用期间，因工程建设活动所需发生的费用。

第三条　从事工程造价活动应当遵循合法、客观公正、诚实信用的原则，不得损害社会公共利益和他人的合法权益。

第四条　县级以上地方人民政府建设行政主管部门负责本行政区域内建设工程造价活动的监督管理，具体工作由其委托建设工程造价管理机构实施。

县级以上地方人民政府发展和改革、财政、审计、价格等部门按照各自职责，负责有关建设工程造价的监督管理工作。

第五条　建设工程造价行业协会应当建立健全自律机制，发挥行业指导、服务和协调作用。

第二章　建设工程计价管理

第六条　建设工程计价是指对建设工程造价进行确定与控制的活动，主要包括：

（一）编制和审核投资估算、初步设计概算、施工图预算、工程量清单、招标标底、招标控制价、投标报价；

（二）约定和调整合同价款；

（三）实施工程计量与支付工程价款；

（四）办理工程索赔与变更签证、工程结算和决算；

（五）处理建设工程造价争议和进行建设工程造价鉴定；

（六）与建设工程造价确定和控制有关的其他活动。

第七条　建设工程计价依据是指从事建设工程造价活动中所使用的各类规范、标准、定额、造价信息以及工程造价管理制度等。

第八条　估算指标、概算指标、概算定额、费用定额由省住房和城乡建设行政主管部门会同省发展和改革、财政等行政主管部门制定。

预算定额（计价表）、劳动定额、施工机械台班定额、工期定额由省住房和城乡建设行政主管部门制定。

第九条 建设工程造价的确定，应当符合下列要求：

（一）建设项目可行性研究阶段应当编制投资估算。投资估算应当参照投资估算指标等相关计价依据并参考建设期价格、利率、汇率变化等，由具有相应资质的编制单位或者工程造价咨询企业编制，并按照规定报投资主管部门审批或者核准；

（二）建设项目初步设计阶段应当编制设计概算。设计概算应当在投资估算的控制下，根据概算指标、概算定额等相关计价依据，由具有相应资质的设计单位或者工程造价咨询企业编制，并按照规定报投资主管部门审批或者核准；

（三）建设工程实施阶段应当编制施工图预算。施工图预算应当在设计概算范围内，根据经审定的施工图、施工组织设计方案和工程定额、计价规范等相关的计价依据，由建设单位、施工单位或者其委托具有相应资质的工程造价咨询企业编制确定；

（四）建设项目工程量清单、招标控制价或者标底应当根据经审定的施工图、招标文件、工程定额、计价规范和建设工程造价管理机构发布的指导价等相关计价依据，由具有相应资质的工程造价咨询、招标代理机构编制并经建设单位认可，具备自行组织招标条件的建设单位也可以自行编制确定；

（五）投标报价应当依据施工图、招标文件、施工组织设计、企业定额或者相关定额，并考虑市场环境、生产要素价格等变化，由投标企业自主编制确定且不得低于企业成本；

（六）工程结算应当依据建设项目合同、补充协议、变更签证等发包人、承包人认可的有效文件，由承包人或者其委托具有相应资质的工程造价咨询企业编制，经发包人或者其委托具有相应资质的工程造价咨询企业审核后确定；

（七）建设项目竣工决算应当依照国家和本省有关财务决算的规定编制。

第十条 建设工程施工发包与承包价在政府宏观调控下，由企业自主报价和市场竞争形成。

建设工程施工发包与承包价可以采用工程量清单方式计价，也可以采用工程定额方式计价。

第十一条 全部使用国有资金投资、国有资金投资占控股或者主导地位的工程建设项目（以下统称国有资金投资项目），必须采用工程量清单方式计价。

国有资金投资项目采用招标方式发包的，应当编制招标控制价。

经投资主管部门审批或者核准的国有资金投资项目设计概算是该建设项目投资和造价控制的最高限额，未经原项目审批部门批准不得随意调整或者突破。

政府财政性资金投资建设项目，除按照本章有关规定办理外，其施工图预算、工程结算、工程竣工决算，还须经同级财政部门审查。

国有资金投资项目和政府财政性资金投资建设项目应当依法接受审计监督，被审计单位应当执行审计机关依法作出的审计决定。

第十二条 建设工程施工合同应当对下列与工程造价有关的事项作出具体约定：

（一）计价依据和计价方式；

（二）合同价格类型及合同总价，采用固定单价合同的各项目单价；

（三）采用工程预付款方式时的预付款数额，预付款支付方式、支付时间及抵扣方式；

（四）工程进度款支付的方式、数额及时间；

（五）合同价款的调整因素、调整方法、调整程序；

（六）索赔和现场签证的程序、金额确认与支付时间；

（七）发包人供应的材料、设备价款的确定和抵扣方式；

（八）合同风险的范围、幅度和承担方式及风险超出约定时合同价款的调整办法；

（九）工程结算的编制、审核时间，结算价款的支付方式、支付时间；

（十）工程质量不合格违约责任、工程质量奖励办法及工程质量保修金的数额、预留和返还的方式、时间；

（十一）施工工期拖延违约责任和工期提前竣工奖励办法；

（十二）工程造价争议调解、处理的方式；

（十三）工程造价其他约定事项和违约责任。

第十三条 发包人和承包人应当按照规定将施工现场安全文明施工措施费列入合同价款，由承包人专项用于施工现场的安全防护、文明施工和环境保护。

第十四条 发包人或者承包人应当自施工合同签订之日起7日内，将合同副本报送工程所在地建设行政主管部门备案。

合同履行过程中，合同约定的工程价款、工期、工程质量等实质性内容发生变更的，发包人或者承包人应当将变更的内容按照前款规定报送备案。

第十五条 建设工程采用招标方式发包的，建设工程合同中关于工程造价的约定应当与招标文件和中标人投标文件的实质性内容相一致；不一致的，不作为工程结算和审核的依据。

当事人签订的合同变更或者另行签订的其他协议与经过备案的施工合同在实质性内容上不一致的，以经过备案的合同作为工程结算和审核的依据。

任何单位和个人均不得违反合同的约定进行工程结算审核。

第十六条 发包人、承包人应当在合同约定期限内分别完成项目工程结算编制和工程结算审核工作。合同未约定期限的，由发包人、承包人协商解决或者按照行政管理部门的有关规定处理。

合同约定发包人收到工程结算文件后，在约定期限内不予答复，视为认可工程结算文件的，按照约定处理。

第三章 工程造价咨询企业和从业人员管理

第十七条 从事建设工程造价咨询服务的企业，应当依法取得相应的资质，并在资质等级许可的范围内执业。

工程造价咨询企业不得与行政机关存在隶属关系或者其他利益关系。

建立科学的工程造价咨询机制，工程造价咨询费的计取应当遵循公平、合理的原则，不得以工程造价作为唯一的计算标准。

第十八条 工程造价咨询企业应当建立健全质量控制、技术档案管理和财务管理等规章制度。

工程造价咨询企业对出具的建设工程造价咨询成果负责。因自身过错造成委托人经济损失的，按照合同约定予以赔偿。

第十九条 工程造价咨询企业在本省设立分支机构的，应当自领取分支机构营业执照之日起30日内，到省住房和城乡建设行政主管部门办理备案。

工程造价咨询企业跨省、自治区、直辖市承接建设工程造价咨询业务的，应当自委托咨询合同签订之日起30日内，到省住房和城乡建设行政主管部门办理备案。

第二十条 工程造价咨询企业在建设工程造价执业活动中不得有下列行为：

（一）涂改、倒卖、出租、出借资质证书或者以其他形式非法转让资质证书；

（二）超越资质等级承接建设工程造价咨询业务；

（三）同时接受招标人和投标人或者两个以上投标人对同一工程项目的造价咨询业务；

（四）以给予回扣、贿赂等方式进行不正当竞争；

（五）转让其所承接的建设工程造价咨询业务；

（六）工程造价成果文件上使用非本项目咨询人员的执业印章或者专用章；

（七）违背客观、公正和诚实信用原则出具建设工程造价咨询成果文件；

（八）法律、法规和规章禁止的其他行为。

第二十一条 具有造价工程师执业资格的人员从事工程造价业务，应当依法进行注册。不具有造价工程师执业资格的人员，应当经培训考核合格，取得建设工程造价员证书。

注册造价工程师和建设工程造价员应当自觉接受继续教育和业务技能考核。

第二十二条 建设工程造价成果文件应当加盖编制单位公章，并加盖编制单位注册造价工程师执业印章或者建设工程造价员专用章。

工程造价咨询企业出具的建设工程造价咨询成果文件，应当加盖从事本项目咨询业务的注册造价工程师执业印章和企业执业印章。

第二十三条 工程造价从业人员不得有下列行为：

（一）签署有虚假记载或者误导性陈述的建设工程造价成果文件；

（二）在执业过程中实施索贿、受贿、商业贿赂或者谋取其他不正当的利益；

（三）以个人名义承接建设工程造价业务、允许他人以自己的名义从事建设工程造价业务或者冒用他人的名义签署建设工程造价成果文件；

（四）同时在两个或者两个以上单位从业；

（五）在非实际从业单位注册；

（六）涂改、倒卖、出租、出借或者以其他形式非法转让注册证书、执业印章、专用章；

（七）法律、法规和规章禁止的其他行为。

第二十四条 工程造价咨询企业和造价从业人员应当向资质（资格）许可机关以及从事建设工程造价活动所在地的建设行政主管部门提供真实、准确、完整的企业和个人信用档案信息以及执业活动业务信息。

第四章 监督检查

第二十五条 县级以上地方人民政府建设行政主管部门应当建立健全工程造价咨询企

业和造价从业人员的信用管理体系。对因建设工程造价违法行为受到行政处罚的企业或者个人，应当记入其信用档案，并向社会公布。

任何单位和个人有权查阅工程造价咨询企业和造价从业人员的信用档案。

第二十六条　县级以上地方人民政府建设行政主管部门和其他有关部门可以对国有资金项目合同实施过程中的有关建设工程造价活动情况进行检查与调查，发现有超过国家和省规定的额度及标准，擅自增加建设内容、扩大规模、提高建设标准等行为的，应当及时将有关情况通报原项目审批或者核准部门。

第二十七条　合同双方对建设工程造价产生争议，经协商不能达成一致意见的，可以按照合同条款约定的办法提请调解，也可以依法申请仲裁或者向人民法院起诉。

第五章　法 律 责 任

第二十八条　违反本办法规定的行为，法律、法规另有规定的，从其规定。

第二十九条　违反本办法规定，有下列行为之一的，由县级以上地方人民政府建设行政主管部门给予警告，责令改正，并可以根据情节轻重，处以五千元以上三万元以下的罚款：

（一）国有资金投资项目未使用工程量清单计价方式或者违反计价规范强制性条文的；

（二）招标人委托不具有相应资质的中介服务企业代为编制工程量清单和招标控制价的；

（三）发包人或者承包人未将合同副本及变更的实质性内容报送备案的；

（四）发包人委托不具有相应资质的工程造价咨询企业审核工程结算的；

（五）工程造价成果文件上使用非本项目咨询人员的执业印章或者专用章的；

（六）违背客观、公正和诚实信用原则出具工程造价咨询成果文件的。

依照前款规定给予单位处罚的，可以同时对直接责任人员和单位直接负责的主管人员给予警告，并处以三百元以上一千元以下的罚款。

第三十条　注册造价工程师和建设工程造价员在非实际工作单位注册，县级以上地方人民政府建设行政主管部门应当责令其改正，并可以给予警告和对个人处以五百元以上三千元以下的罚款。

第三十一条　县级以上地方人民政府建设行政主管部门和其他有关部门的工作人员在建设工程造价管理工作中玩忽职守、徇私舞弊、滥用职权的，由其所在单位或者上级机关、监察机关依法给予行政处分；构成犯罪的，依法追究刑事责任。

第六章　附　　则

第三十二条　本办法自2010年11月1日起施行。

浙江省建设工程造价管理办法

（浙江省人民政府令第296号）

第一章　总　　则

第一条　为了科学、合理确定建设工程造价，规范建设工程造价行为，促进建设市场健康发展，根据《中华人民共和国建筑法》等有关法律、法规规定，结合本省实际，制定本办法。

第二条　本省行政区域内建设工程造价活动以及建设工程指导性计价依据的制定、修订和发布，适用本办法。

交通、水利、电力等专业建设工程造价活动以及指导性计价依据的制定、修订和发布，依照国家有关规定执行；国家没有规定的，参照本办法执行。

第三条　县级以上人民政府应当建立健全建设工程造价管理制度，完善监督管理机制，保障相关经费投入，督促有关部门和机构依法做好建设工程造价管理工作。

第四条　县级以上人民政府建设行政主管部门或者人民政府确定的其他部门（以下统称建设工程造价行政主管部门）负责本行政区域内建设工程造价管理工作。建设工程造价行政主管部门所属的建设工程造价管理机构负责造价管理的具体事务工作。

交通、水利、电力等专业建设工程的造价行政主管部门（以下简称专业建设工程造价主管部门）依照国家和本办法规定职责，负责专业建设工程造价活动的有关管理工作。

发展和改革、财政、监察、审计、工商、国有资产监督管理等有关部门（机关）和机构依照各自职责，负责建设工程造价的相关管理或者监督工作。

第五条　建设工程造价活动应当遵循合法、客观、公正、独立和诚实信用的原则，维护社会公共利益。

第六条　建设工程造价行业协会应当加强行业自律，发挥行业指导、服务和协调作用。

第二章　指导性计价依据

第七条　建设工程造价行政主管部门应当建立指导性计价依据动态管理机制和市场调研机制，适时调整指导性计价依据和相关管理措施，科学引导建设工程造价活动。

第八条　编制或者修订建设工程指导性计价依据，应当采取论证会、座谈会或者其他方式，征求并充分听取工程建设各方以及有关专家的意见。

编制或者修订建设工程指导性计价依据，应当与经济社会发展和工程技术发展水平相适应，反映建筑业的技术和管理水平，促进工程建设领域科学技术成果的推广和应用，符合国家有关标准要求。

第九条　工程定额由省建设工程造价管理机构负责编制与修订，报省建设工程造价行政主管部门会同同级发展和改革、财政行政主管部门审定后颁布。

工程定额由省建设工程造价管理机构负责解释；必要时，提请颁布部门予以解释。

第十条 为处理建设工程实施过程中遇到的特殊情况，需要对工程定额予以补充的，由省建设工程造价管理机构组织编制、发布补充定额，并报有关审定部门备案。

第十一条 因建设工程设计、施工的特殊性，已编制的工程定额缺少对应内容的，施工企业可以与建设单位协商编制一次性补充定额。一次性补充定额仅适用于本建设工程。

国有投资建设工程的一次性补充定额，建设单位应当报送建设工程所在地设区的市建设工程造价管理机构备案；涉及政府投资项目设计变更以及相应的工程合同价调整的，应当按照《浙江省政府投资预算管理办法》的有关规定办理审批或者备案手续。

第十二条 建设工程造价行政主管部门应当建立建设工程造价基础数据库，定期采集、测算、发布建设工程价格要素市场信息价和指数、指标等相关信息。

第十三条 鼓励开发和应用建设工程造价软件和辅助管理系统。

软件开发单位开发和销售的建设工程造价软件应当符合国家和本省有关规定。

第三章 工 程 造 价

第十四条 建设工程造价遵循投资估算控制设计概算、设计概算控制施工图预算、施工图预算控制工程结算的原则，实施全过程管理。

建设工程投资估算、设计概算和施工图预算的编制，按照国家和省有关规定执行。

第十五条 建设单位与施工企业应当按照指导性计价依据和国家、省有关规定，在建设工程施工合同中约定建设工程造价。实行招标投标的建设工程，其造价的约定应当遵守招标投标法律、法规和规章的规定。

省工商行政管理部门可以会同有关部门制订建设工程施工合同示范文本。

第十六条 国有投资建设工程应当采用工程量清单计价。工程量清单应当根据施工图编制，不得作假。

非国有投资建设工程提倡采用工程量清单计价。

第十七条 建设工程实行招标的，建设单位应当按照规定将建设工程施工合同报建设工程造价行政主管部门备案。经备案的建设工程施工合同，应当作为建设工程结算的依据。

建设单位在建设工程施工合同报送备案的同时，应当一并将有关建设工程中标价的材料报送建设工程造价行政主管部门。

国有投资建设工程实行招标的，建设单位应当组织编制招标控制价，并将有关材料报送建设工程造价行政主管部门。招标控制价是建设工程招标中限定的最高工程造价。

第十八条 建设工程安全防护和文明施工措施费用的计提、支付及使用管理，按照国家有关规定执行。有关监督管理部门应当加强监督。

第十九条 工程价款结算，按照建设工程施工合同约定和相关法律、法规、规章的规定办理。

能够实行分段即时结算的建设工程，建设单位应当按照工程进度实行分段即时结算。

建设单位应当在收到工程结算文件后的约定期限内进行审核，并予以答复。对工程结算答复期限没有约定或者约定不明确的，具体期限按 28 个工作日确定；建设单位和施工企业双方也可以另行约定期限，但最长不得超过 6 个月。

第二十条 建设单位应当在和施工企业签署工程价款结算书之日起30日内向建设工程造价行政主管部门报送结算信息。

法律、法规、规章规定工程价款结算需要由财政部门批准或者认定的，建设单位应当在批准或者认定之日起30日内报送结算信息。

第二十一条 建设单位违反建设工程施工合同约定，拒绝、逃避或者拖延支付到期工程价款的，施工企业可以暂停施工，并可以依据建设单位授权代表确认的工程量或者工程价款依法向人民法院申请支付令，要求建设单位支付工程价款。

第二十二条 建设单位和施工企业对建设工程结算价款有争议的，可以向建设工程造价行政主管部门或者建设工程造价管理机构申请调解；不愿协商、调解，或者协商、调解不成的，可以依法申请仲裁或者提起诉讼。

第四章 工程造价咨询企业和执（从）业人员管理

第二十三条 工程造价咨询企业应当依法取得国家规定的资质，并在其资质等级许可的范围内从事咨询活动。未依法取得国家规定的资质或者超越资质等级许可的范围从事咨询活动的，其出具的工程造价咨询成果文件无效。

工程造价咨询企业依法从事工程造价咨询活动，不受行政区域、行业等限制。

任何单位和个人不得限制或者指定工程造价咨询企业从事本系统、本行业的工程造价咨询活动。

第二十四条 工程造价咨询企业应当与委托单位签订所承接业务的书面合同，并按照合同约定和标准规范、操作规程、执业准则的要求，客观、公正地提供服务，对出具的工程造价咨询成果文件质量负责。

工程造价咨询企业出具的工程造价咨询成果文件应当加盖企业执业印章，具体承担咨询业务的注册造价工程师、造价员应当签字并加盖执（从）业印章。

第二十五条 工程造价咨询企业不得有下列行为：

（一）涂改、倒卖、出租、出借资质证书或者以其他形式非法转让资质证书；

（二）超越资质等级承接造价咨询业务；

（三）同时接受招标人和投标人或者两个以上投标人对同一建设工程的造价咨询业务；

（四）使用本企业以外人员的执（从）业印章或者专用章；

（五）转让其所承接的造价咨询业务；

（六）故意抬高或者压低工程造价；

（七）伪造造价数据或者出具虚假造价咨询成果文件；

（八）泄露在咨询服务活动中获取的商业秘密和技术秘密；

（九）以给予回扣、贿赂等方式进行不正当竞争；

（十）法律、法规和规章禁止的其他行为。

第二十六条 工程造价执（从）业人员应当依法取得造价工程师注册证书或者全国建设工程造价员资格证书，按照国家和省有关规定开展执（从）业活动。

第二十七条 工程造价执（从）业人员不得有下列行为：

（一）签署有虚假记载或者误导性陈述的造价成果文件；

（二）在非实际执（从）业单位注册；

（三）以个人名义承接造价业务，允许他人以自己的名义从事造价业务，或者冒用他人的名义签署造价成果文件；

（四）同时在两个或者两个以上单位执（从）业；

（五）涂改、倒卖、出租、出借或者以其他形式非法转让注册证书、执（从）业印章、专用章；

（六）泄露在执（从）业中获取的商业秘密和技术秘密；

（七）法律、法规和规章禁止的其他行为。

第二十八条　工程造价咨询企业应当建立健全质量控制、操作流程、档案管理等管理制度，加强执（从）业人员的业务培训、法制和职业道德教育。

第五章　监督检查

第二十九条　建设工程造价行政主管部门和有关监督管理部门应当建立信息共享平台，加强信息交流，完善协同监管机制。发现违法行为的，应当依法作出处理。有关单位和个人应当予以配合。

监督检查中获悉的商业秘密和技术秘密，应当予以保密。

第三十条　建设工程造价行政主管部门应当建立工程造价咨询企业、执（从）业人员的信用档案，并按照国家有关规定予以公布。

第三十一条　建设工程造价行政主管部门应当将本行政区域内建设工程的招标控制价、中标价、结算价等信息在本单位的门户网站或者其他媒体上公布，接受社会监督。依法应当保密的建设工程除外。

第三十二条　国有投资建设工程超过国家、省规定的投资额度及标准，擅自增加建设内容，扩大建设规模，低价中标、高价结算，以及不按照建设工程施工合同约定支付工程款的，发展和改革、监察、财政、审计和建设工程造价等有关监督管理部门应当调查核实，并依据各自职责，依法作出处理。

第六章　法律责任

第三十三条　违反本办法规定的行为，法律、法规已有法律责任规定的，从其规定。

第三十四条　违反本办法第十六条第一款规定，国有投资建设工程未采用工程量清单计价的，由建设工程造价行政主管部门责令限期改正，处1万元以上5万元以下的罚款。

第三十五条　违反本办法第十七条规定，建设单位有下列情形之一的，由建设工程造价行政主管部门责令限期改正；逾期不改正的，处1万元以上3万元以下的罚款：

（一）建设工程施工合同未按规定报送建设工程造价行政主管部门备案的；

（二）建设工程中标价的材料未按规定报送建设工程造价行政主管部门的；

（三）招标控制价的材料未按规定报送建设工程造价行政主管部门的。

第三十六条　违反本办法第二十条规定，建设单位不按照规定报送工程结算价款信息的，由建设工程造价行政主管部门责令限期改正；逾期不改正的，处1万元以上5万元以下的罚款。

第三十七条 工程造价咨询企业违反本办法第二十五条第（一）项至第（七）项规定的，由建设工程造价行政主管部门给予警告，没有违法所得的，处1000元以上1万元以下的罚款；有违法所得的，处违法所得3倍以上但不超过5万元的罚款。

工程造价咨询企业违反本办法第二十五条第（八）、（九）项规定的，由工商行政管理部门依照有关规定处理。

第三十八条 建设工程造价执（从）业人员违反本办法第二十七条第（一）项至第（五）项规定的，由建设工程造价行政主管部门给予警告，责令限期改正，没有违法所得的，处1000元以上1万元以下的罚款；有违法所得的，处违法所得3倍以上但不超过3万元的罚款。

建设工程造价执（从）业人员违反本办法第二十七条第（六）项规定的，由工商行政管理部门依照有关规定处理。

第三十九条 建设工程造价行政主管部门、有关监督管理部门和建设工程造价管理机构及其工作人员违反本办法规定，不履行或者不正确履行监督管理职责，造成严重后果的，对直接负责的主管人员和其他直接责任人员，按照管理权限依法依纪追究责任。

第七章　附　　则

第四十条 对违反本办法规定的行为，建设工程造价行政主管部门、专业建设工程造价主管部门可以依法委托建设工程造价管理机构实施行政处罚。

第四十一条 本办法所称建设工程造价，是指建设工程项目从筹建到竣工验收、交付使用期间，因工程建设活动而发生的全部费用。

本办法所称指导性计价依据，是指建设工程各方在建设工程造价活动中所采用的工程定额、补充定额、价格信息等。

本办法所称国有投资建设工程，是指全部使用国有资金（包括国家融资资金）投资，以及国有资金投资占投资总额50%以上，或者虽不足50%但国有投资者实际拥有控股权的建设工程。

第四十二条 本办法自2012年10月1日起施行。2004年4月22日省人民政府发布的《浙江省建设工程造价计价管理办法》同时废止。

安徽省建设工程造价管理办法

（安徽省人民政府令第145号）

第一条 为了加强建设工程造价管理，规范建设工程造价计价行为，维护建设工程各方的合法权益，根据《中华人民共和国建筑法》等有关法律、法规，结合本省实际，制定本办法。

第二条 在本省行政区域内编制和确定建设工程造价，实施对建设工程造价的监督管理，应当遵守本办法。交通、水利等专业建设工程造价的编制、确定及监督管理，按照国家有关专业建设工程造价管理规定执行。

第三条 本办法所称建设工程造价，是指建设工程从筹建到交付使用所需的全部工程费用，包括建筑安装工程费、设备购置费及其他相关费用。

第四条 县级以上地方人民政府建设行政主管部门对本行政区域内的建设工程造价实施监督管理。

省及设区的市人民政府建设行政主管部门所属的建设工程造价管理机构（以下简称工程造价管理机构）具体负责建设工程造价的管理工作。

第五条 建设工程造价的计价依据包括工程投资估算指标、概算定额、预算定额、工期定额、费用定额、人工单价、设备预算价格、材料价格等，或者工程量清单计价办法。

第六条 建设工程造价的计价依据，由省人民政府建设行政主管部门根据国家统一的预算定额、经济指标和工程量计算规则等组织制定，经省人民政府发展计划等行政主管部门会签后公布。

第七条 建设工程投资估算，应当依据投资估算指标等计价依据以及建设期间价格变动等因素编制。

第八条 建设工程概算，应当依据初步设计和概算定额等计价依据以及建设期间价格变动等因素编制。

经批准的建设工程概算，应当包括建设工程设计范围内建设工程从筹建到交付使用所需的全部工程费用。

第九条 建设工程施工图预算，应当在建设工程概算范围内，依据施工图、预算定额以及工程类别等编制。

第十条 建设工程依法实行招标发包的，招标标底应当依据预算定额、工程类别等编制，或者采用工程量清单的形式编制。建设工程依法实行直接发包的，工程预算造价由发包、承包双方当事人在建设工程施工图预算的基础上，结合建设期间价格变动等因素确定。

第十一条 建设工程类别由工程造价管理机构核定，具体核定办法由省人民政府建设行政主管部门根据国家有关规定制定。

第十二条 建设工程的发包、承包双方当事人应当依法在施工合同中约定建设工程造价及其调整内容和方式。全部或者部分使用国有资金投资或者国家融资的建设工程，发包、承包双方当事人在合同中约定的工程造价，应当报相应的工程造价管理机构备案。

第十三条 建设单位要求承包单位按照国家和省规定的工期提前竣工或者工程质量超过国家和省规定的标准而增加的工程造价，应当在施工合同中约定。

第十四条 建设工程施工中对工程造价进行调整的，应当有发包、承包双方当事人或者工程监理人员签字的书面材料。全部或者部分使用国有资金投资或者国家融资的建设工程，建设单位在调整工程造价时，应当报相应的工程造价管理机构备案；财政性资金投资的建设工程，建设单位在调整工程造价前，应当按照规定报原项目审批部门或者财政部门批准。

第十五条 建设工程竣工结算，应当以施工合同约定的工程造价为基础，结合合同约定的调整内容进行编制。

第十六条 建设工程投资估算、概算、施工图预算、招标标底和竣工结算，应当按照国家规定委托工程造价咨询机构编制或者由有编制能力的单位编制。

第十七条 承包单位应当自建设工程竣工验收合格之日起30日内向建设单位提交竣工结算。建设单位应当自收到建设工程竣工结算日起，按照下列规定作出审核结论：

（一）建设工程造价在1000万元以下的，在30日内作出审核结论；

（二）建设工程造价在1000万元以上5000万元以下的，在60日内作出审核结论；

（三）建设工程造价在5000万元以上的，在90日内作出审核结论。

建设单位可以委托工程造价咨询机构对建设工程竣工结算进行审核。

第十八条 全部或者部分使用国有资金投资或者国家融资的建设工程竣工结算，建设单位应当自审核完毕之日起5日内，按照建设工程管理权限报相应的工程造价管理机构备案；财政性资金投资的建设工程竣工结算，应当按照规定报相应的财政部门批准。

第十九条 建设工程价款的拨付由发包、承包双方当事人按照国家有关规定在合同中约定，发包单位应当按照合同的约定，及时拨付工程价款。

第二十条 建设工程单位和承包单位，对建设工程的竣工结算有争议的，经协商一致可以共同向工程造价管理机构书面申请调解。

工程造价管理机构应当自受理调解申请之日起30日内进行调解，经调解达成协议的，工程造价管理机构应当制作调整书、调解书送交当事人后生效，当事人应当自觉履行调解协议。

调解期限届满未达成协议或者调解书生效后任何一方当事人不履行调解协议的，工程造价管理机构不再调解，当事人可以向人民法院提起诉讼或者依法向仲裁机构申请仲裁。

第二十一条 从事工程造价咨询活动的机构，应当具有相应的资质，并在资质核定的范围内从事工程造价咨询活动。

从事工程造价咨询活动的人员，应当具有建设工程造价工程师执业资格或者造价专业人员资格。

第二十二条 违反本办法第十二条第二款、第十四条第二款、第十八条规定的，由县级以上地方人民政府建设行政主管部门责令限期改正；逾期未改正的，处以1000元以上1万元以下的罚款，并向本级人民政府监察行政主管部门通报有关情况。工程造价管理机构在审查全部或者部分使用国有资金投资或者国家融资的建设工程竣工结算时，发现建设单位和承包单位勾结故意虚报工程造价的，由县级以上地方人民政府建设行政主管部门责令退回虚报的工程价款，对建设单位和承包单位各处以2万元以上3万元以下的罚款，并向本级人民政府监察行、政主管部门通报有关情况；构成犯罪的，依法追究刑事责任。

第二十三条 违反本办法第十六条规定的，由县级以上地方人民政府建设行政主管部门责令限期改正，处以1万元以上2万元以下的罚款。

第二十四条 工程造价咨询机构有下列行为之一的，由县级以上地方人民政府建设行政主管部门责令停止违法活动，处以1万元以上3万元以下的罚款；情节严重的，报请颁发资质证书的部门降低资质等级或者注销资质证书：

（一）超越资质核定的范围从事工程造价咨询活动的；

（二）故意少算、高估冒算工程造价的；

（三）串通虚报工程造价的；

（四）涂改、出租或者转让资质证书的。

第二十五条 未取得建设工程造价工程师执业资格或者造价专业人员资格，从事工程造价咨询活动的，由县级以上地方人民政府建设行政主管部门责令停止违法活动，处以5000元以上1万元以下的罚款。

第二十六条 建设工程造价管理人员玩忽职守、滥用职权、徇私舞弊的，依法给予行政处分；构成犯罪的，依法追究刑事责任。

第二十七条 本办法所称的“以上”，不含本数；“以下”，含本数。

第二十八条 本办法自2002年7月1日起施行。

山东省建设工程造价管理办法

（山东省人民政府令第252号）

第一章　总　　则

第一条　为了加强建设工程造价管理，规范建设工程造价计价行为，合理确定工程造价，保证工程质量和安全，维护工程建设各方的合法权益，根据有关法律、法规，结合本省实际，制定本办法。

第二条　在本省行政区域内从事建设工程造价及监督管理活动，应当遵守本办法。

交通运输、水利等专业建设工程造价管理，国家另有规定的，从其规定。

第三条　本办法所称建设工程造价，是指工程建设项目从筹建到竣工交付使用所需各项费用。包括建筑安装工程费、设备购置费、工程建设其他费、预备费、建设期间贷款利息以及按照国家和省规定应当计入的其他费用。

第四条　从事建设工程造价活动应当遵循合法合理、公平公正、诚实信用的原则，不得损害国家利益、社会公共利益和他人的合法权益。

第五条　省、设区的市、县（市）住房城乡建设行政主管部门负责本行政区域内建设工程造价活动的监督管理工作，其所属的建设工程造价机构按照国家和省有关规定，承担建设工程造价的具体工作。

发展改革、财政、审计、价格等行政主管部门按照各自职责，负责相关的建设工程造价监督管理工作。

第六条　建设工程造价行业协会应当建立健全自律机制，发挥行业指导、服务和协调作用。

第二章　造价计价依据

第七条　建设工程造价计价依据是指用来合理确定和有效控制建设工程造价的标准，包括下列内容：

（一）投资估算指标、概算指标；

（二）概算定额、预算定额、消耗量定额、费用定额、工期定额、劳动定额、施工机械台班费用定额；

（三）工程量清单计价规则；

（四）人工、材料、设备和施工机械台班工程价格；

（五）国家和省规定的其他计价依据。

建设工程造价计价依据分为统一计价依据、行业计价依据和一次性补充计价依据。

第八条　统一计价依据由省住房城乡建设行政主管部门组织编制并发布。投资估算指标、概算指标、概算定额由省住房城乡建设行政主管部门会同省发展改革、财政等部门联合发布。

统一计价依据适用于房屋建筑和市政建设工程。

第九条　行业计价依据由有关行业行政主管部门组织编制并发布。人工、材料、设备和施工机械台班工程价格及有关费用的组成，应当符合统一计价依据的技术要求。

行业计价依据适用于交通运输、水利等专业建设工程。

第十条　一次性补充计价依据由工程所在地设区的市住房城乡建设行政主管部门组织编制并发布，并报省住房城乡建设行政主管部门备案。

一次性补充计价依据适用于特殊条件下需要补充编制计价依据的建设工程。

第十一条　建设工程造价计价依据，应当根据法律法规、规定和工程建设标准进行编制，并与经济社会和工程技术发展水平以及市场状况相适应。

编制建设工程造价计价依据，应当公开征求意见，并组织专家进行评审。

第十二条　从事工程建设活动的企业可以根据本企业技术和管理状况，按照国家和省有关规定编制企业定额，用于企业内部计价、成本核算等活动。

第十三条　鼓励开发和应用建设工程造价计价计算机软件。

采用本省统一计价依据开发的建设工程造价计价计算机软件，经省住房城乡建设行政主管部门鉴定合格后，方可销售、使用。

第十四条　住房城乡建设行政主管部门应当及时采集分析人工、材料、设备、施工机械台班工程价格和工程造价指数、价格变化趋势等信息，并定期向社会发布。

省、设区的市住房城乡建设行政主管部门应当建立建设工程造价信息数据库，提高建设工程造价管理信息化水平。

第三章　造价计价确定

第十五条　建设工程造价计价活动包括下列事项：

（一）编制投资估算、设计概算；

（二）编制施工图预算、工程量清单、招标控制价、招标标底、投标报价；

（三）约定和调整工程合同价款；

（四）办理工程结算和竣工决算；

（五）其他建设工程造价计价活动。

第十六条　建设工程设计概算应当在投资估算的控制下，按照概算编制原则和工程计价依据进行编制。经批准的投资估算、设计概算是控制工程造价的主要依据，未经项目审批部门批准，不得突破。

第十七条　建设工程造价计价应当按照工程项目建设不同阶段分别编制投资估算、设计概算、施工图预算和工程结算等建设工程造价计价文件。

建设工程造价计价文件，应当按照建设项目的工程条件、设计文件、造价计价依据及有关资料，并考虑编制期至建设期的市场价格、利率、汇率变化等因素进行编制。

第十八条　按照国家和省有关规定，计入工程造价的工程排污费、社会保障费、住房公积金、安全文明施工费等费用项目，必须按照规定标准计取，不得作为降低总价参与竞争的手段。

第十九条　工程建设应当严格执行工期定额规定。建设单位压缩定额工期的，应当通过工程建设专家的技术评审。因压缩定额工期增加的工程费用应当计入合同价。

第二十条 建设工程造价计价文件编制，应当由具有相应资质的单位承担。

建设单位的工程造价专业人员具备建设工程造价计价文件编制资格的，可以自行承担本单位的建设工程造价计价文件编制。

第二十一条 施工工程造价计价方法包括工程量清单计价方法和定额计价方法。两种计价方法不得在同一工程中混合使用。全部使用国有资金或者国有资金投资为主的工程以及公开招标的工程，应当采用工程量清单计价方法。

实行工程量清单计价的工程，应当按照国家和省建设工程工程量清单计价规定设立招标控制价。招标控制价是工程投标报价的最高限价，应当与招标文件同时公布，并由招标人报工程所在地住房城乡建设行政主管部门备案。

第二十二条 依法进行招标的工程，其合同价应当依据招标文件、中标人的投标文件在合同中约定。不进行招标的工程，其合同价由发包人和承包人按照工程造价计价依据及相关规定进行约定。

发包人应当在合同签订之日起15日内，按照规定报住房城乡建设行政主管部门备案。

第二十三条 经备案的合同是工程结算和审核的依据。任何单位和个人不得违反合同约定进行工程结算文件的编制和审核。

建设工程发承包双方不得就同一建设工程，在经备案的合同之外另行订立背离合同实质性内容的其他协议。

第二十四条 建设工程发承包双方应当在合同中对下列工程造价计价事项进行约定：

（一）计价依据和方式；

（二）工程材料、设备的供应方式、价款确定和结算方式；

（三）工程项目、工程量的认定和工程价款调整的时限、方式；

（四）工程价格、费用变化等风险的承担范围和方式；

（五）索赔事项和现场签证的确认方式、计价与价款的支付；

（六）提高工程质量标准、压缩定额工期所增加工程费用的计算方法；

（七）工程竣工结算审核的方式和时限，工程预付款、工程进度款、工程结算价款的拨付数额、时限、方式；

（八）工程质量保证（保修）金的数额、预扣方式和支付时限；

（九）工程计价争议的解决方式；

（十）需要约定的其他工程造价计价事项。

第二十五条 工程发承包双方应当在建设工程竣工验收后，按照合同约定及时办理工程竣工结算。

建设单位委托具有相应资质的单位审核工程结算的，工程结算文件经当事人签字确认后，不得再次委托审核。有证据表明结算文件确有错误的除外。

第二十六条 竣工结算文件经发承包双方确认后，发包人应当于工程竣工验收备案前，按照规定报工程所在地住房城乡建设行政主管部门备案。

经备案的竣工结算文件应当作为工程结算价款支付的依据和工程竣工验收备案、交付使用的必备文件。

第二十七条 建设项目竣工决算，应当由建设单位按照国家和省有关财务决算的规定编制。

政府财政性资金投资和国有资金投资建设项目应当依法接受审计监督。被审计单位应当执行审计机关依法作出的审计决定。

第二十八条　在工程造价计价活动中，对适用工程造价计价依据、方法以及相关规定有异议的，由住房城乡建设行政主管部门负责解释。

第四章　从 业 管 理

第二十九条　从事建设工程造价咨询业务的，应当依法取得相应资质，并在资质许可范围内进行工程造价咨询活动。工程造价咨询企业设立分支机构，应当符合国家和省的相关规定。

第三十条　工程造价咨询企业应当在所出具的建设工程造价成果文件上按照规定签字、加盖执业印章。

第三十一条　工程造价咨询企业承接工程造价咨询业务，应当与委托人订立工程造价咨询合同，并参照使用国家和省制定的合同示范文本。

工程造价咨询企业应当在合同签订后15日内，报工程所在地住房城乡建设行政主管部门备案。

第三十二条　建设工程造价咨询服务费实行政府指导价。具体收费标准由省价格主管部门会同省住房城乡建设行政主管部门制定。

工程造价咨询合同双方当事人不得约定以审减额作为计取工程造价咨询服务费的主要依据。

第三十三条　工程造价咨询企业应当建立健全工程造价咨询业务编审质量控制、技术档案和财务管理等制度。

第三十四条　省外工程造价咨询企业进入本省承接工程造价咨询业务的，应当自承接业务之日起30日内到省住房城乡建设行政主管部门备案。

第三十五条　工程造价咨询企业不得有下列行为：

（一）伪造、涂改、倒卖、租借资质证书或者以其他形式非法取得、转让资质证书；

（二）超越资质等级业务范围承接工程造价咨询业务；

（三）转包承接的工程造价咨询业务；

（四）工程造价成果文件上使用非承担本项目人员的名义和印章；

（五）同时接受招标人和投标人或者两个以上投标人对同一工程项目的工程造价咨询业务；

（六）以给予回扣、恶意压低收费等方式进行不正当竞争；

（七）出具虚假的建设工程造价咨询成果文件；

（八）法律、法规和规章禁止的其他行为。

第三十六条　工程造价专业人员，应当依法取得注册造价工程师资格，或者经省住房城乡建设行政主管部门考核合格，方可从事相应的工程造价业务活动。

工程造价专业人员应当在所承担编制的建设工程造价成果文件上按照规定签字，并加盖执业印章。

第三十七条　工程造价专业人员在执业过程中不得有下列行为：

（一）涂改、倒卖、租借或者以其他形式非法转让资格证书或者执业印章；

（二）签署有虚假记载、误导性陈述的建设工程造价成果文件；

（三）以个人名义承接建设工程造价业务；

（四）同时在两个或者两个以上单位执业；

（五）谋取合同约定费用以外的其他利益；

（六）法律、法规和规章禁止的其他行为。

第五章　监督检查

第三十八条　住房城乡建设行政主管部门和其他有关部门，应当依据各自管理权限对建设工程造价活动实施监督检查，对违法行为依法处理。被检查单位和个人应当予以配合，并按照要求提供相关资料。

第三十九条　住房城乡建设行政主管部门应当对建设工程造价咨询企业和工程造价专业人员进行动态管理，定期监督检查，并公布检查结果。

省住房城乡建设行政主管部门应当按照规定对建设工程造价专业人员进行继续教育和业务考核。

第四十条　省住房城乡建设行政主管部门应当建立工程造价咨询企业业务统计报告制度和信用档案制度。工程造价咨询企业的从业行为、信用等级评价等情况，应当记入其信用档案，并按照规定向社会公开。

工程造价咨询企业应当按照规定向住房城乡建设行政主管部门报送业务统计报表，并提供真实、准确、完整的信用档案信息。

第四十一条　任何单位和个人对建设工程造价活动中的违法行为，有权向住房城乡建设行政主管部门或者其他有关部门进行举报，受理部门应当依法查处。

第六章　法律责任

第四十二条　违反本办法规定的行为，法律、法规、规章已作出处罚规定的，从其规定；未作出规定的，依照本办法的规定进行处罚。

第四十三条　违反本办法规定，有下列行为之一的，由住房城乡建设行政主管部门责令改正，没收违法所得，可处以5000元以上3万元以下罚款：

（一）销售、使用未经省住房城乡建设行政主管部门鉴定合格的建设工程造价计价计算机软件的；

（二）不具备相应资质，编制建设工程造价计价文件的；

（三）违反经备案的合同约定，进行工程结算文件的编制和审核的；

（四）约定以审减额作为计取工程造价咨询服务费的主要依据的。

第四十四条　违反本办法规定，建设单位有下列行为之一的，由住房城乡建设行政主管部门责令改正，可处以5000元以上3万元以下罚款：

（一）对实行工程量清单计价的工程，未按照规定设立、公布招标控制价或者未按照规定将招标控制价报住房城乡建设行政主管部门备案的；

（二）未通过工程建设专家的技术评审，擅自压缩定额工期的；

（三）工程结算文件经当事人签字确认后，违反规定再次委托审核的；

（四）未按照规定将竣工结算文件报住房城乡建设行政主管部门备案的。

第四十五条 违反本办法规定，工程造价咨询企业有下列行为之一的，由住房城乡建设行政主管部门责令改正，没收违法所得，可处以5000元以上3万元以下罚款：

（一）未按照规定将工程造价咨询合同报住房城乡建设行政主管部门备案的；

（二）工程造价成果文件上使用非承担本项目人员的名义和印章的；

（三）出具虚假的建设工程造价咨询成果文件的；

（四）未按照规定向住房城乡建设行政主管部门报送业务统计报表和信用档案信息的。

第四十六条 违反本办法规定，工程造价专业人员有下列行为之一的，由住房城乡建设行政主管部门责令改正，没收违法所得，可处以1000元以上1万元以下罚款：

（一）未取得注册造价工程师资格，或者未经省住房城乡建设行政主管部门考核合格，从事工程造价业务活动的；

（二）涂改、倒卖、租借或者以其他形式非法转让资格证书或者执业印章的；

（三）签署有虚假记载、误导性陈述的建设工程造价成果文件的；

（四）以个人名义承接建设工程造价业务的；

（五）同时在两个或者两个以上单位执业的；

（六）在执业过程中谋取合同约定费用以外的其他利益的。

第四十七条 住房城乡建设行政主管部门和其他有关部门工作人员在建设工程造价管理工作中滥用职权、玩忽职守、徇私舞弊的，依法给予处分；构成犯罪的，依法追究刑事责任。

第七章 附 则

第四十八条 本办法自2012年7月1日起施行。

湖北省建设工程造价管理办法

（湖北省人民政府令第311号）

第一条 为加强建设工程造价管理，规范建设工程造价计价行为，合理确定和有效控制工程造价，维护工程建设各方合法权益，根据《中华人民共和国建筑法》、《中华人民共和国招标投标法》、《中华人民共和国合同法》等有关法律、法规的规定，结合本省实际，制定本办法。

第二条 本省行政区域内从事建设工程造价活动，适用本办法；依法必须进行招标的建设工程造价活动，按照本办法的规定实施监督管理。

本办法所称建设工程造价，是指建设工程项目从立项到竣工验收并交付使用所需的全部费用。主要包括工程费、工程建设其他费、工程预备费、有关税款和建设期间银行贷款利息、国家规定应当计入工程造价的其他费用等。

第三条 县级以上建设行政主管部门负责本行政区域内建设工程造价的监督管理工作，具体工作由其工程造价管理机构负责实施。

省交通、水利等部门负责本行业工程造价管理工作。各专业工程造价管理机构按照有关专业工程造价管理规定和相关定额标准，做好本行业工程造价管理的具体工作。

第四条 省级工程造价管理机构应当根据国家有关规定和工程建设规范、标准，制定工程造价的管理制度和计价规则，编制建设工程消耗量指标，为建设工程造价提供计价依据。

各级工程造价管理机构应当及时采集并发布人工、材料、施工机械台班的市场价格和工程造价平均指数、价格变化趋势等造价信息，为各类建设工程造价提供计价参考。

第五条 依法必须进行招标的建设工程必须采用国家和省现行的建设工程造价计价依据。禁止建设工程参与各方当事人相互串通、高估冒算牟取非法利益。

建设工程造价的计价依据主要包括工程投资估算指标、工期定额、概算定额、预算定额（统一基价表与估价表）、费用定额、施工机械台班费用定额及补充定额、国家和省规定的其他计价依据。

第六条 建设工程投资估算应按照工程计价依据并参考建设期价格、利率、汇率变化等进行编制。

第七条 建设工程设计概算应在投资估算的控制下，按照概算编制原则和工程计价依据进行编制。经批准的设计概算作为投资和造价控制的主要依据，未经项目审批部门批准，不得突破。

第八条 建设工程施工图预算应当在批准的设计概算范围内，由注册造价工程师或者具有相应资格的造价员，依据经审定批准的施工图、施工组织设计方案、计价依据以及有关规定进行编制。

第九条 建设工程计价方式可采用工程量清单计价办法或定额计价办法，并根据有关法律、法规规定在招标文件中明确。但两种计价办法不能在同一工程项目中混合使用。

第十条 发包人和承包人应当依法签订书面的《建设工程施工合同》。依法必须进行招标的建设工程，合同价和中标价应当一致。合同价款在合同中约定后，任何一方不得擅自改变，并不得在合同之外另行订立与合同实质内容不一致的其他协议。

第十一条 《建设工程施工合同》应当按照国家和省有关规定，对下列工程造价事项做出约定：

（一）工程合同价款；

（二）预付工程款、拨付工程进度款的数额、支付时限及方式；

（三）设计变更、工程量清单错项、漏项、计算错误的认定及工程价款的调整办法、索赔方式、时限要求和相应价款的支付方式；

（四）工程质量保证（保修）金的数额、预扣方式及返还时限；

（五）工期及工期提前或延后的奖惩办法；

（六）设备、材料价格变化等风险承担的范围、幅度及超过约定范围、幅度时工程合同价的调整办法；

（七）竣工结算及结算后工程款支付办法与违约责任；

（八）安全措施、文明施工和意外伤害保险费用；

（九）与履行合同、支付价款相关的担保事项及发生工程计价纠纷的解决方式；

（十）双方认为应当约定的其他工程造价事项。

第十二条 依法必须进行招标的建设工程，发包人和承包人在签订《建设工程施工合同》后7日内，由承包人将合同副本提交县级以上工程所在地工程造价管理机构备案。办理备案时，应同时提交招标文件、中标通知书、中标人的商务标及中标价的电子数据等资料。

施工过程中发包人和承包人双方签订的涉及工程造价调整的补充合同、补充协议应及时报工程造价管理机构备案。

第十三条 当合同规定的调整合同价款的情况发生后，承包人应当在14日内将调整原因、金额以书面形式通知发包人，发包人确认调整金额后将其作为追加合同价款，按合同约定办理。发包人收到承包人通知后14日内不予确认也不提出意见，视为已经同意该项调整；若承包人未在规定时间内提出调整报告或者通知发包人，发包人可以根据有关资料，决定是否调整和调整的金额，并书面通知承包人。

施工合同约定的调整内容所涉及的工程造价签证，应当是有承包人、发包人双方代表和监理工程师或造价工程师签字的书面材料。

第十四条 工程竣工结算应当以发包人和承包人签订的《建设工程施工合同》为依据，结合合同约定的合同价款调整内容进行编制。

依法必须进行招标的建设工程，竣工结算应当以在工程造价管理机构备案的《建设工程施工合同》为依据，结合合同约定的合同价款调整内容进行编制。

第十五条 工程竣工后，除发包人与承包人有合同约定外，承包人应当于竣工验收合格之日起28日内，向发包人提交完整的竣工结算文件。

第十六条 发包人在收到承包人提交的工程竣工结算文件后，有条件的可直接进行审查，或者委托具有相应资质的工程造价咨询企业进行审查，并在规定的期限内提出书面审查意见。逾期未提出审查意见的，视为已经认可。

工程造价咨询企业进行工程竣工结算审查，应当客观、公正，并在合同约定的期限内完成。

第十七条 工程造价咨询企业的初步审查意见应书面送达发包人和承包人双方。发包人和承包人在收到后15日内，应反馈同意或修改的意见。逾期无反馈意见的，视为已经认可。

第十八条 工程竣工结算审查完成后，发包人应当在规定期限内支付工程结算款，不得拖延付款。

承包人在取得工程进度款、竣工结算价款后，应当优先支付劳动者工资。

第十九条 在工程竣工结算活动中发生争议的，由承包人和发包人双方根据计价依据和有关规定协商解决。协商不成的，可向工程所在地工程造价管理机构申请调解处理，也可依照合同约定提请仲裁委员会仲裁或依法向人民法院提起诉讼。

第二十条 依法必须进行招标的工程，竣工结算文件经承包人和发包人双方确认后10日内由承包人报工程所在地工程造价管理机构审查备案。审查备案应提交下列资料：

（一）施工许可证；

（二）工程结算文件；

（三）造价工程师和造价员证书；

（四）工程价款支付证明；

（五）其他应提交的资料。

第二十一条 工程造价管理机构在收到工程竣工结算文件之日起5日内，依据本办法的规定和已备案的《建设工程施工合同》，对竣工结算文件进行备案审查。备案审查的主要内容：

（一）工程施工合同中造价条款的履行情况；

（二）竣工结算是否按合同的约定进行编制和审核；

（三）编审单位和人员的资质、资格是否符合规定；

（四）复核国家规定的各项规费缴纳情况。

竣工结算文件备案审查符合相关规定的，竣工结算文件予以备案；不符合相关规定的竣工结算文件由当事人在规定的期限内改正。

第二十二条 工程竣工结算文件未经工程造价管理机构审查备案的，不予办理竣工验收备案。

第二十三条 工程竣工结算文件经发包人、承包人双方确认和签章后，即作为工程结算价款支付和竣工决算的依据。

依法必须进行招标的工程竣工结算文件，经发包人、承包人双方确认、签章并经工程造价管理机构审查备案的，即作为工程结算价款支付和竣工决算的依据。

第二十四条 从事建设工程造价计价活动的工程造价咨询企业、造价专业人员应当依法取得相应的资质、资格，并应遵守相关执业准则和规范，在规定的范围内从事工程造价活动。

第二十五条 工程造价咨询企业必须依法开展咨询服务活动，及时、准确地为委托方提供信息资料及有关报告，不得违反有关规定收取费用。

第二十六条 建设工程造价成果文件的编制单位和负责编制的注册造价工程师、造价员对其编制的工程造价成果文件承担法律责任。

第二十七条 凡本省建设工程造价成果文件，应当使用符合《建设工程工程量清单计价规范》和本办法规定的计价依据的计算机软件编制。不符合的，不得用于本省工程造价计价活动，工程造价管理机构应当责令其停止使用或者予以修改。

第二十八条 依法必须进行招标的建设工程违反本办法规定，不按国家和省现行计价依据开展计价活动的，由工程相关的行政主管部门责令改正；拒不改正的，处1万元以上3万元以下的罚款。相互串通、高估冒算牟取非法利益的，对直接责任人处5000元以上2万元以下罚款；构成犯罪的，依法追究刑事责任。

第二十九条 违反本办法规定，不按规定支付工程款或者不在规定的期限内进行工程结算的，由工程相关的行政主管部门责令改正，并处1万元以上3万元以下的罚款，对直接责任人给予行政处分。

第三十条 工程造价成果文件编制单位、编审人员违反本办法规定，故意或者因重大过失造成所编审的工程造价成果文件错误，致使发包人或者承包人遭受损失的，应当依法承担赔偿责任，建设行政主管部门将其不良行为记入信用档案，并予以公示；情节严重的，依法注销其资质或执业资格。

第三十一条 未取得《工程造价咨询企业资质证书》的单位从事工程造价咨询活动的，出具的工程造价成果文件无效，由建设行政主管部门处1万元以上3万元以下罚款。

未经注册以造价工程师或造价员名义从事工程造价咨询活动的，所签署或编制的工程造价成果文件无效，由建设行政主管部门处5000元以上2万元以下罚款。

第三十二条 行政主管部门及其工程造价管理机构必须依照法律、法规及有关规定，对建设工程造价实施监督管理。其工作人员在建设工程造价管理中玩忽职守、滥用职权、徇私舞弊的，依法给予行政处分；构成犯罪的，依法追究刑事责任。

第三十三条 本办法自2008年1月1日起施行。

湖南省建设工程造价管理办法

（湖南省人民政府令第192号）

第一条 为了加强建设工程造价管理，规范建设工程造价计价行为，合理确定和有效控制工程造价，维护工程建设当事人的合法权益，根据有关法律、法规，结合本省实际，制定本办法。

第二条 本省行政区域内的建设工程造价及其管理，适用本办法。

第三条 县级以上人民政府建设行政主管部门负责本行政区域的建设工程造价管理，具体工作委托其工程造价管理机构负责。

县级以上人民政府发展改革、财政、审计、交通、水利、人防等部门，应当按照各自的职责，做好有关的工程造价管理工作。

省交通、水利、人防等系统专业造价管理机构，负责本系统工程造价管理的具体工作，业务上接受省工程造价管理机构指导。

第四条 本办法所称建设工程造价，是指建设工程从筹建到竣工验收交付使用前所需的全部费用，包括下列各项：

（一）建筑安装工程费用，包括土建工程和安装工程的直接费、间接费、施工企业合理利润和法定税、费；

（二）设备及工器具购置费用，包括为建设项目购置或者自制的达到固定资产标准的各种设备、工具、器具的购置费用；

（三）工程建设其他费用，包括土地使用权取得费、勘察设计费、工程监理费、中介机构咨询费、研究试验费、招标费用、建设单位管理费、建设单位临时设施费、工程保险费；

（四）预备费，包括基本预备费、涨价预备费；

（五）建设单位为实施该建设项目贷款、发行债券，在建设期内应当偿付的利息；

（六）建设项目的税金、行政事业性收费、政府性基金；

（七）国家规定应当计入工程造价的其他费用。

第五条 建设工程造价中的建筑安装工程费用、设备及工器具购置费用、勘察设计费、工程监理费、中介机构咨询费等，由建设单位和承包单位在合同中约定。

依法必须招标的项目应当招标，政府采购范围内的项目应当实行政府采购。

第六条 省工程造价管理机构应当根据国家规定的工程建设规范和建设工程质量标准，编制建设项目的人工、材料、设备、施工机械消耗量指标，经专家评审或者听证后发布，为建设工程造价计价提供依据。

交通、水利、人防等专业工程，按照国务院有关部门发布的行业造价计价依据执行。

设区的市、自治州、县（市）工程造价管理机构，应当及时采集并公布本行政区域人工、材料、施工机械台班的市场价格和间接费费率、施工企业平均利润率、工程造价平均指数、材料价格变化趋势等造价信息，为各类建设工程造价计价提供参考。

第七条 建设工程造价计价，包括下列各项：

（一）编制投资估算；

（二）编制设计概算；

（三）编制施工图预算；

（四）编制工程量清单、招标标底；

（五）编制投标报价；

（六）约定工程合同价；

（七）办理竣工结算和竣工决算。

第八条 投资估算、设计概算、施工图预算，应当按照本办法第六条第一款或者第二款规定的计价依据，参考本办法第六条第三款规定的造价信息，并合理预测编制期至工程竣工期价格、利率、汇率变化趋势编制。

第九条 全部使用国有资金投资或者以国有资金投资为主的建设项目，经批准的投资估算或者设计概算，是该建设项目的投资最高限额，未经项目审批部门批准，不得突破。

第十条 全部使用国有资金投资或者以国有资金投资为主的建设项目，建筑安装工程招标投标应当采用工程量清单计价方法计价。非国有资金投资的建设项目的建筑安装工程招标投标，推行工程量清单计价方法计价。

依法不招标的建筑安装工程，由发包单位和承包单位根据施工图预算，平等协商确定工程合同价。

第十一条 采用工程量清单计价方法计价的建筑安装工程，建设单位应当根据施工设计文件，按照《建设工程工程量清单计价规范》规定的项目名称、项目编码、计量单位、计量规则编制工程量清单。

招标且需要设置标底的建筑安装工程项目，标底应当按照工程量清单列明的工程量，参考本办法第六条第三款规定的造价信息计算确定。工程量清单应当作为招标文件的组成部分提供给投标人。

第十二条 投标人应当根据工程量清单列明的工程量，结合本企业劳动生产率等实际情况确定投标报价。

中标人的中标价即为工程合同价，签订合同时不得改变。

第十三条 发包人和承包人应当依法签订书面的《建设工程施工合同》，并不得在合同之外另行订立与合同内容不一致的其他协议。

全部使用国有资金投资或者以国有资金投资为主的建设项目，发包人与承包人所签订的《建设工程施工合同》，承包人应当在合同签订之日起的30日内将合同副本送相应工程造价管理机构备案。

第十四条 《建设工程施工合同》应当对下列造价计价事项作出约定：

（一）工程合同价，包括合同总价和工程量清单单价；

（二）预付工程备料款、拨付工程进度款的时间、数额、方式；

（三）设计变更，或者工程量清单错项、漏项、计算错误的认定及相应价款的计算办法；

（四）提前竣工奖励、拖延工期违约责任；

（五）工程质量优良奖励、工程质量不合格违约责任；

（六）设备、材料价格变化等风险承担的范围、幅度及超过约定范围、幅度时工程合同价的调整办法；

（七）竣工结算及结算后工程款支付办法与违约责任；

（八）双方认为应当约定的其他造价计价事项。

第十五条 建筑安装工程施工中，发包人、承包人均应当加强工程造价控制，不得擅自修改设计，不得擅自扩大或者缩小工程量，不得偷工减料。

每一分部分项工程完工后，承包人应当在完工之日起的7日内或者合同约定的时间内，向发包人或者其委托的监理工程师提出工程签证单，提请其进行工程验收。发包人或者其委托的监理工程师，应当在收到工程签证单之日起的14日内或者合同约定的时间内，验收并签署工程签证单；逾期不验收或者不签署的，视为认可。

发包人及其委托的监理工程师应当如实签署工程签证单，不得弄虚作假。

第十六条 建筑安装工程竣工后，除发包人与承包人有约定的外，承包人应当于工程竣工验收合格之日起的30日内，向发包人提交完整的竣工结算文件。竣工结算文件的种类和内容，依照国家有关规定执行。

发包人对竣工结算文件有异议的，应当在收到竣工结算文件之日起的30日内，向承包人提出，并在提出异议之日起的30日内与承包人协商。异议期满未提出异议，或者协商期满未与承包人协商的，视为认可竣工结算文件，发包人应当按照合同约定与承包人进行竣工结算。

第十七条 发包人对竣工结算文件有异议且与承包人协商不成的，由双方共同委托具有相应资质的工程造价咨询机构进行审核。

发包人应当于委托审核合同签订之日起的10日内，将承包人提交的全部竣工结算文件交付受委托的工程造价咨询机构。

第十八条 工程造价咨询机构进行工程竣工结算审核，应当客观、公正。

工程造价咨询机构应当于收到发包人交付的全部竣工结算文件之日起的下列期限内完成审核：

（一）500万元以下（含500万元）的工程项目，20日；

（二）500万元以上2000万元以下（含2000万元）的工程项目，30日；

（三）2000万元以上5000万元以下（含5000万元）的工程项目，45日；

（四）5000万元以上1亿元以下（含1亿元）的工程项目，60日；

（五）1亿元以上的工程项目，90日。

委托审核只进行一次。发包人、承包人对审核报告有异议的，可以申请相应工程造价管理机构调解，调解不成的，可以依法申请仲裁或者向人民法院起诉；也可以直接申请仲裁或者向人民法院起诉。

第十九条 全部使用国有资金投资或者以国有资金投资为主的建筑安装工程竣工结算，应当委托具有相应资质的工程造价咨询机构审核竣工结算文件。工程造价咨询机构应当于审核完成之日起的30日内向相应工程造价管理机构报送审核报告副本。

第二十条 建设项目竣工决算，依照国家和省有关财务决算的规定执行。

第二十一条 建设工程勘察设计、施工、监理、造价咨询、招标代理、造价管理及重点建设项目、房地产开发、建设代理等单位，其工程造价计价、评估、审核、控制等关键岗位，应当配备造价工程师。

造价工程师不能同时在两个或者两个以上单位注册和执业，并应当按照国家规定的造价工程师执业资格制度从事造价咨询活动。

第二十二条 有注册造价工程师的单位，可以自行编制建设项目投资估算、设计概算、施工图预算、工程量清单、招标标底、投标报价、竣工结算等工程造价成果文件；没有注册造价工程师的单位，应当委托具有相应资质的工程造价咨询机构编制。

工程造价成果文件由负责编制的注册造价工程师签名并加盖执业专用章和编制单位印章。编制单位和负责编制的注册造价工程师对其编制的工程造价成果文件承担法律责任。

第二十三条 依法取得《工程造价咨询单位资质证书》的工程造价咨询机构，可以在核定的范围内，接受委托从事下列业务：

（一）建设项目投资估算的编制、审核及项目评价；

（二）建设项目设计概算、施工图预算、工程量清单、招标标底、投标报价、竣工结算的编制、审核；

（三）工程合同价调整计算、索赔费用计算；

（四）建设项目实施阶段造价控制；

（五）建设工程结算审核、争议鉴定；

（六）与建设工程造价计价有关的其他业务。

工程造价咨询机构应当对其承揽的工程造价咨询项目进行登记，建立健全编制、审核和档案管理制度。

第二十四条 工程造价咨询机构不得有下列行为：

（一）超越资质证书核定的范围从事造价咨询活动；

（二）转让工程造价咨询业务；

（三）以其他单位的名义从事造价咨询活动，或者允许其他单位以本单位名义从事造价咨询活动；

（四）为建设项目编制施工图预算、招标标底后，又为该建设项目的投标人编制投标报价；

（五）为同一建设项目的同一单位工程的两个或者两个以上投标人编制投标报价；

（六）为建设项目承包人编制竣工结算后，又接受委托审核该建设项目的竣工结算；

（七）在编制、审核工程造价成果文件中弄虚作假、抬价、压价，或者附加其他不合理条件；

（八）法律、法规、规章禁止的其他行为。

第二十五条 鼓励在建设工程造价计价和管理中开发、应用计算机软件。

有关单位及其造价工程师编制工程造价成果文件，应当使用符合《建设工程工程量清单计价规范》和本办法规定的计价依据的计算机软件。不符合的，建设行政主管部门应当要求其停止使用或者予以修改。

第二十六条 全部使用国有资金投资或者以国有资金投资为主的建设项目的建设单位

违反本办法规定，未经项目审批部门批准，改变建设内容、扩大建设规模、提高建设标准，致使工程造价超过经批准的投资估算或者设计概算的，对直接负责的主管人员和其他直接责任人员依法给予处分，构成犯罪的依法追究刑事责任；该建设项目尚可纠正的，由项目审批部门督促纠正。

第二十七条 工程造价成果文件编制单位、编制人员违反本办法规定，故意或者因重大过失造成所编制的工程造价成果文件错误，致使建设单位或者承包单位遭受损失的，应当依法承担赔偿责任；由建设行政主管部门予以不良行为记录，给予警告。

第二十八条 工程造价咨询机构有本办法第二十四条所列行为之一的，由建设行政主管部门予以不良行为记录，责令改正，处以1万元以上3万元以下罚款；依法应予注销资质的，按照有关规定处理。

第二十九条 未取得《工程造价咨询单位资质证书》的单位从事工程造价咨询活动的，由建设行政主管部门责令停止活动，可以处以1万元以上3万元以下罚款。

未经注册，以造价工程师名义从事工程造价咨询活动的，由建设行政主管部门责令停止活动，可以处以5000元以上2万元以下罚款。

造价工程师在两个或者两个以上单位执业的，由建设行政主管部门予以不良行为记录，责令改正，可以处以1000元以上1万元以下罚款；依法应予注销资格的，按照国家有关规定处理。

第三十条 违反本办法的其他行为，有关法律、法规、规章规定了处罚的，由有关部门依法予以处罚。

第三十一条 建设行政主管部门及其工程造价管理机构、专业造价管理机构工作人员在建设工程造价管理中玩忽职守、徇私舞弊、滥用职权的，依法给予行政处分；构成犯罪的，依法追究刑事责任。

第三十二条 本办法自2005年1月1日起施行。

广东省建设工程造价管理规定（修正）

（1998 年 5 月 18 日广东省人民政府第九届八次常务会议通过，广东省人民政府令第 40 号公布，自 1998 年 7 月 1 日起施行。根据 2000 年 3 月 7 日发布的粤府〔2000〕25 号进行修改）

第一条 为加强建设工程造价管理，规范工程造价计价行为，维护工程建设各方合法权益，根据国家有关规定，结合我省实际，制定本规定。

第二条 在本省行政区域内国有或集体资产投资建设的工程项目，在编制和确定投资估算、概算、预算、标底、结算时，应遵守本规定。

第三条 省、市、县建设行政主管部门负责本辖区工程造价管理工作，具体业务由各级工程造价主管机构（以下简称造价机构）负责。

省建设行政主管部门会同省计划、财政行政主管部门，编制工程造价管理的投资估算办法、竣工财务决算办法。

第四条 各级造价机构应建立资料积累制度和工程造价数据库，为工程造价的计价和管理提供依据。

第五条 工程造价计价依据由工程估算指标、概算指标，工程概算定额、预算定额、费用定额，工程单位估价表，人工单价、工程材料、设备预算和结算价格及各项税费等构成。

本省工程造价计价依据分为省统一计价依据、行业计价依据和市、县一次性补充计价依据。

第六条 省统一计价依据由省造价机构负责编制。

市、县一次性补充计价依据由市、县造价机构负责编制，报省造价机构备案。

第七条 市、县造价机构根据省造价机构编制的人工单价、工程材料、设备预算和结算价格（以下统称价格），确定和公布当地价格或调整系数。

第八条 行业计价依据中的指标、定额、估价表按国家行业造价部门制定的标准执行，人工单价、工程材料、设备预算、结算价格及有关费用按工程所在地的标准执行。

第九条 建设工程投资估算，由有编制资格的单位根据估算指标及工程所在地的价格或调整系数进行编制。

第十条 建设工程概算，由有编制资格的单位根据概算指标，概算定额，费用定额，工程单位估价表及工程所在地的价格或调整系数进行编制。

第十一条 建设工程预算，由有编制资格的单位根据预算定额，费用定额，工程单位估价表，工程所在地的价格或调整系数，工程类别以及施工图、施工组织设计方案、会审记录等进行编制。

第十二条 建设工程招标标底，由有编制资格的单位根据《广东省建设工程招标投标管理条例》第十四条和预算定额，费用定额，工程单位估价表，工程所在地的价格或调整系数，工程类别以及招标文件、施工图、施工组织设计方案、会审记录等进行编制。

第十三条 建设工程结算，由有编制资格的单位按预算定额，费用定额，工程单位估价表，工程所在地的价格或调整系数，工程类别以及招标文件、承发包合同、施工图、施工组织设计方案、会审记录、开工报告、隐蔽验收记录、工程进度表、子目换算和抽料（筋）表、设计变更资料、现场签证和竣工图等进行编制。

第十四条 工程类别按工程项目的管理隶属关系由省、市、县造价机构核定。

第十五条 建设单位要求施工企业按国家和省规定的工期提前竣工或工程质量超过国家和省规定的标准，增加的工程造价应计入工程概、预算或招标标底，并在工程承发包合同中明确。

第十六条 凡有财政性资金投入的建设项目，其竣工工程结算由建设项目同级财政部门审核；其他建设项目竣工工程结算按下列规定审核：

（一）中央委托省管的建设工程和省属建设工程，由省造价机构或市造价机构审核；

（二）市属建设工程，由市造价机构或其委托县造价机构审核；

（三）县属建设工程，由县造价机构审核；

（四）上述建设工程中的专业工程可委托相应的行政主管部门的造价机构进行审核；

（五）除上述规定外的建设工程的竣工工程结算审核，由投资者自行决定。

第十七条 建设单位应在工程竣工验收合格后60日内（大、中型工程结算经造价机构同意可适当延长）按前条规定报送竣工工程结算；造价机构应在收到建设单位竣工工程结算文件之日起60日内给予审核完毕。

第十八条 按第十六条规定审核的工程结算可作为调解处理工程造价纠纷的依据。

未按第十六条规定报经审核的工程结算文件，不得作为工程决算的依据。

第十九条 报送审核的竣工工程结算文件应经建设单位和施工单位共同认定，并有编制、复核、批准人的签名（三者不得为同一人），编制、复核人员必须同时签署其造价工程师执业资格证书号码。未能共同认定的竣工工程结算文件，可向造价机构申请调解。

第二十条 工程造价咨询单位是受委托从事编制工程造价和提供与工程造价有关的业务服务的社会中介服务单位。

第二十一条 组建工程造价咨询单位，应具备国家规定的条件并向省建设行政主管部门申办《工程造价咨询单位资质证书》，向工商、税务机关办理工商、税务登记后，方可开业。

第二十二条 省外工程造价咨询单位进入我省从事工程造价咨询业务的，应到省造价机构办理备案手续并到工程项目所在地的市造价机构办理登记。

第二十三条 当事人对工程造价咨询单位提交的工程造价文件有异议的，应出具意见书，工程造价咨询单位应组织复查，并在收到意见书之日起10日内给予书面答复。当事人对书面答复不服的，可在收到书面答复之日起10日内向造价机构申请复核。

第二十四条 凡从事工程造价编制、审核、咨询的人员，应持有国家有关部门颁发的执业资格证书方可从业。

第二十五条 对不按第十七条规定报送竣工工程结算的，由造价机构责令建设单位限期补报，逾期不报者，由建设行政主管部门处5000元以上3万元以下罚款，并向同级监察部门通报情况。

第二十六条 造价机构在抽查或审核竣工工程结算文件中，发现建设单位和施工单位勾结故意虚报工程造价的，责令其退回虚报数额工程款，并由建设行政主管部门各处2万元以上3万元以下的罚款；构成犯罪的，移交司法机关依法处理。对具体负责编制、复核工程造价的专业人员，不予办理造价工程师执业资格证书年审，对重犯者取消其造价执业资格。

第二十七条 工程造价咨询单位有下列行为之一的，由建设行政主管部门给予警告或并处2000元以上3万元以下的罚款：

（一）超越资质证书规定的业务范围从事工程造价编制和咨询活动的；

（二）故意少算、高估冒算工程造价的；

（三）串通虚报工程造价的；

（四）涂改、出租、转让资质证书的；

（五）编制工程结算文件，其工程造价高于或低于按规范编制价格5%以上的。

对重犯者降低其资质等级。

第二十八条 未取得执业资格证书而从事编制工程造价和咨询业务的人员，由建设行政主管部门给予警告，并可处以非法所得3倍以下的罚款，但最高不得超过3万元。其编制和审核的工程造价文件不得作为工程拨付款和工程结算的依据。

第二十九条 本规定自1998年7月1日起施行。

广西壮族自治区建设工程造价管理办法

（广西壮族自治区人民政府令第43号）

第一条 为规范建设工程造价管理，维护建设工程各方的合法权益，根据《中华人民共和国建筑法》及有关法律法规，结合本自治区实际，制定本办法。

第二条 本自治区行政区域内的建设工程造价及其监督管理，适用本办法。

本办法所称建设工程是指各类房屋建筑和市政基础设施，包括其附属设施和与其配套的线路、管道、设备安装等工程。

本办法所称建设工程造价，是指建设工程从筹建到交付使用所需的全部工程费用，包括建筑安装工程费、设备购置费及其他相关费用。

第三条 县级以上建设行政主管部门负责本行政区域内的建设工程造价管理。自治区和设区的市建设工程造价管理机构负责建设工程造价管理的具体工作。

第四条 本自治区实行全区统一的建设工程人工、材料、设备、施工机械的消耗量标准（定额）、计价规则等计价依据。

自治区建设行政主管部门组织编制、修订计价依据时，应当进行调查研究，充分听取有关方面的意见，组织专家论证。

计价依据应当向社会公开。

第五条 建设工程造价管理机构应当及时收集、整理工程造价相关资料，公布建设工程费率、施工企业平均利润率、工程造价平均指数和材料价格变化趋势等造价信息，为各类建设工程造价计价提供参考。

设区的市建设工程造价管理机构，应当按月采集、整理工程造价相关信息，公布本行政区域建设工程人工、材料、设备、施工机械台班的市场价格。

建设工程造价管理机构收集工程造价相关资料时，建设工程发包单位、承包单位、工程造价咨询企业、工程材料供应商等单位应当积极予以配合。

第六条 建设工程造价管理机构应当制定和发布建设工程造价电子数据规范，为建设工程造价信息的采集、分析、处理、传输和再利用提供电子数据标准。

第七条 使用国有资金投资的建设工程项目，其投资估算、设计概算、施工图预算、标底（或者工程预算控制价），应当按照自治区发布的计价依据和建设工程造价管理机构公布的造价信息进行编制。

非国有资金投资的建设工程项目可参照前款的规定进行编制。

第八条 使用国有资金投资的建设工程项目，应当严格执行投资估算或者设计概算。投资估算或者设计概算改变的，应当经原审批部门批准。

第九条 实行无标底招标的建设工程项目，应当编制工程预算控制价，作为投标报价的最高限价，并在投标截止日7日前公布。

第十条 使用国有资金投资的建设工程项目施工招标投标，应当采用国家《建设工程工程量清单计价规范》规定的工程量清单计价方法计价。

第十一条 依法实行招标的建设工程，施工合同价格应当按照中标价格确定，发包单位和承包单位不得再另行订立背离招标投标文件实质性内容的其他协议。

依法不需招标的建设工程，由发包单位和承包单位依据建设工程的施工图预算，协商确定工程合同价。

第十二条 使用国有资金投资的建设工程项目，因设计变更或者其他原因造成单项工程造价超过批准限额的，发包单位应当将设计变更方案以及相应造价文件报原项目审批部门批准。

经确认调增或者调减的工程变更价款应当与工程进度款同期支付或者核减。

第十三条 建设工程竣工结算的审查、确认按照国家有关规定执行。

使用国有资金投资的建设工程项目，应当以审计机关作出的竣工决算审计结论为依据。

第十四条 建设工程项目竣工结算可以委托工程造价咨询企业审查一次。发包人、承包人对审查报告有异议的，可以申请建设工程造价管理机构调解解决，也可以直接依法申请仲裁或者向人民法院起诉。

第十五条 负责结算审查的建设工程造价咨询企业应当于工程结算报告生效之日起15日内向工程所在地的建设工程造价管理机构备案。结算备案情况由自治区建设行政主管部门定期通报；逾期不备案的，责令限期备案。

第十六条 建设工程造价咨询企业和从业人员的计价活动，应当接受建设工程造价管理机构的监督检查。

建设工程造价管理机构应当加强建设工程造价员的管理工作。

第十七条 建设工程投资估算、设计概算、施工图预算、投标报价、竣工结算文件，应当由执业注册造价工程师签名并加盖执业专用章，无执业注册造价工程师的单位可以由建设工程造价员签名并加盖造价员专用章；招标标底（或者工程预算控制价）、工程量清单、工程结算审查和工程造价鉴定文件必须由执业注册造价工程师签名并加盖执业专用章。

编制单位和负责编制的执业注册造价工程师以及建设工程造价员，对其编制的工程造价成果文件承担法律责任。

第十八条 建设工程造价咨询企业和从业人员在编制、审查工程造价成果文件时，不得弄虚作假、抬价、压价，或者附加其他不合理条件。

第十九条 违反本办法第十八条规定的，由建设行政主管部门责令改正，并可对建设工程造价咨询企业处以1万元以上3万元以下罚款；对从业人员处以3000元以上1万元以下罚款。

第二十条 本办法自2008年12月1日起施行。

海南省建设工程造价管理办法

（海南省政府令第228号）

第一章　总　　则

第一条　为了加强建设工程造价管理，规范建设工程造价计价行为，合理确定和有效控制工程造价，维护工程建设各方的合法权益，防止国有资产流失，根据有关法律法规，结合本省实际，制定本办法。

第二条　在本省行政区域内使用国有资金投资或者政府及国有企事业单位融资的建设工程的造价计价管理适用本办法。

前款规定以外的建设工程的造价计价管理参照适用本办法。

交通、水利、石化等专业工程的造价计价管理，适用国家有关专业工程管理规定，并可以参照适用本办法的有关规定。

第三条　省建设行政主管部门负责本省建设工程造价管理工作，编制全省建设工程计价依据，监督检查国家和本省建设工程计价依据的贯彻实施情况，具体工作由省工程造价管理机构负责实施。

市、县、自治县建设行政主管部门负责本行政区域内建设工程造价管理工作，监督检查国家和本省建设工程计价依据的贯彻实施情况。

发展改革、审计、财政、物价等部门，按照各自职责，做好建设工程造价管理的相关工作。

第四条　建设工程项目应当严格执行基本建设程序，未经省人民政府批准不得擅自简化，并依照本办法和国家有关规定，进行工程各环节的造价计价活动。

第五条　本办法所称建设工程造价，是指建设工程从筹建到竣工验收交付使用前所需的全部费用，包括下列各项：

（一）建筑安装工程费用，包括建筑工程和安装工程的直接费、施工企业的管理费及利润、工程措施费、规费和法定税费；

（二）设备及工器具购置费用，包括为建设项目购置或者自制的达到固定资产标准的各种设备、工具、器具的费用；

（三）工程建设其他费用，包括建设用地费、勘察测量费、设计费、工程监理费、咨询费、研究试验费、招标费用、建设单位管理费、建设单位临时设施费、工程保险费、城市基础设施配套费；

（四）工程预备费，包括基本预备费、价差预备费；

（五）建设单位为实施该建设项目贷款、发行债券，在建设期内应当偿付的利息；

（六）建设项目的税金、行政事业性收费、政府性基金；

（七）国家及本省规定应当计入工程造价的其他费用。

第六条　本办法所称建设工程造价计价，包括编制和审核投资估算、设计概算、施工图预算、工程量清单、招标标底或者招标控制价、工程竣工结算等工程造价成果文件的活动。

第七条 本办法所称建设工程计价依据，是指运用科学、合理的调查统计和分析测算方法，从工程建设经济技术活动和市场交易活动中获取的可用于预测、评估、计算工程造价的参数、量值、方法等，包括下列各项：

（一）投资估算指标；

（二）概算定额、预算定额、消耗量定额、费用定额、劳动定额、工期定额；

（三）工程量清单计价规范；

（四）人工、材料和施工机械台班的价格；

（五）国家及本省规定的其他有关计价依据。

第八条 省工程造价管理机构根据国家工程建设规范、建设工程质量标准以及市场价格信息，编制和调整计价依据，并报省建设行政主管部门发布。

省建设工程造价管理机构可以编制和发布补充计价依据，补充计价依据具有与计价依据同等的效力。

建设工程造价计价应当采用本省计价依据。

第九条 省和市、县、自治县人民政府应当保障建设工程造价管理工作经费。

第十条 在本省行政区域范围内使用或者销售的建设工程计价软件应当根据本省计价依据开发，并通过省建设工程造价管理机构组织的技术评审。

第十一条 建设工程造价行业协会应当加强行业自律，发挥服务和协调作用。

第二章 建设工程造价计价管理

第十二条 省建设工程造价管理机构应当及时采集并公布本省行政区域人工、材料、施工机械台班的市场价格、工程造价指数、材料价格变化趋势等造价信息，为各类建设工程造价计价提供参考。

第十三条 使用国有资金投资或者政府及国有企事业单位融资且依法应当招标的建设工程项目，应当采用工程量清单计价，并在编制工程量清单前，严格依法完成设计文件的编制和审查。

依法可以不招标的建设工程项目，由建设单位和施工单位根据本省有关计价依据协商确定工程合同价。

第十四条 建设单位有 3 名以上注册造价工程师且专业配套的，向省建设行政主管部门备案后，可以自行编制和审核本单位建设项目工程造价成果文件；其他建设单位应当委托具有相应资质的工程造价咨询企业编制和审核建设项目工程造价成果文件。

第十五条 建设工程投资估算应当依据投资估算指标、投资估算办法以及建设期间价格变动等因素编制。

第十六条 建设工程设计概算应当依据初步设计、概算定额等计价依据以及建设期间价格变动等因素编制，并在初步设计阶段编制完成。

建设工程项目的设计概算应当经建设项目投资主管部门批准。设计概算一经批准，不得随意突破；确需调整且超过国家和本省规定比例或者数额的，应当经原批准机关批准，并加强审计监督。

第十七条 施工图预算应当依据施工图设计文件、施工组织设计方案、计价依据等编制。

第十八条 建设工程招标标底或者招标控制价，应当根据招标文件、施工图、计价依据编制。招标控制价作为招标人控制建设项目工程投标价的最高限价，并不得超过定额计价模式计算的工程造价。

招标控制价应当经注册造价工程师签字盖章确认后，方可作为招标文件的组成部分。

第十九条 建设工程造价中的下列费用不得列为投标竞争性费用：

（一）社会保障费用；

（二）安全生产责任保险、意外伤害保险；

（三）住房公积金；

（四）工程排污费；

（五）安全防护、文明施工与环境保护措施费；

（六）国家和本省规定的其他费用。

第二十条 建设工程施工中对工程造价进行调整的工程签证，应当有建设单位、施工单位双方代表和监理单位的监理工程师或者造价工程师签字。

第二十一条 工程竣工结算报告书由施工单位编制。施工单位应当按照约定的期限，向建设单位提交完整的竣工结算文件。施工单位超过约定期限 15 日，提交的有关竣工结算文件，建设单位可不作为工程造价的计算依据。

施工单位提交的竣工结算文件一般包括：竣工结算报告书、工程施工合同、补充协议、招投标文件、投标报价书、中标通知书、设计施工图、竣工图、图纸会审纪要、施工组织设计、隐蔽工程验收记录、设计变更通知、工程签证。

第二十二条 建设单位收到施工单位提交完整的竣工结算文件后，应当按照约定的期限完成竣工结算审核。

建设单位和施工单位没有约定竣工结算审核时限的，建设单位应当自收到完整的竣工结算文件之日起，按照下列时限完成审核：

（一）500 万元以下的工程项目，20 个工作日；

（二）500 万元以上 2000 万元以下的工程项目，30 个工作日；

（三）2000 万元以上 5000 万元以下的工程项目，45 个工作日；

（四）5000 万元以上 1 亿元以下的工程项目，60 个工作日；

（五）1 亿元以上的工程项目，90 个工作日。

建设单位超过约定期限或者前款规定期限 15 日，未完成竣工结算审核的，视同认可施工单位提交的竣工结算。

第二十三条 建设单位应当与有关单位就下列事项约定应当承担的具体赔偿责任：

（一）设计单位出具的设计文件存在设计错误或者因自身原因造成设计漏项的；

（二）施工单位编制的竣工结算存在高估冒算或者重大误差的；

（三）工程造价咨询企业在审核中未发现竣工结算存在高估冒算或者重大误差的。

第二十四条 应当进行审计或者财政评审的建设工程项目，应当依照国家和本省规定实施审计或者评审，接受审计监督和财政监督。

第二十五条　建设单位应当在建设工程竣工结算完成后20日内，按照建设工程管理权限报市、县、自治县建设行政主管部门或者其委托的单位备案，国家委托省管的项目和省管项目报省工程造价管理机构备案。

备案应当提交的资料包括：施工许可证、工程竣工结算文件、造价工程师和造价员证书以及其他应当提交的资料。

第二十六条　备案机构应当在收到备案资料之日起10个工作日内，完成备案审查。

备案审查的主要内容包括：

（一）工程施工合同中涉及造价条款的履行情况；

（二）竣工结算是否按约定或者规定的程序进行编制和审核；

（三）工程造价成果文件的编制单位、审核单位及相关人员的资质、资格是否符合规定。

经审查符合相关规定的，予以备案并出具备案证明；不符合相关规定的，责成当事人限期改正，不改正的不予备案。

第二十七条　建设单位和施工单位对建设工程的造价计价活动有争议的，可以向工程造价管理机构书面申请调解。

工程造价管理机构应当自受理调解申请之日起30日内进行调解。经调解达成协议的，工程造价管理机构应当制作调解书。调解书送达当事人后生效，当事人应当自觉履行调解协议。

调解期限届满未达成协议或者调解书生效后任何一方当事人不履行调解协议的，工程造价管理机构不再调解。

第二十八条　建设行政主管部门及其所属建设工程造价管理机构应当对建设工程造价计价活动进行监督检查，对发现的问题及时纠正处理。被检查单位应当予以配合，并按照要求提供有关资料。

第三章　建设工程造价执业管理

第二十九条　工程造价咨询企业应当具有相应的资质，并在资质核定的范围内从事工程造价咨询活动。

从事工程造价咨询活动的人员，应当具有造价工程师执业资格或者造价员从业资格，并只能在一个单位注册。

第三十条　工程造价咨询企业不得有下列行为：

（一）超越资质证书核定的范围从事造价咨询活动；

（二）转让承接的工程造价咨询业务；

（三）允许其他单位以本单位名义从事造价咨询活动，或者以其他单位的名义从事造价咨询活动；

（四）为同一工程的招投标双方编制工程造价成果文件；

（五）为同一工程的两个或者两个以上投标人编制投标报价；

（六）为施工单位编制竣工结算后，又接受建设单位委托审核同一工程的竣工结算；

（七）在编制、审核工程造价成果文件中弄虚作假、牟取不当利益；

（八）法律、法规、规章禁止的其他行为。

第三十一条 工程造价咨询企业承接业务应当与委托人订立书面合同，对承接的项目进行登记，按照规定出具客观、公正的工程造价成果文件，并接受建设行政主管部门及其所属建设工程造价管理机构的监督检查。

第三十二条 工程造价成果文件由负责编制的注册造价工程师签名，并加盖省建设行政主管部门监制的执业专用章和编制单位印章。编制单位和负责编制的注册造价工程师对其编制的工程造价成果文件承担法律责任。

第三十三条 建设工程造价咨询服务收费实行政府指导价管理，具体收费标准由省价格主管部门会同建设部门制定。

第三十四条 建设行政主管部门应当建立建设工程造价咨询企业和造价专业人员信用档案，并按有关规定向社会公示。

建设工程造价咨询企业和造价专业人员应当按照有关规定，提供真实、准确、完整的信用档案信息。

建设工程造价咨询企业和造价专业人员因违法违规被依法查处的情况，应当作为不良记录记入其信用档案。

第四章 法律责任

第三十五条 建设单位、施工单位、建设工程造价咨询企业及其他相关单位，有下列情形之一的，依法予以处罚和处理，并追究赔偿责任；直接负责的主管人员和其他直接责任人员为国家工作人员的，依照有关规定给予行政处分或者予以问责；构成犯罪的，依法追究刑事责任：

（一）违反本办法第十六条第二款规定，擅自改变建设内容、扩大建设规模、提高建设标准，致使建设工程项目造价超过经批准的设计概算的；

（二）不按照本办法规定进行建设工程造价计价，造成国有资产流失或者损失的；

（三）因故意或者重大过失致使工程造价成果文件出现错误，造成国有资产流失或者损失的；

（四）违反本办法第二十三条规定，在签订合同时不履行规定义务，造成国有资产流失或者损失的；

（五）未严格执行基本建设程序或者在编制工程量清单前未依法完成设计文件的编制和审查，造成国有资产流失或者损失的。

第三十六条 建设工程造价咨询企业违反本办法第三十条第三项、第六项、第七项规定的，由建设行政主管部门给予警告，责令改正，可并处1万元以上3万元以下的罚款。

建设工程造价咨询企业违反本办法第二十九条第一款，第三十条第一项、第二项、第四项、第五项规定的，依照国家有关规定予以处罚。

第三十七条 建设行政主管部门及相关主管部门、建设工程造价管理机构的工作人员在建设工程造价监督管理工作中，滥用职权、玩忽职守、徇私舞弊、贪污受贿的，由任免机关或者监察机关依法给予行政处分；构成犯罪的，依法追究刑事责任。

第五章 附 则

第三十八条 本办法的具体应用问题，由省建设行政主管部门负责解释。

第三十九条 本办法自2010年6月1日起施行。

重庆市建设工程造价管理规定

（重庆市人民政府令第99号）

第一章　总　　则

第一条　为规范工程造价计价行为，维护工程建设各方的合法权益，确保工程质量，根据国家有关规定和《重庆市建筑管理条例》，制定本规定。

第二条　本市行政区域内投资建设的工程项目，在编制和确定工程估算、概算、预算、标底、投标报价、承包合同价、结算时，应遵守本规定。

第三条　市建设行政主管部门主管全市建设工程造价监督管理工作，日常工作由市建设工程造价管理机构负责。

区县（自治县、市）建设行政主管部门按职责分工负责本辖区内工程造价的监督管理工作。

第四条　计划、财政、物价、审计等行政管理部门按照各自职责，做好工程造价管理工作。

执行国务院行业工程造价依据的本市专业造价管理部门，在全市统一协调的基础上，负责本专业权限范围内工程造价的监督管理工作。

第二章　工程造价计价依据的制定

第五条　建设工程造价的计价依据包括：工程估算指标、概算指标、工程概算定额、预算定额、费用定额、工程单位基价表、劳动定额、工期定额、人工单价、工程材料、设备预算和结算价格及各项税费等。

本市工程造价依据分为统一计价依据、行业计价依据和一次性补充计价依据。

第六条　建设工程造价的统一计价依据由市建设行政主管部门根据国家统一规定的标准，结合本市实际组织编制，经会同计划、财政、物价等部门共同审查后，由市建设行政主管部门发布实施。

第七条　市建设工程造价管理机构负责各类统一计价依据的测定、编制、解释、裁定和技术经济鉴定，对定额缺项而又行之有效的新结构、新材料、新设备、新工艺负责编制补充定额。

第八条　行业计价依据中的指标、定额、基价表按国家行业主管部门制定的标准执行；人工单价、工程材料、设备预算和结算价格参照本市的标准执行。

第九条　建设工程造价实行动态管理。市工程造价管理机构应定期发布人工单价、工程材料、半成品、设备等信息价格、结算价格。

区县（自治县、市）工程造价管理机构负责调查、核实本地材料的现场结算价格，报市工程造价管理机构统一发布。

各级工程造价管理机构应建立工程造价数据库，为工程造价的计价和管理提供依据。

第十条　鼓励在工程造价计算中开发、应用计算机软件。采用本市统一计价依据开发、销售的工程造价计算机软件，须报经市建设工程造价管理机构鉴定。

第三章 工程造价的确定与控制

第十一条 建设工程造价，应根据建设项目不同阶段的计价依据和编制办法，由有资格的单位编制。

第十二条 建设项目的投资估算，应根据投资估算指标等编制期的计价依据和有关规定以及编制期至竣工期的价格、利率、汇率等动态因素进行编制，并报经计划管理部门批准。

第十三条 建设工程概算应根据编制期的概算指标、概算定额、费用定额、单位基价表等有关规定及编制期至竣工期的动态因素进行编制，报经建设行政主管部门备案后，作为控制施工图设计和工程预算的依据。但涉及政府投资的建设工程概算，应当征得计划管理部门的同意。

第十四条 建设工程预算应根据编制期的预算定额、单位基价表、费用定额、工程类别费用核定书、施工图及施工组织设计方案，以及价差调整等有关规定进行编制，由工程承发包双方共同核定。

第十五条 建设工程招标标底应根据编制期的概预算定额，单位基价表、费用定额、工程类别费用核定书、价差调整等有关规定和招标文件、施工图、施工组织设计方案等进行编制。

一个工程只能有一个标底价。对国有、国有控股和集体投资的工程的标底价，必须经工程造价管理机构或其授权机构审定。

第十六条 建设工程投标报价应根据设计图纸、招标文件和相关定额等规定，结合企业的技术条件、管理水平和市场行情自主确定。

第十七条 招标工程的中标价应体现管理科学、技术可靠、质量保证、计价合理。

第十八条 建设工程合同价应以中标价或以审定后的工程预算为基础，明确工程造价调整的范围和方式、工程预付款和进度款付款方式，以及工程造价结算方式等项内容后确定。国有、国有控股和集体投资的工程，其合同价必须报经工程造价管理机构审查。

第十九条 建设工程结算应根据编制期的预算定额、单位基价表、费用定额、工程类别费用核定书、价差调整等有关规定，以及招标文件、承发包合同、施工图、施工组织设计方案、会审记录、开工报告、隐蔽验收和工程进度记录、设计变更资料、现场签证和竣工图等进行编制。

第二十条 国有和集体投资建设的竣工工程结算实行审定制度。施工单位和建设单位应在工程竣工验收前完成编制和审核，并由建设单位向各级工程造价管理机构报审，报审的竣工工程结算文件必须由双方单位共同认定，签盖双方单位和批准人印章以及编制、审核人的相关资格证章。

未能共同认定的竣工工程结算文件，可向建设工程造价管理机构申请调解、裁定。

建设工程造价管理机构在收到共同认定的竣工工程结算文件后，应在一个月内作出审定结论，大中型竣工工程结算的审定可视其具体情况适当延长。

第二十一条 经建设工程造价管理机构审定的竣工工程结算可作为工程价款结算和调

解、处理工程造价纠纷的依据。

未按本规定报送审定的竣工工程结算，不得作为工程竣工验收和工程竣工决算的依据。

第二十二条 财政部门应当加强财政投资建设项目的资金管理和监督。凡属政府财政性资金投资的基本建设项目，除按本章有关规定办理外，其工程标底、工程预算、工程价款结算、工程竣工财务结（决）算，还须由财政部门确认。

第二十三条 审计机关负责对国家建设项目的概、预算执行情况和年度决算、工程项目决算依法进行审计监督。凡市财政性建设资金安排的建设项目，实行必审制度。

第四章 工程造价的执业监督

第二十四条 对工程造价咨询机构和专业人员实行工程造价咨询单位资质证书、造价工程师注册证书和工程概预算人员资格证书制度，具体办法按国家和市有关规定执行。

第二十五条 设立建设工程造价咨询（工程监理、发包代理）单位，必须按国家和本市有关规定，向市建设行政主管部门申办资质审批手续，取得相应资质等级证书并办理工商、税务登记后，方可从事业务活动。

第二十六条 市外工程造价咨询单位进入本市，必须到市建设工程造价管理机构办理准入手续，并到工程所在地的工程造价管理机构办理登记。

第二十七条 建设工程造价咨询单位可根据委托承担下列业务：

（一）建设项目投资估算的编制、审核及项目经济评价；

（二）工程概算、工程预算、工程结算、竣工决算、工程招标底价、投标报价的编制、审核；

（三）工程变更及合同价款的调整和索赔费用的计算；

（四）建设项目各阶段的工程造价控制；

（五）工程经济纠纷的鉴定；

（六）工程造价计价依据的编制、审核；

（七）与工程造价业务有关的其他事项。

第二十八条 建设工程造价咨询单位承接造价咨询业务时必须与委托方签订书面合同，在资质证书核定的范围内从事咨询活动，不得以同一咨询文件分别为多方编、审工程造价。联合承接业务时，应由一个咨询单位与委托方签订合同，对委托方负责，联合方应签订联营合同。

第二十九条 当事人对建设工程造价咨询单位出具的工程造价文件有异议的，建设工程造价咨询单位应在收到意见书后10日内予以书面答复。当事人对答复不服的，可在收到答复意见书之日起10日内向市建设工程造价管理机构申请复核。

第三十条 建设工程造价咨询单位应对所承接的造价咨询项目进行登记，建立严格的编、审制度和档案管理制度，接受建设工程造价管理机构的检查监督。

第三十一条 市内从事工程造价的专业人员应持相应的资格证书上岗。

市外造价专业人员进入本市从事造价业务，须持相应资格证书到市建设工程造价管理机构验证注册，并在相应资格证书范围内执业。

第三十二条 从事建设工程造价编制、审核、评估、监控、管理的单位和专业人员应当接受建设行政主管部门的指导和监督，严格按照国家和市的有关规定编、审工程造价，不得弄虚作假、抬价、压价或附加不合理条件。

第五章 法律责任

第三十三条 有下列行为之一的，由建设行政主管部门责令改正，视具体情况，处10000元以上30000元以下的罚款：

（一）不按本规定报审招标工程标底、施工合同价和竣工工程结算文件，经责令补报仍然逾期不报的；

（二）施工、建设单位与造价咨询单位互相串通、弄虚作假，提高工程造价的；

（三）违反市建设工程造价管理规定，附加不合理条件，压低工程造价的。

第三十四条 建设工程造价咨询单位从事造价咨询业务有下列行为之一的，由建设行政主管部门处10000元以上30000元以下的罚款；有本条第（二）（三）（四）项行为之一且情节严重的，依法注销资质证书：

（一）未取得建设工程造价咨询单位资质证书从事工程造价业务的；

（二）隐瞒真实情况、弄虚作假申请资质等级的；

（三）超过资质等级规定的范围，承担工程造价咨询业务的；

（四）出借、出租、转让、出卖工程造价咨询单位资质证书的。

第三十五条 建设工程造价计价及管理人员有下列行为之一的，由建设行政主管部门单处或并处警告、1000元以上5000元以下的罚款；有本条第（二）（三）（四）（五）项行为之一且情节严重的，依法注销资质证书；涉嫌犯罪的，移送司法机关依法处理：

（一）无证承接工程造价业务的；

（二）超越资格证核定范围，承接工程造价业务的；

（三）允许他人以自己名义从事工程造价活动的；

（四）接受同一咨询文件，同时为相关各方编审工程造价的；

（五）泄漏招标工程标底、压低或哄抬标价的；

（六）工程造价管理人员滥用职权、营私舞弊的。

第三十六条 当事人对建设行政主管部门作出的具体行政行为不服的，可以依法申请行政复议或者向人民法院提起行政诉讼。

当事人逾期不申请行政复议，也不向人民法院提起行政诉讼，又不履行行政处罚决定的，作出行政处罚决定的建设行政主管部门可以申请人民法院强制执行。

第六章 附 则

第三十七条 本规定应用中的具体问题由市建设行政主管部门负责解释。

第三十八条 本规定自2000年9月1日起施行。

云南省建设工程造价管理条例

（2002 年 9 月 27 日云南省第九届人民代表大会常务委员会第三十次会议通过根据2004 年 11 月 26 日云南省第十届人民代表大会常务委员会第十三次会议《云南省人民代表大会常务委员会关于〈云南省建设工程造价管理条例〉涉及行政许可内容的修改决定》修正）

第一条 为了加强建设工程造价管理，合理确定工程造价，确保工程质量，提高投资效益，维护工程建设各方的合法权益，促进建设事业的发展，根据有关法律、法规，结合本省实际，制定本条例。

第二条 本省行政区域内的建设工程造价活动，适用本条例。

人民政府有关职能部门对下列建设工程的造价及其管理活动进行审查、监督：

（一）使用国有资金或者国家融资五十万元以上的建设工程；

（二）基础设施、公用事业等关系社会公共安全的项目；

（三）使用国际组织或者外国政府贷款、援助资金的建设工程。

第三条 本条例所称建设工程造价，是指建设工程从立项到竣工验收交付使用所需的全部费用，包括项目前期费、建筑安装工程费、设备及工器具购置费、预备费、工程建设移民安迁等其他费、建设期银行贷款利息和固定资产投资方向调节税等。

第四条 省建设行政主管部门负责全省建设工程造价管理工作；地、州、市、县建设行政主管部门按照分级管理的原则负责建设工程造价管理工作。

发展计划、经济贸易等行政主管部门和其他有关部门按照各自的职责负责相关的建设工程造价管理工作。

第五条 建设行政主管部门在建设工程造价管理工作中履行下列主要职责：

（一）负责组织建设工程投资主体和有关部门审查本级政府管理的建设工程竣工结算；

（二）统一管理建设工程标准定额，编制并公布通用建设工程标准定额；

（三）负责建设工程造价纠纷的技术鉴定和行政调解；

（四）负责建设工程造价咨询单位资质认定和工程造价专业技术人员的管理工作。

前款所称建设工程标准定额是指建设工程的投资估算指标、概算定额、预算定额、费用定额、工期定额、劳动定额等计价依据和材料预算价格信息及工程造价指数。

专业建设工程标准定额由省有关部门编制，经省建设行政主管部门审查同意后公布施行。

第六条 建设工程实行项目法人责任制，方案评审制。项目法人对建设项目的决策、造价、质量、工期全面负责。

第七条 鼓励在工程造价计算中开发、应用计算机软件。采用本省标准定额开发、销售的工程造价计算机软件，须经省建设行政主管部门鉴定。

第八条 建设项目可行性研究报告的投资估算，应当根据建设规模、建设标准、建设条件、建设工期、设备选型和编制期至竣工期的价格、利率、汇率变动等因素，按照建设工程标准定额和投资估算编制办法进行编制。

建设项目可行性研究报告的投资估算由发展计划行政主管部门或者经济贸易行政主管部门负责审批，或者报上一级行政主管部门审批。

第九条　初步设计概算应当根据已批准的可行性研究报告，按照建设工程标准定额和概算编制办法进行编制。

房屋建筑工程和市政工程的初步设计概算由建设行政主管部门审批，其中，涉及国家投资和财政预算资金安排的项目由建设行政主管部门会同发展计划行政主管部门审批；其他项目的初步设计概算由发展计划行政主管部门会同建设行政主管部门审批。

第十条　建设工程估算、概算、结算的审批不得超过六十日，大型建设项目经行政主管部门负责人批准，可以适当延长审批时间。

第十一条　施工图预算应当根据施工图和施工组织方案，按照建设工程标准定额及预算编制办法进行编制。

第十二条　投标报价应当根据建设工程标准定额和招标文件，并结合企业的技术条件、管理水平自主确定。

第十三条　建设工程合同价应当根据招标文件和中标人的投标文件确定。

建设工程合同应当自签订之日起三十日内，连同招投标文件一并送建设行政主管部门登记备案。

第十四条　建设工程竣工结算应当根据批准的初步设计及其概算、建设工程合同的约定、批准的设计变更和竣工结算编制办法进行编制。

第十五条　建设单位应当按照批准的初步设计及其概算进行建设，不得擅自扩大建设规模、增加建设内容、提高建设标准。建设过程中确需超额调整概算的，应当由原审批部门审批。

第十六条　设计单位应当按照本条例的规定编制投资估算、初步设计概算，不得擅自提高或者降低定额标准进行编制。

第十七条　施工单位应当按照本条例规定编制施工图预算、结算，不得擅自提高或者降低定额标准，并按照施工图要求和施工技术标准进行施工。

第十八条　建设工程造价咨询单位应当取得国家或者省建设行政主管部门核发的资质证书，在资质证书规定的范围内从事建设工作造价活动。

建设工程造价专业技术人员应当取得国务院建设行政主管部门核发的造价工程师执业资格证书或者经省建设行政主管部门培训合格后，方可按照规定从事建设工程造价活动。

省外建设工程造价咨询单位或者个人在本省从事建设工程造价咨询活动的，应当到省建设行政主管部门备案。

违反前三款规定的单位和个人编制和审核的建设工程造价，不得作为审批或者价款审定的依据。

第十九条　建设工程造价咨询单位不得超越资质等级编制、审查概算、预算和结算，也不得违反本条例规定编制、审查概算、预算和结算。

建设工程监理单位不得编制虚假的监理报告。

第二十条　有关行政管理部门在建设工程造价管理工作中，不得违反国家和省的规定擅自收取费用。

第二十一条 违反本条例第十五条规定，建设单位擅自扩大建设规模、增加建设内容、提高建设标准的，由原审批部门责令改正，并由行政监察部门对直接负责的主管人员和其他直接责任人员给予行政处分。

第二十二条 违反本条例第十六条规定，设计单位擅自提高或者降低定额标准编制估算或者概算的，由原估算或者概算的审批部门责令改正，可以处该建设工程总设计费百分之五以上百分之二十以下的罚款；拒不改正的，由省建设行政主管部门降低资质等级直至吊销资质证书。

第二十三条 违反本条例第十七条规定，施工单位擅自提高或者降低定额标准编制预算、结算的，或者未按照施工图要求和施工技术标准进行施工的，依法承担责任，并处该建设工程合同价百分之二以上百分之四以下的罚款；拒不改正的，由省建设行政主管部门降低资质等级直至吊销资质证书。

第二十四条 违反本条例第十八条第一、二、三款规定，未取得资质证书、资格证书或者超越资质证书的范围以及未经培训合格从事建设工程造价活动的，省外建设工程造价咨询单位、个人未经备案从事建设工程造价活动的，由县以上建设行政主管部门责令改正，没收违法所得；拒不改正的，处违法所得一倍以上五倍以下的罚款。

第二十五条 违反本条例第十九条第一款规定，建设工程造价咨询单位超越资质等级编制、审查概算、预算和结算，或者不按本条例规定编制、审查概算、预算和结算的，由县以上建设行政主管部门责令改正，没收违法所得，并处违法所得一倍以上五倍以下的罚款；拒不改正的，按照国家有关规定降低资质等级直至吊销资质证书。

违反本条例第十九条第二款规定，建设工程监理单位编制虚假的监理报告，造成工程造价不实的，由县以上建设行政主管部门责令改正，处该建设工程监理费百分之一以上百分之三以下的罚款；拒不改正的，由省建设行政主管部门降低资质等级直至吊销资质证书。

第二十六条 违反本条例第二十条规定，擅自收取费用的，由同级价格行政主管部门责令将擅自收取的费用退还当事人，并由同级行政监察部门对直接负责的主管人员和其他直接责任人员给予行政处分。

第二十七条 当事人对行政处罚决定不服的，依照《中华人民共和国行政复议法》和《中华人民共和国行政诉讼法》的规定办理。

第二十八条 国家机关工作人员在建设工程造价管理工作中玩忽职守、滥用职权、徇私舞弊的，依法给予行政处分；构成犯罪的，依法追究刑事责任。

第二十九条 本条例自2002年11月1日起施行。

陕西省建设工程造价管理办法

（陕西省人民政府令第133号）

第一章　总　　则

第一条　为了加强建设工程造价管理，规范建设工程造价计价行为，合理确定工程造价，维护工程建设各方的合法权益，根据《中华人民共和国建筑法》、《陕西省建筑市场管理条例》等有关法律法规，结合本省实际，制定本办法。

第二条　本省行政区域内的建设工程造价及其管理，适用本办法。

第三条　本办法所称建设工程造价，是指建设工程从筹建到竣工验收交付使用所需的全部投资。

本办法所称建设工程造价计价，是指按照计价依据、程序和方法计算建设工程造价的活动。

第四条　县级以上人民政府建设行政主管部门负责本行政区域内的建设工程造价监督管理工作，其所属的建设工程造价管理机构具体负责建设工程造价管理工作。

发展改革、财政、审计等行政主管部门，按照各自职责，做好相关的建设工程造价监督管理工作。

执行国务院行业专业工程造价依据的交通、水利、煤炭等有关行政主管部门，负责本行业专业工程造价的监督管理工作。

第五条　建设工程造价行业协会应当加强行业自律，发挥行业服务和协调作用。

第二章　建设工程造价计价依据的制定

第六条　建设工程造价计价依据包括：

（一）投资估算指标；

（二）概算定额、预算定额、消耗量定额、费用定额、工期定额；

（三）工程量清单计价规则；

（四）人工、材料和施工机械台班预算价格、指导价格以及市场价格；

（五）国家以及本省规定的其他有关计价依据。

第七条　建设工程造价计价依据按照下列规定制定和管理：

（一）建设工程的投资估算指标、概算定额及其配套的其他费用定额由省人民政府发展改革行政主管部门会同省建设等有关行政主管部门制定并实施管理；

（二）房屋与市政基础设施建设工程的预算定额、消耗量定额、工期定额、费用定额及工程量清单计价规则由省人民政府建设行政主管部门制定并实施管理；

（三）执行国务院行业专业工程造价依据的交通、水利、煤炭等有关行政主管部门，可以结合本省实际，会同省人民政府发展改革、建设行政主管部门编制地方性补充定额并实施管理。

第八条　省、设区的市和杨凌示范区建设工程造价管理机构应当建立建设工程造价数据库，定期发布本行政区域内人工、材料、施工机械台班的市场价格、建设工程造价指数等造价信息。各行业工程造价管理机构可以结合本行业特点进行调整与补充。

第九条 建设工程造价计价，应当使用按照本省计价依据和行业计价依据开发的建设工程造价计算机软件，开发的计算机软件应当经相关行业省级工程造价管理机构评审。

第三章 建设工程造价的确定

第十条 建设工程造价计价，包括下列各项：

（一）编制投资估算；

（二）编制设计概算；

（三）编制施工图预算；

（四）编制工程量清单；

（五）编制招标标底或者最高限价；

（六）编制投标报价；

（七）约定工程合同价；

（八）工程结算和竣工决算。

第十一条 建设工程造价的编制确定应当符合下列规定：

（一）投资估算应当由具有相应资质的编制单位或者工程造价咨询机构编制，由建设项目审批或者核准的主管部门批准或者核准；

（二）设计概算应当由具有相应资质的设计单位或者工程造价咨询机构编制，由建设项目初步设计审批或者核准的主管部门批准或者核准；

（三）施工图预算由建设单位或者其委托的工程造价咨询机构、施工单位分别编制确定；

（四）建设工程量清单、招标标底或者最高限价应当由具有相应资质的工程造价咨询、招标代理机构编制并经建设单位认可，具备自行组织招标条件的建设单位也可自行编制确定；

（五）投标报价由投标企业自主编制确定；

（六）合同价款、合同价款调整和工程结算由合同当事人按照国家和本省有关规定在合同中约定；

（七）建设项目竣工决算，依照国家和本省有关财务决算的规定执行。

第十二条 全部使用国有资金投资或者国有资金投资占控股或者主导地位的建设项目施工招标应当编制最高限价。

第十三条 全部使用国有资金投资或者国有资金投资占控股或者主导地位的建设项目，在实施过程中，其投资估算或者设计概算未经项目审批或者核准的主管部门批准或者核准，不得突破。

第十四条 依法招标的建设项目应当采用工程量清单计价模式。

第十五条 建设工程造价中的下列费用不列入招投标竞争性费用：

（一）养老保险；

（二）失业保险；

（三）医疗保险；
（四）工伤及意外伤害保险；
（五）残疾人就业保险；
（六）女工生育保险；
（七）建设工程定额测定费；
（八）住房公积金；
（九）安全文明施工措施费用；
（十）国家和省政府规定的其他费用。

第十六条 发包人和承包人应当按中标价签订《建设工程施工合同》，合同应当对下列建设工程造价计价事项作出约定：
（一）工程合同价（包括总价和工程量清单综合单价）；
（二）预付建设工程款的数额、支付时限以及抵扣方式；
（三）建设工程进度款的支付方式、数额以及支付时限；
（四）工程施工中发生变更时，工程价款的调整方法、索赔方式、支付时限要求以及金额支付方式；
（五）约定承担风险的范围、幅度以及超出约定范围、幅度的调整办法；
（六）工程竣工价款的结算、结算审核与支付方式、数额以及支付时限；
（七）工程质量保证（保修）金的数额、预扣方式以及支付时限；
（八）安全文明施工措施费用；
（九）施工工期以及工期提前或者延后的奖惩办法；
（十）与履行合同、支付价款相关的担保事项；
（十一）发生工程价款纠纷的解决方法；
（十二）双方认为应当约定的其他工程造价计价事项。

发包人与承包人应当在合同签订之日起30日内按规定将合同副本报县级以上人民政府建设行政主管部门备案。

第十七条 国有投资或者国有资金投资占控股或者主导地位的建设项目的工程结算和竣工决算审计，按照《陕西省国家建设项目审计办法》执行。

建设工程竣工结算需审核的，建设单位可以委托具有相应资质的工程造价咨询机构审核。审核成果应当报所在地设区的市级工程造价管理机构备案。

行业专业工程竣工结算审核成果报省行业工程造价管理机构备案。

第十八条 建设工程造价发生合同纠纷，可通过下列方式解决：
（一）由双方当事人协商解决；
（二）提请工程造价管理机构进行调解；
（三）向有关仲裁机构申请仲裁或者向人民法院提起诉讼。

第四章 建设工程造价机构及人员管理

第十九条 从事建设工程造价咨询、招标代理的机构，应当依法取得资质证书，并在其资质等级许可范围内，从事建设工程造价咨询、招标代理业务。

第二十条 本省建设工程造价咨询、招标代理机构设立分支机构，应当向省人民政府建设行政主管部门备案。

外省建设工程造价咨询、招标代理机构在本省从事相关业务活动，应当向省人民政府建设行政主管部门备案。

第二十一条 未取得造价工程师执业资格证书、注册证书的人员，不得从事建设工程造价活动。

造价员从业管理按照有关规定执行。

第二十二条 建设工程造价咨询、招标代理机构在建设工程造价计价活动中不得有下列行为：

（一）涂改、倒卖、出租、出借资质证书，或者以其他形式非法转让资质证书；

（二）超越资质等级范围承接业务；

（三）同时接受招标人和投标人或者两个以上投标人对同一建设工程项目的工程造价咨询、招标代理业务；

（四）以给予回扣、恶意压低收费等方式进行不正当竞争；

（五）转包承接的工程造价咨询、招标代理业务；

（六）法律法规禁止的其他行为。

第二十三条 注册造价工程师不得有下列行为：

（一）在执业过程中索贿、受贿、行贿，谋取合同约定费用外的其他利益；

（二）签署有虚假记载、误导性陈述的工程造价成果文件；

（三）以个人名义承接工程造价业务；

（四）允许他人以自己名义从事工程造价业务；

（五）同时在两个或者两个以上单位执业；

（六）涂改、倒卖、出租、出借或者以其他形式非法转让注册证书或者执业印章；

（七）法律法规禁止的其他行为。

第二十四条 建设工程造价咨询、招标代理机构在承接业务时，应当与委托人订立书面合同，并按照规定出具成果文件。

第二十五条 建设工程造价咨询、招标代理机构应当对承接的项目进行登记，建立严格的质量控制、统计报表和档案管理制度，接受建设行政主管部门的监督检查。

第二十六条 县级以上人民政府建设行政主管部门和有关行业主管部门对建设工程造价咨询、招标代理机构执业情况进行监督检查时，可以采取下列措施：

（一）要求被检查单位提供工程造价咨询、招标代理机构资质证书、造价工程师注册证书，有关工程造价的业务文档、技术档案管理、质量控制等管理制度文件；

（二）查阅工程造价咨询、招标代理成果文件以及合同等相关资料；

（三）纠正违反计价规定的行为。

监督检查机关应当将监督检查的处理结果向社会公布。

第二十七条 建设行政主管部门应当建立工程造价咨询、招标代理机构信用档案。建设工程造价咨询、招标代理机构应当按照有关规定，向资质许可机关提供真实、准确、完整的企业信用档案信息。

被投诉举报处理和受行政处罚等情况作为企业的不良记录记入其信用档案。

任何单位和个人有权查阅信用档案。

第五章　法律责任

第二十八条　违反本办法第十二条规定，全部使用国有资金投资或者国有资金投资占控股或者主导地位的建设项目施工招标未编制最高限价的，由县级以上人民政府建设行政主管部门责令改正。

第二十九条　违反本办法第十三条规定，建设单位未经项目审批或者核准的主管部门批准或者核准，工程造价超过批准的投资估算或者设计概算的，由其上级主管部门或者监察机关对直接负责的主管人员和其他直接责任人员，依法给予行政处分。

第三十条　违反本办法第十四条规定，依法招标的建设项目未采用工程量清单计价模式的，由县级以上人民政府建设行政主管部门责令改正。

第三十一条　违反本办法第十六条第二款、第十七条第二款规定，未进行备案的，由县级以上人民政府建设行政主管部门责令限期改正。

第三十二条　违反本办法第二十二条、二十三条规定的，由县级以上人民政府建设行政主管部门或者其他有关部门给予警告，责令限期改正，没有违法所得的，处以2千元以上1万元以下罚款；有违法所得的，没收违法所得，并处以违法所得3倍以下且不超过3万元的罚款。涉嫌犯罪的，移送司法机关依法查处。

第三十三条　国家机关工作人员在建设工程造价监督管理工作中玩忽职守、滥用职权、徇私舞弊的，由其上级主管部门或者监察机关依法给予行政处分。

第六章　附　　则

第三十四条　本办法自2008年4月1日起施行。

甘肃省建筑市场管理条例

（甘肃省人民代表大会常务委员会公告第35号）

（1996年6月1日甘肃省第八届人民代表大会常务委员会第二十一次会议通过根据2004年6月4日甘肃省第十届人民代表大会常务委员会第十次会议《关于修改〈甘肃省建筑市场管理条例〉的决定》修正2010年11月26日甘肃省第十一届人民代表大会常务委员会第十八次会议修订）

第一章　总　　则

第一条　为加强建筑市场监督管理，规范建筑市场秩序，保障建筑工程质量安全，维护建筑活动当事人的合法权益，根据《中华人民共和国建筑法》和有关法律、法规，结合本省实际，制定本条例。

第二条　凡在本省行政区域内从事各类房屋建筑工程、市政基础设施工程及其附属设施的新建、改建、扩建、装饰装修和与其配套的线路、管道、设备的安装活动的单位和个人，均应遵守本条例。

第三条　建筑市场活动，应当遵循统一开放、有序竞争、诚信守法的原则。禁止以任何形式垄断建筑市场或者扰乱市场秩序。

第四条　县级以上建设行政主管部门负责本行政区域内建筑活动的统一监督管理，其所属的建筑管理、质量安全、工程标准、工程造价、招标投标等机构按照各自的职权，负责日常监督管理工作。

其他相关部门依照各自职责，共同做好建筑市场的监督管理工作。

第五条　从事建筑活动应当遵守工程建设程序，执行国家和地方工程建设标准，积极采用新技术、新工艺、新材料、新设备，创新管理方式，保证工程质量，降低能耗，保护环境，促进建筑行业健康发展。

第二章　市 场 准 入

第六条　工程建设专业技术人员应当取得执业资格，经注册后，方可在其执业资格等级许可范围内从事执业活动。

第七条　从事建筑活动的企业应当向建设行政主管部门提出资质申请，取得资质后，方可在其资质等级许可范围内从事建筑活动。

省外企业进入本省从事建筑活动，应当向省建设行政主管部门办理从业资质备案，建设行政主管部门应当对其资质证书、个人执业证书及相关的信用状况进行核验。

第八条　建设行政主管部门应当对取得资质或者资格从事建筑活动的企业和工程建设专业技术人员进行定期或者随机检查，对因条件发生变化不再符合相应资质、资格条件的，应当责令整改，经整改仍未达到要求的，依法撤销或者重新核定其资质资格。

第九条 依法招标的建筑工程，应当进入有形建筑市场公开交易，承包人应当在有形建筑市场通过投标承包工程。

市（州）设立有形建筑市场，由省建设行政主管部门初审后按规定程序报批。

县（市、区）设立有形建筑市场，应当由市（州）建设行政主管部门初审后，报省建设行政主管部门审批。

第十条 建筑工程开工前，发包人应当按国家有关规定向工程所在地县级以上建设行政主管部门申请领取施工许可证。未依法取得施工许可证，不得开工建设。

第十一条 建筑工程申请领取施工许可证，应当具备下列条件：

（一）有项目法人或者管理机构；

（二）取得建设项目规划许可；

（三）施工图设计文件已获审查合格；

（四）建设资金已按规定落实；

（五）按规定进入有形建筑市场公开交易；

（六）有施工单位的中标通知书；

（七）按规定实行监理的建筑工程有委托监理合同；

（八）已办理工程质量监督手续和施工安全备案；

（九）法律、法规规定的其他条件。

第三章 工程发包

第十二条 建设项目实行报建制度。发包人应当在建筑工程发包之前，通过省建筑市场综合监管信息平台，向建设行政主管部门办理报建手续。

第十三条 建筑工程应当依法发包。

建筑工程发包应当具备下列条件：

（一）有项目法人或者管理机构；

（二）已取得建设项目规划许可；

（三）施工图设计文件已获审查合格；

（四）已经办理报建手续；

（五）法律、法规规定的其他条件。

第十四条 签订建筑工程承包合同应当符合以下要求：

（一）与招标文件、投标文件和中标通知书的内容一致；

（二）执行国家、省现行工程造价计价依据和计价办法，明确约定预付备料款、工程进度款和竣工结算尾款的支付条件、程序、期限以及逾期支付的处理办法。采用固定价合同时，应明确约定正常情况下合同价款包括的风险范围、风险幅度、风险费用等调整因素和调整方法。

第十五条 发包人应当在建设工程合同签订后7个工作日内，将建筑工程承包合同报送县级以上建设行政主管部门备案。依法变更合同或者签订补充协议，对合同造价、工期、质量标准、工程款支付方式等实质性条款进行变更的，应当报原备案机关备案。

承发包双方对同一建筑工程合同内容有异议的，以备案合同为准。

第十六条 发包人不得有下列行为：

（一）违反工程建设程序；

（二）与投标人相互串通或者以不正当手段排斥其他投标人，规避招标、虚假招标；

（三）对勘察、设计、施工、工程监理等单位提出不符合安全生产法律、法规和工程建设强制性标准要求；

（四）任意压缩合理工期；

（五）将单位工程肢解发包给两个或者两个以上单位；

（六）违反法律、法规规定，要求承包人购入其指定的建筑材料、构配件和设备；

（七）以降低建筑工程不可竞争性费用为条件发包工程；

（八）要求承包人将建筑工程转包或者违法分包给其他单位；

（九）未取得工程造价执业资格自行编制造价成果文件，自行或者授意工程造价企业提高或者降低计价标准编制造价成果文件；

（十）将建筑工程发包给不具备相应资质的承包人或者未经资质核验的省外企业；

（十一）不按规定进入有形建筑市场依法公开交易；

（十二）对实行政府指导价的工程项目，不按规定计取监理费；

（十三）违反法律、法规的其他行为。

第十七条 政府投资项目推行代建制。

发包人通过招标方式选择代建单位，负责项目投资管理和建设实施的组织工作。

具体代建办法由省人民政府制定。

第四章 工 程 承 包

第十八条 承包人应当在施工现场成立以项目经理为核心的项目管理机构，配备投标文件中承诺的项目、技术、安全负责人。

第十九条 施工总承包人或者专业承包人进行劳务作业分包时，应当分包给具备相应资质的劳务分包人，并依法签订劳务合同。

第二十条 承包人不得转包所承包的建筑工程。

有下列行为之一的，视为转包：

（一）承包人承包建筑工程后，将其承包的全部建筑工程转给他人或者肢解后以分包的名义分别转给他人承包；

（二）施工总承包人或者专业承包人未在施工现场设立项目管理机构、派驻项目经理及必备项目管理人员；

（三）施工现场的项目经理、技术、安全负责人不是该建筑工程承包企业人员，或者未经监督管理部门同意，随意更换投标文件中承诺的项目经理、技术、安全负责人；

（四）项目收款人账号不属承包人；

（五）法律、法规禁止的其他行为。

第二十一条 承包人不得违法分包所承包的建筑工程。

有下列行为之一的，视为违法分包：

（一）总承包人将建筑工程分包给不具备相应资质条件的承包人；

（二）工程总承包合同中未有约定，又未经发包人认可，分包工程发包人将承包工程中的部分专业工程分包给他人；

（三）施工总承包人将建筑工程主体结构的施工分包给他人；

（四）分包人将其承包的全部建筑工程再分包。

第二十二条 承包人不得有下列行为：

（一）违反工程建设程序和工程建设强制性标准；

（二）与其他投标人或者发包人相互串通投标，低于成本价竞标或者以不正当手段排斥其他投标人；

（三）无资质或者超越资质等级范围承揽建筑工程；

（四）未取得施工许可擅自施工；

（五）提供虚假证明材料投标承包建筑工程；

（六）允许其他单位、个人以本企业名义承揽建筑工程；

（七）以联合体方式中标后，单独或者与其他单位组成新的联合体进行同一建筑工程的施工；

（八）不按合同约定支付劳务人员工资；

（九）未办清工程款结算即交付使用；

（十）聘用不具备相应资质资格人员从事建筑活动；

（十一）违反法律、法规的其他行为。

第五章 中介服务

第二十三条 建设工程招标代理机构的资格由省级以上建设行政主管部门认定。

建设工程招标代理机构应当在招标人委托的范围内，依法开展招标代理业务。

第二十四条 招标代理、造价咨询、项目代建等中介服务的取费应当按照国家和省相关规定执行，委托单位应当按照合同约定承担并支付相关费用。

第二十五条 推行建设工程担保制度。实行建设工程承包商履约担保的工程，发包单位、承包单位应当同时提供等额支付担保、履约担保。

第二十六条 中介服务企业和从业人员不得有下列行为：

（一）违反工程建设程序和工程建设强制性标准；

（二）无资质或者超越资质等级范围承揽业务；

（三）允许其他单位、个人以本单位名义承揽业务；

（四）同时接受发包人和承包人在同一项目中的中介服务委托；

（五）用回扣等不正当竞争手段承揽业务；

（六）转让所承揽的业务；

（七）使用非本单位的注册执业人员；

（八）不按规定计取服务费用，随意压价扰乱建筑市场；

（九）出具虚假证明；

（十）擅自修改成果文件；

（十一）违反法律、法规的其他行为。

第六章 质量安全

第二十七条 建筑工程的建设、勘察、设计、施工单位应当建立完善工程质量安全保证体系，严格执行工程质量安全管理规定及工程建设强制性标准，对勘察、设计、施工质量安全负责。

建筑工程的施工图审查、监理、检测单位应当建立完善工程质量安全控制体系，对工程质量安全保证体系进行管理和控制，承担审查、监理、检测责任。

建设行政主管部门应当建立完善工程质量安全监督体系，有效利用施工图审查、监理、检测等控制手段，对勘察、设计、施工单位的质量安全保证体系运行及工程实体质量和施工安全进行监督检查。

第二十八条 下列建筑工程必须实行监理：

（一）重点建设工程；

（二）大中型公用事业工程；

（三）各类校舍工程；

（四）住宅小区工程；

（五）利用外国政府或者国际组织贷款、资助资金的工程；

（六）国家规定必须实行监理的其他工程。

第二十九条 监理单位及其从业人员从事监理活动，应当执行工程建设标准、规范和规程，按照合同约定办理受委托事务，并对其提供的信息、数据、结论以及出具的证明、报告或者其他文件的合法性、真实性、准确性承担法律责任。

监理单位不得转让监理业务。监理单位与施工单位有隶属关系或者其他利益关系的，应当回避。

第三十条 发包人应当依法择优选用监理企业实施监理。监理企业应当依法独立公正地开展监理业务，按合同约定履行下列职责：

（一）根据所承担的监理任务，组建施工现场监理机构，做到专业配套，人员数量符合监理合同的约定；

（二）负责监控工程质量、安全和进度；

（三）协助发包人控制投资支出、合理支付工程款；

（四）发包人委托的其他职责。

第三十一条 实行政府指导价计取监理费的工程项目，发包人应当按工程进度向监理单位足额拨付监理费。建设行政主管部门应当会同有关部门加强监督检查，保障监理单位履行工程质量安全监理责任。

第三十二条 建筑工程质量监管机构应当对建筑工程施工过程加强监督检查，必要时可以对建筑工程实体质量组织检测。工程建设标准管理机构应当对工程建设标准执行情况加强监督管理，保障工程实体质量。

第三十三条 安全文明施工费应当在工程总价中单独列项，并按规定标准计取，不得列入招标投标的竞争性费用。发包人应当将安全文明施工费专户储存，专款专用。建设行政主管部门应当会同有关部门加强监督检查，保障建筑工程安全。

第三十四条 发包人应当在办理工程竣工验收备案前，将竣工结算文件报当地工程造价管理机构备案。

第三十五条 建设工程建成后，建设单位应当及时申请组织竣工验收。

第三十六条 发包人应当在工程竣工验收合格之日起15日内，到建设行政主管部门办理竣工验收备案。

办理竣工验收备案应当提交下列资料：

（一）工程竣工验收备案表；

（二）工程竣工验收报告及其附属文件；

（三）工程造价管理机构出具的竣工结算备案意见；

（四）工程质量监督机构出具的工程质量监督报告；

（五）施工单位签署的工程质量保修书；

（六）法律、法规规定的其他有关资料。

第七章 监督管理

第三十七条 省建设行政主管部门应当建立全省统一的建筑市场综合监管体系和信息平台，市（州）、县（市、区）建设行政主管部门应当统一使用信息平台对辖区内建筑市场进行综合监管，并及时上传更新数据。

省建筑市场综合监管信息平台应当将全省所有的建筑工程项目及其参与各方和人员的建筑活动，按统一标准实施动态监管，形成各级监管的联动机制和全省闭合的建筑市场综合监管体系。

第三十八条 省建设行政主管部门应当建立全省统一的建筑市场诚信体系，对各类企业、人员的建筑活动进行评价，对恶意拖欠劳务人员工资等违法违规和不诚信行为记入不良记录，并在信息平台上公布。

第三十九条 建设行政主管部门应当对建筑工程技术劳务人员进行实名制登记，记录其培训、就业、技术等级状况，作为其从业活动的职业经历及技术状况证明。

从事建筑活动岗位工作的技术劳务作业人员，应当按规定取得职业资格证书方可上岗作业。

从事建筑活动岗位工作的劳务作业人员，用人单位应当对其进行岗前技术、安全生产培训，经考核合格后上岗。

第四十条 省建设行政主管部门应当开展全省统一的建设项目管理体系评价、工程质量评价和施工企业技术进步评价。

第八章 法律责任

第四十一条 省外企业进入本省从事建筑活动，未向省建设行政主管部门办理从业资质核验的，责令限期改正，并可处以3万元以上10万元以下罚款。

第四十二条 发包人违反本条例规定，有下列情形之一的，由建设行政主管部门责令改正，并给予以下处罚：

（一）依法应当招标的建筑工程，未进入有形建筑市场公开交易的，处以10万元以上

50 万元以下罚款；

（二）将建筑工程发包给未经资质核验的省外企业的，处以 20 万元以上 50 万元以下罚款；

（三）未取得工程造价执业资格自行编制造价成果文件，自行或者授意工程造价企业提高或者降低计价标准编制造价成果文件的，处以 5 万元以上 10 万元以下罚款；

（四）未将建筑工程承包合同报送县级以上建设行政主管部门备案的，或者合同事项发生重大变更未报送原备案机关备案的，处以 1 万元以上 3 万元以下罚款；

（五）办理工程竣工验收备案前，未将竣工结算文件报当地工程造价管理机构备案的，处以 1 万元以上 3 万元以下罚款。

第四十三条 承包人违反本条例规定，有下列情形之一的，由建设行政主管部门责令改正，并给予以下处罚：

（一）以联合体方式中标后，单独或者与其他单位组成新的联合体进行同一建筑工程施工的，处以 10 万元以上 50 万元以下罚款；

（二）未取得施工许可擅自施工的，处以建筑工程合同价款 1% 以上 2% 以下罚款；

（三）未在施工现场成立以项目经理为核心的项目管理机构，配备投标文件中承诺的项目、技术、安全负责人的，处以 5 万元以上 10 万元以下罚款。

第四十四条 用人单位违反本条例规定，未对从事建筑活动岗位工作的劳务作业人员进行岗前技术和安全生产培训，或者人员考核不合格上岗的，由建设行政主管部门责令改正，并可处以 3 万元以上 5 万元以下罚款。

第四十五条 在建筑市场管理中，建设行政主管部门和有关部门工作人员有下列行为之一的，由其所在单位或者上级主管部门给予行政处分；构成犯罪的，依法追究刑事责任。

（一）对不具备资质、资格条件的单位和个人颁发资质、资格证书的；

（二）对符合法定条件的申请人未在规定期限内颁发资质、资格证书的；

（三）对不具备施工条件的工程颁发施工许可证的；

（四）故意拖延办理审批、验收手续的；

（五）在监督检查工作中索取或者接受管理对象的财物，或者谋取其他利益的；

（六）其他玩忽职守、滥用职权、徇私舞弊的行为。

第四十六条 违反本条例规定，其他法律、法规已有处罚规定的，从其规定。

第九章 附 则

第四十七条 本条例自 2011 年 1 月 1 日起施行。

青海省建设工程造价管理办法

（青海省人民政府令第79号）

第一章　总　则

第一条　为加强建设工程造价管理，规范建设工程造价计价行为，合理确定和有效控制工程造价，维护工程建设各方的合法权益，根据《中华人民共和国建筑法》、《青海省建筑市场管理条例》等有关法律、法规，结合本省实际，制定本办法。

第二条　本省行政区域内建设工程造价计价活动及其监督管理适用本办法。

国家对交通、水利、电力等专业工程造价有规定的，从其规定，没有规定的，参照本办法有关规定。

第三条　本办法所称工程造价是指建设工程项目从筹建到竣工验收、交付使用所需的全部费用。包括建筑安装工程费、工程建设其他费、设备及工器具购置费、预备费、税费和贷款利息，以及按国家规定应当计入工程造价的其他费用。

第四条　省人民政府住房城乡建设行政主管部门负责全省建设工程造价的监督管理工作，州（地、市）和县人民政府住房城乡建设行政主管部门负责本行政区域内建设工程造价的监督管理工作。

县级以上人民政府发展改革、财政、审计等行政主管部门，按照各自的职责负责相关的建设工程造价管理工作。

第五条　省工程造价管理机构具体负责工程造价的监督管理，其职责是：

（一）编制全省建设工程定额，拟定全省统一的建设工程造价计价办法、计价依据；

（二）建立工程造价信息社会服务平台，采集市场信息，测算和发布工程造价信息；

（三）监督指导各类建设工程定额的实施，负责建设工程造价纠纷的行政调解；

（四）负责工程造价咨询单位和造价专业技术人员的管理和执业情况的考核等工作。

第六条　建设工程造价行业协会应当加强行业自律，发挥行业指导、服务和协调作用。

第二章　建设工程计价依据

第七条　建设工程计价依据包括：

（一）工程估算指标、概算指标；

（二）工程量清单计价规范；

（三）工程定额（包括概算定额、预算定额、消耗量定额、消耗量定额基价、其他费用定额、计算规则等）；

（四）劳动定额、工期定额；

（五）工程建设人工、材料（设备）及施工机械台班预算价格、指导价格及市场价格信息；

（六）设计施工图等工程资料；

（七）国家和本省规定的其他有关计价依据。

第八条 建设工程计价依据按照以下规定制定和发布：

（一）建设工程投资估算指标、概算指标，由省发展改革部门会同省财政、住房城乡建设行政主管部门制定发布；

（二）房屋建筑工程与市政基础设施建设工程定额、劳动定额、工期定额等的编制和调整，由省住房城乡建设行政主管部门征求省发展改革、财政行政主管部门意见后发布；

（三）工程量清单计价办法和工程建设人工、材料（设备）及施工机械台班预算价格，由省住房城乡建设行政主管部门制定发布；

（四）执行国家行业专业工程造价依据的交通、水利、电力等部门，结合本省实际制定的地方性补充定额，由有关行政主管部门征求省发展改革、财政、住房城乡建设行政主管部门意见后发布。

第九条 鼓励在工程造价计价管理和计价中开发应用计算机应用软件。对采用国家规范和本省计价定额开发的建设工程造价计算机应用软件，在推广使用前，由省工程造价管理机构组织鉴定。

第十条 鼓励工程建设单位、施工企业参照国家和本省制定的计价依据，编制能反映本企业技术水平和管理水平的企业内部定额。

企业内部定额中的商业秘密受法律保护。

第三章 工程造价文件的编制

第十一条 建设工程造价文件的编制应当符合下列规定：

（一）政府投资项目的投资估算，由具有相应资质的工程咨询机构、工程造价咨询机构，依据国家和本省建设工程计价依据、投资估算编制办法编制，报建设项目审批主管部门核准；

（二）政府投资项目的设计概算，由具有相应资质的设计单位或者工程造价咨询机构，根据已批准的可行性研究报告、初步设计、国家和本省建设工程计价依据及设计概算编制办法编制，报建设项目主管部门审批；

（三）施工图预算，由建设单位委托的工程设计单位、工程造价咨询机构，依据工程设计图、工程计价依据、经批准的设计概算及施工图预算编制办法编制；

（四）工程量清单和招标控制价，应当由具有相应资格的工程造价咨询机构按照建设工程计价依据编制，并经建设单位认可。符合自行招标条件的建设单位也可按照建设工程计价依据和相关造价信息编制确定；

（五）投标报价，由投标企业依据国家和本省建设工程计价依据，结合本企业的技术条件、管理水平自主确定。报价明显低于其他投标平均报价的，应有合理性说明。

第十二条 除国家另有规定外，全部或部分使用国有资金以及政府融资的建设工程项目依法进行招标的，应当采用工程量清单计价模式，并按国家和本省建设工程计价依据编制招标控制价；非国有资金的建设项目，推行工程量清单计价模式。

第十三条 工程量清单是招标文件的组成部分，招标人提供的工程量清单必须准确、规范。

招标人不得擅自修改工程量清单、工程招标控制价等招标文件的实质性内容。招标文件对施工工期、工程质量有特殊要求的，在确定工程招标控制价时，应计入相应的措施费用。

第十四条　建设工程造价中的下列规费，按照规定标准计取，不得作为招标投标的竞争性费用：

（一）社会保障费：包括养老保险、失业保险、医疗保险、工伤保险等；

（二）安全文明施工措施费；

（三）住房公积金；

（四）工程排污费；

（五）国家和本省规定的其他费用。

第四章　工程计价管理

第十五条　政府投资的建设工程项目，经批准的投资估算或者设计概算是该建设项目的投资最高限额，未经建设项目审批主管部门核准，不得突破。

第十六条　依法招标的项目，招标人与中标人应当在规定的时间内按招标文件和投标文件签订施工合同。招标人不得再向中标人提出压价要求，不得再订立背离招投标文件实质性内容的其他协议。

第十七条　建设工程项目发包、承包双方应当签订《建设工程施工合同》，合同应对下列工程计价事项作出约定：

（一）工程计价方式；

（二）预付工程款的数额、支付时限以及抵扣方式；

（三）工程进度款的支付方式、数额以及支付时限；

（四）工程施工中发生变更时，工程价款的调整方法、索赔方式、支付时限要求以及金额支付方式；

（五）约定承担风险的范围、幅度以及超出约定范围、幅度的调整方法；

（六）工程竣工价款的结算、结算审核与支付方式、数额以及支付时限；

（七）工程质量保证金的数额、预扣方式以及返还时限；

（八）发生工程价款纠纷的解决方式；

（九）双方认为应当约定的其他工程造价计价事项。

第十八条　建设单位在施工合同签订三十日内，在办理《建筑工程施工许可证》时，应将施工合同副本、招标控制价、中标价格等工程项目计价文件，报县级以上住房城乡建设行政主管部门备案。

第十九条　建设工程竣工结算文件应当依据施工合同、国家和本省建设工程计价依据、工程结算编制办法、经批准的设计概算、招投标文件、实际完成的工程量，以及设计变更、双方确认的经济签证凭证编制。

建设工程竣工结算文件经发包方认可并签章，即作为工程结算款支付和财务决算的依据。

第二十条　发包方、承包方应在施工合同约定的时间内办理工程竣工结算。承包方在提交建设工程竣工报告时，应向发包方提交竣工结算文件和完整的竣工结算资料。发包方应在施工合同约定时间内予以核对，或在收到竣工结算文件之日起三十日内作出审核结论。政府投资的重点项目竣工结算期限可延长三十日。逾期未作出审核结论的，视为认可。承包方逾期不提供结算文件和结算资料，经发包方书面催促，过十四日仍不答复的，发包方有权根据已有资料进行审核。

因逾期结算而产生的费用由责任方承担。

第二十一条 当事人双方对工程竣工结算有争议的，可以通过以下方式解决：

（一）由双方当事人协商解决；

（二）向工程造价管理机构申请行政调解；

（三）向仲裁机构申请仲裁或向人民法院提起诉讼。

第五章 工程造价咨询执业管理

第二十二条 工程造价咨询机构应当依法取得由国家或者省人民政府住房城乡建设行政主管部门颁发的工程造价咨询企业资质证书，并在其资质范围内从事工程造价咨询服务活动。

省外工程造价咨询机构在本省行政区域内从事建设工程造价咨询经营服务活动的，应到省人民政府住房城乡建设行政主管部门备案，并接受工程所在地县级以上人民政府住房城乡建设行政主管部门的监督管理。

第二十三条 建设工程造价执业人员应当依法取得相应的造价工程师或造价员资格，注册登记后，方可在其资格范围内按照相关执业准则和规范，从事建设工程造价计价活动。

建设工程造价文件应由具有相应资格的注册造价工程师、造价员编制。

第二十四条 建设项目工程造价文件由编制单位出具。负责编制文件的注册造价工程师、造价员应当签字并加盖执业专用印章。编制单位和工程造价文件编制人员应对其编制的工程造价文件规范性、准确性、合理性负责，并承担相应的法律责任。

第二十五条 工程造价咨询机构不得有下列行为：

（一）超越资质和等级许可，承揽工程造价咨询业务；

（二）伪造、涂改、倒卖、出租、出借资质证书、执业专用印章，或者以其他形式非法转让资质证书和执业专用印章；

（三）转让、转包承接的工程造价咨询、招投标计价业务；

（四）不按国家和本省工程计价依据规定计价，出具虚假工程造价文件；

（五）对同一建设工程项目的发包人、承包人或者两个以上投标人提供工程造价计价、招投标计价服务；

（六）法律、法规、规章禁止的其他行为。

第二十六条 工程造价咨询执业人员不得有下列行为：

（一）伪造、涂改、倒卖、出租、出借、转让执业专用印章；

（二）以个人名义承揽工程造价咨询业务，同时在两个或者两个以上单位执业；

（三）不按国家和本省工程计价依据规定计价，出具虚假工程造价文件；

（四）法律、法规、规章禁止的其他行为。

第二十七条 省工程造价管理机构应定期进行工程造价咨询机构的业绩考核，建立工程造价咨询单位的信用档案。从事建设工程造价咨询活动的企业和执业人员，应当接受相关行政管理部门和工程造价管理机构的监督管理。

第六章 法律责任

第二十八条 违反本办法规定的行为，法律、法规有处罚规定的，从其规定。

第二十九条 未取得工程造价咨询企业资质的单位从事工程造价咨询服务的，其出具的工程造价文件无效，县级以上人民政府住房城乡建设行政主管部门应责令其停止违法活动，处以一万元以上三万元以下罚款。

未取得建设工程造价师、造价员资格，或虽取得相应资格但未经注册从事工程造价咨询服务活动的，出具的工程造价文件无效，由县级以上人民政府住房城乡建设行政主管部门责令停止违法活动，可处以一千元以上三千元以下罚款。

第三十条 违反本办法规定，省外工程造价咨询机构在本省行政区域内从事建设工程造价咨询经营服务活动不备案的，由省人民政府住房城乡建设行政主管部门给予警告，责令限期改正；逾期不改正的，可处以五千元以上二万元以下的罚款。

第三十一条 违反本办法第二十五条、第二十六条规定的，由县级以上人民政府住房城乡建设或有关行政主管部门给予警告，责令限期改正，有违法所得的，没收违法所得，并处以违法所得三倍以下，不超过三万元的罚款；没有违法所得的，处以一千元以上一万元以下罚款。构成犯罪的，依法追究刑事责任。

工程造价文件编制单位、执业人员违反本办法规定，造成所编制的工程造价文件错误，致使发包方或者承包方遭受损失的，应当依法承担相应的赔偿责任，县级以上人民政府住房城乡建设或有关行政主管部门将其不良行为记入信用档案，并予以公示。

第三十二条 招标人或工程项目建设单位委托无相应资质的单位、人员编制工程造价文件；擅自修改工程量清单、招标控制价等招标文件的实质性内容，不按中标价订立合同，或不按规定进行施工合同备案的，县级以上人民政府住房城乡建设或有关行政主管部门应责令限期改正，可处以三千元以上一万元以下罚款。

第三十三条 建设工程造价行政管理人员在工程造价行政审批和监督管理工作中玩忽职守、滥用职权、徇私舞弊的，依法给予行政处分；构成犯罪的，依法追究刑事责任。

第七章 附 则

第三十四条 本办法自 2011 年 10 月 1 日起施行。

宁夏回族自治区建设工程造价管理条例

（宁夏回族自治区人民代表大会常务委员会公告第63号）

第一章 总 则

第一条 为了加强建设工程造价管理，合理确定和有效控制工程造价，维护工程建设各方的合法权益，根据《中华人民共和国建筑法》和有关法律、行政法规规定，制定本条例。

第二条 在自治区行政区域内从事建设工程造价及其监督管理活动，适用本条例。

第三条 本条例所称建设工程造价，是指建设工程项目从立项到竣工验收交付使用期间，按照国家和自治区有关规定应当计入建设项目投资的全部费用，包括建筑安装工程费、设备及工器具购置费、工程建设其他费、预备费、有关税费和建设期间贷款利息等费用。

第四条 县级以上人民政府住房和城乡建设行政主管部门（以下简称建设行政主管部门），负责建设工程造价监督管理工作。

自治区及设区的市人民政府建设行政主管部门所属的建设工程造价管理机构，负责建设工程造价的具体业务工作。

发展和改革、财政、物价等行政管理部门，应当依据各自职责共同做好建设工程造价监督工作。

交通、水利等执行国务院行业建设工程造价依据的行业行政主管部门，负责本行业的建设工程造价监督管理工作。

第二章 造价依据

第五条 建设工程造价依据是指用来计算、合理确定和有效控制建设工程造价的标准，包括下列内容：

（一）估算指标、概算指标；

（二）概算定额、预算定额及费用定额；

（三）工期定额和劳动定额；

（四）人工、材料（设备）与施工机械台班价格；

（五）工程量清单计价规范；

（六）国家和自治区规定的其他造价依据。

第六条 制定建设工程造价依据，应当遵守下列规定：

（一）估算指标、概算指标、概算定额，由自治区建设行政主管部门会同发展和改革、财政等行政主管部门制定；

（二）建设工程预算定额及费用定额、工期定额、劳动定额，人工、材料（设备）与施工机械台班价格、工程量清单计价规范，由自治区建设行政主管部门制定；

（三）交通、水利等行政主管部门，应当会同建设、发展和改革等行政管理部门编制地方性专业工程补充定额。

第七条 建设行政主管部门应当加强对机关办公用房、事业单位用房、市政工程、大型公共建筑等国有资金投资以及国有投资为主的其他建设工程造价计价标准的编制工作，为合理确定和控制政府投资提供依据。

第八条 设区的市以上人民政府建设行政主管部门所属的工程造价管理机构，应当调查测算、汇总本地区各类工程材料、人工、设备、施工机械台班等价格信息，报自治区建设行政主管部门审核后定期发布。

第九条 造价依据实行复审制度。自治区建设行政主管部门应当组织相关部门对标龄满五年的造价依据进行复审；需要修订的，应当及时组织修订。

第十条 制定建设工程造价依据应当与经济社会发展和建设工程技术水平相适应，根据国家规定和市场变化情况适时进行调整，并向社会公布。

制定和修订建设工程造价依据，应当公开征求社会各方面的意见和建议。

第十一条 依法进行招标的建设工程，应当采用建设工程造价依据。

依法可以不招标的建设工程项目，其计价方法由建设单位、施工单位依据国家和自治区有关造价依据协商确定。

编制建设工程造价，应当按照建设工程造价依据进行。

第三章 造价控制

第十二条 建设工程造价应当按照建设工程项目全过程合理确定，按建设程序有效控制。投资估算控制设计概算，设计概算控制施工图预算，施工图预算控制工程结算。

第十三条 建设工程造价应当按照下列规定编制：

（一）投资估算应当根据建设规模、建设标准、工艺技术标准，按照估算指标等工程造价依据并参考建设期间价格、利率变化等因素编制；

（二）设计概算应当在投资估算的控制下，按照概算指标、概算定额、费用定额和市场价格信息等因素编制；

（三）施工图预算应当在批准的设计概算范围内，依据经审定或者批准的施工图、建设工程造价依据以及有关规定编制；

（四）建设工程结算，以施工合同约定的建设工程造价为基础，结合合同约定的调整内容编制。

采用工程量清单形式编制建设工程造价的，应当执行工程量清单计价规范。

第十四条 县级以上人民政府建设行政主管部门应当加强建设工程类别的确认和施工企业取费类别的核定工作。任何单位和个人不得提高或者降低工程类别、取费类别等级标准。

第十五条 编制建设工程造价，建设单位应当委托由依法取得建设工程造价咨询资质企业进行。

第十六条 建设工程造价中的下列费用不列入招标投标的竞争性费用：

（一）工程排污费；

（二）建设工程劳动保险基金；

（三）住房公积金；

（四）危险作业意外伤害保险费和工伤保险费；

（五）安全文明施工费；

（六）国家和自治区规定的其他费用。

第十七条 全部使用国有资金投资或者国有资金投资占主导地位的建设工程，投资估算、设计概算经项目审批部门批准后，建设、设计单位不得擅自扩大建设规模，不得增加建设内容，不得提高建设标准。工程项目建设中确需调整的，应当经原审批部门批准。

第十八条 设计单位应当依法编制投资估算、初步设计概算，不得擅自提高或者降低定额标准编制建设工程造价。

第十九条 施工企业应当在批准的设计概算内，根据施工图、施工方案、定额标准和预算价格、市场价格等计价依据，依法编制建设工程造价。

建设单位、施工企业不得擅自提高或者降低定额标准编制建设工程项目预算、结算。

第二十条 县级以上人民政府建设行政主管部门应当对政府投资的建设工程项目概算、预算的编制进行管理和审查，控制政府投资建设工程项目的工程造价。

第二十一条 依法进行招标的建设工程，合同价应当与中标价一致，发包人和承包人不得另行签订与招标投标文件不符的协议。

第二十二条 依法进行招标的建设工程，发包人和承包人自签订《建设工程施工合同》之日起十日内，由承包人将合同副本及招标文件、中标通知书、相关电子数据等，报工程造价管理机构备案。

建设工程施工过程中发包人和承包人签订涉及建设工程造价调整补充合同的，应当及时报送备案。

第二十三条 实行工程量清单计价的建设工程项目，招标人应当提供工程量清单。投标人依据工程量清单报价，由招标投标双方依法确定建设工程造价。

第二十四条 全部使用国有资金投资或者国有资金投资占主导地位的建设工程项目招标投标，应当采用工程量清单计价方法计算建设工程造价，并设立招标控制价。

鼓励其他投资的建设工程项目，采用工程量清单计价方法计算建设工程造价。

第二十五条 建设工程竣工验收后，应当以在工程造价管理机构备案的《建设工程施工合同》为依据，结合合同约定的合同价款调整内容，及时编制工程竣工结算，并办理工程结算手续。不办理工程结算手续的，工程不得交付使用。

第二十六条 发包人和承包人对建设工程造价有争议的，可以依照合同约定申请调解，也可以申请仲裁或者向人民法院提起诉讼。

第四章 执业管理

第二十七条 从事建设工程造价咨询的企业，应当依法取得工程造价咨询单位资质证书。

从事建设工程造价咨询业务的专业人员，应当依照国家有关规定取得执业资格。

未取得资质证书或者执业资格的企业、人员，不得从事建设工程造价咨询业务。

第二十八条 建设工程造价咨询企业及其造价工程师应当严格执行工程建设标准、规范和造价依据，真实准确出具建设工程造价成果文件，对其建设工程造价成果文件承担法律责任。

第二十九条 建设工程造价咨询企业应当建立编审制度和档案管理制度，对所承接的建设工程造价咨询项目，应当按操作规程进行登记。

第三十条 建设工程造价咨询企业从事建设工程造价咨询业务，不得有下列行为：

（一）伪造、涂改、出租、出卖资质证书或者以其他形式非法转让资质证书；

（二）恶意压低收费、以给予回扣谋取私利等方式进行不正当竞争；

（三）超越资质等级范围承接建设工程造价咨询业务；

（四）与发包人、承包人串通、弄虚作假，恶意提高或者压低建设工程造价；

（五）对同一招标事项，同时接受招标人和投标人委托，提供建设工程造价咨询业务；

（六）法律、行政法规禁止的其他行为。

第三十一条 注册造价工程师从事建设工程造价咨询业务，不得有下列行为：

（一）泄露标底、实施商业贿赂或者谋取合同约定费用以外的其他利益；

（二）签署虚假记载、误导性陈述的建设工程造价成果文件；

（三）以个人名义承接建设工程造价业务；

（四）允许他人以自己的名义从事建设工程造价业务；

（五）同时在两个或者两个以上企业执业；

（六）涂改、倒卖、出租、出借或者以其他形式非法转让资格证书或者执业印章；

（七）不按照建设工程造价依据计算工程造价；

（八）法律、行政法规禁止的其他行为。

第三十二条 外省区的建设工程造价咨询企业在自治区行政区域内从事建设工程造价咨询业务的，应当持资质证书向自治区建设行政主管部门办理备案手续，并接受其监督管理。

第五章 监督检查

第三十三条 建设行政主管部门应当对政府投资工程执行建设工程造价依据、招标投标、合同履行和建设工程结算等情况进行监督检查。

第三十四条 建设行政主管部门应当会同物价行政管理部门，制定建设工程造价咨询服务收费标准，规范建设工程造价咨询企业及其工作人员的收费行为，并定期进行检查。

第三十五条 建设行政主管部门应当建立建设工程造价咨询企业诚信档案制度。对因被投诉、举报受到处理或者违法行为受到行政处罚等不良记录的，应当记入其诚信档案，并向社会公布。

任何单位和个人有权查阅工程咨询企业诚信档案。

第三十六条 建设行政主管部门应当定期对建设工程造价咨询企业执业情况进行监督检查，对发现的问题应当及时纠正处理，被检查企业应当予以配合，并按照要求提供有关资料。

第三十七条 任何单位和个人对建设、设计、施工、造价咨询等单位违反建设工程造价管理规定的行为，有权向建设行政主管部门或者其他有关行政管理部门进行举报，受理部门应当依法查处。

第六章 法律责任

第三十八条 违反本条例规定，相互串通、弄虚作假、高估冒算的，由县级以上人民政府建设行政主管部门责令改正，没收违法所得，处以一万元以上十万元以下罚款；情节严重的，依法降低其资质等级或者吊销其资质证书。

第三十九条 违反本条例规定，设计单位擅自提高或者降低定额标准编制投资估算、初步设计概算的，由原审批行政主管部门责令改正，没收违法所得，处以该建设工程总设计费百分之十的罚款；拒不改正的，依法降低其资质等级或者吊销资质证书。

第四十条 违反本条例规定，建设单位、施工企业擅自提高或者降低定额标准编制建设工程项目预算、结算的，由县级以上人民政府建设行政主管部门责令改正，没收违法所得，处以一万元以上十万元以下罚款；拒不改正的，依法降低其资质等级或者吊销资质证书。

第四十一条 违反本条例规定，建设单位、施工企业有下列行为之一的，由县级以上人民政府建设行政主管部门责令限期改正，给予警告；逾期不改正的，处以一万元以上五万元以下罚款：

（一）委托无相应资质的单位编制、审查建设工程造价成果文件的；

（二）不依照规定报送备案的。

第四十二条 未取得资质证书或者执业资格的企业、人员从事建设工程造价咨询业务的，由县级以上人民政府建设行政主管部门给予警告，没收违法所得，并对单位处一万元至三万元的罚款，对个人处五千元至一万元的罚款；造成损失的，依法承担赔偿责任。

第四十三条 违反本条例规定，工程造价咨询企业有第三十条（一）、（二）、（三）、（五）项规定行为之一的，由县级以上人民政府建设行政主管部门责令改正，没收违法所得，处以一万元以上五万元以下罚款；情节严重的，依法降低其资质等级或者吊销其资质证书。

第四十四条 违反本条例规定，注册造价工程师有第三十一条规定行为之一的，由县级以上人民政府建设行政主管部门责令改正，没收违法所得，处以五千元以上三万元以下罚款；情节严重的，依法吊销注册造价工程师资格证书。

第四十五条 建设行政主管部门以及相关行政主管部门及其工作人员，在建设工程造价及其监督管理工作中玩忽职守、滥用职权、徇私舞弊的，对直接负责的主管人员和直接责任人员依法给予处分；构成犯罪的，依法追究刑事责任。

第四十六条 单位和个人对行政机关作出的行政处罚决定不服的，可以依法申请行政复议或者提起行政诉讼。

第七章 附则

第四十七条 本条例自2009年11月1日起施行。2004年3月1日自治区人民政府公布实施的《宁夏回族自治区建设工程造价管理规定》同时废止。

新疆维吾尔自治区建设工程造价管理办法

（新疆维吾尔自治区人民政府令第138号）

第一条 为了加强建设工程造价管理，规范建设工程计价行为，合理确定和有效控制工程造价，维护建设工程当事人合法权益，根据有关法律、法规和国家有关规定，结合自治区实际，制定本办法。

第二条 在自治区行政区域内从事建设工程造价活动及其监督管理，适用本办法。交通、水利、电力等专业建设工程造价管理，国家另有规定的，从其规定。

第三条 本办法所称建设工程造价，是指建设工程项目自筹建到竣工验收交付使用所需全部费用，包括建筑安装工程费用，设备、工具及器具购置费用，工程建设其他费用，预备费，建设期内应当偿付的利息，以及国家规定应当计入工程造价的其他费用。

本办法所称建设工程造价活动，是指编制计价依据，采集发布市场价格信息，进行建设工程计价活动以及为计价活动提供中介服务等行为。

第四条 县以上人民政府建设行政主管部门负责本行政区域的建设工程造价管理，具体工作委托建设工程造价管理机构负责。

发展和改革、财政、审计等部门，按照各自的职责，负责与建设工程造价有关的监督管理工作。

第五条 建设工程造价在政府宏观调控下，由市场竞争形成。

第六条 自治区工程造价管理机构应当依据国家规定的工程建设规范、施工安全检查标准和建设工程质量标准，编制建设项目的人工、材料、施工机械台班消耗量定额和建设工程费用定额，报自治区建设行政主管部门，由其会同发展和改革部门审定后统一颁布，为全区建设工程提供指导性计价依据。

州、市（地）工程造价管理机构可以根据指导性计价依据，结合本地实际，编制补充性计价依据；建设工程有特殊情况的，可以编制一次性计价依据。

补充性计价依据、一次性计价依据由州、市（地）建设行政主管部门会同同级发展和改革部门审核后颁布，并报自治区建设行政主管部门备案。

第七条 建筑企业可以根据本企业技术和管理水平，参照指导性计价依据编制企业内部定额。企业内部定额中的商业秘密受法律保护。

第八条 工程造价管理机构应当及时采集并公布本行政区域内人工、材料、施工机械台班的市场价格和工程造价指数、材料价格变化趋势等信息，为各类建设工程造价计价提供参考。

第九条 鼓励科研机构、学术团体、行业协会为指导性计价依据和企业内部定额的编制提供技术服务。

第十条 建设工程采用的计价方法，应当在招标文件中载明并在建设工程合同中约定。

全部使用国有资金投资或者以国有资金投资为主的建设项目施工招标投标，应当采用工程量清单计价法；非国有资金投资的建设工程项目施工招标投标，鼓励推行工程量清单计价法。

依法不招标的建设工程项目，计价方法由发包方和承包方协商确定。

第十一条 工程量清单应当根据招标文件、施工设计图纸、施工现场条件等，按照《建设工程工程量清单计价规范》规定的项目编码、项目名称、计量单位、计量规则等进行编制。工程量清单应当作为招标文件的组成部分提供给投标人。

第十二条 建设工程施工采用无标底方式招标的，招标人可以按照定额计价法编制投标控制价。全部使用国有资金投资或者以国有资金投资为主的建设工程，施工投标控制价不得超出建设工程项目审批部门批准的相应部分的投资估算和设计概算。

第十三条 建设工程造价中的勘察费、设计费、工程监理费、工程造价咨询等中介服务费，实行政府指导价，发包人和承包人不得超出规定的取费标准浮动范围计价；实行招标投标的建设工程，招标人和投标人不得以超出取费标准浮动范围或者低于成本价作为中标条件和手段。

第十四条 建设工程造价中的下列费用应当在工程总价中单独列项计取，不得列入招标投标的竞争性费用：

（一）社会保障费；

（二）危险作业意外伤害保险；

（三）工程排污费；

（四）工程定额测定费；

（五）住房公积金。

建筑安装工程费中的安全防护、文明施工措施费列入限制竞争性费用，取费标准按照自治区统一规定的费率执行。

第十五条 招标人和中标人应当按照招标文件和中标人的投标文件订立建设工程合同，约定合同价；依法不招标的建设工程项目，由发包人和承包人依据审定的建设工程设计概算、施工图预算等约定合同价。

第十六条 政府投资建设的项目，发包人与承包人不得约定由承包人带资施工。

非政府投资建设的项目，建设单位发包时确需带资施工的，必须在招标文件中载明带资数额、偿还方式、偿还期限、抵扣结算方式、利息计算方法等内容，并在建设工程合同中予以约定；超过合同约定期限，建设单位仍不偿还的，当事人可以按照合同约定申请仲裁或者向人民法院提起诉讼。

第十七条 发包人和承包人应当在建设工程合同中对涉及工程价款结算的下列事项进行约定：

（一）计价依据和计价方法；

（二）勘察、设计、监理定金和施工预付款的数额、支付时限、支付方式和抵扣方式；

（三）施工进度款的支付方式、数额及时限；

（四）工程量的核实方式、时限，工程变更确认方式、工程价款调整和索赔方法、支付时限及要求；

（五）选用固定价承担风险的范围，超出风险范围的计算方法；

（六）选用可调价的内容、方法和程序；

（七）工程竣工结算价款的支付方式、数额及时限；

（八）质量保证（保修）金的数额、预扣方式及时限；

（九）工期及工期提前或延后的奖惩办法。

工程价款结算的具体办法依照国家有关规定执行。

第十八条 承包人应当在工程验收合格后的约定期限内，向发包人提交竣工结算文件。竣工结算文件依照国家有关规定编制。

第十九条 发包人在收到竣工结算文件后的约定期限内进行审核，并予以答复。

政府投资建设的项目，竣工结算文件由同级财政部门直接审查，也可以委托具有相应资质的工程造价咨询机构审查，审查期限为 90 日。结算价在 2500 万元以下的，审查期限不得超过 30 日。

由财政部门审查或者委托的审查建设工程项目竣工结算资料，应当抄送同级建设行政主管部门备案。

第二十条 发包人与承包人就竣工结算价款发生纠纷的，应当协商确定；经协商不能达成一致的，可以共同委托具有相应资质的工程造价咨询机构进行竣工结算审核；对审核结果仍有异议的，可以向州、市（地）建设工程造价管理机构或者自治区工程造价管理机构申请审定，也可以依照合同约定申请仲裁或者向人民法院提起诉讼。

第二十一条 竣工结算文件经发包人和承包人签字盖章后生效。发包人应当在约定的期限内或者签字后 15 日内向承包人支付竣工结算款。发包人逾期未向承包人足额支付竣工结算款的，承包人可以采取下列方式处理：

（一）催告发包人支付；

（二）与发包人协商达成延期支付协议，并对延期支付协议进行具有强制执行效力的公证；

（三）向工程所在地房屋权属登记机构申请房屋权属异议登记，就异议登记的售房款依法提出优先请求权；

（四）与发包人协商将工程折价或者申请人民法院将工程依法拍卖，就工程折价款或者拍卖款优先受偿；

（五）法律、法规、规章规定可以采取的其他方式。

第二十二条 发包人可以扣留一定数额的竣工结算价款作为建设工程质量保证（保修）金。建设工程项目的质量保修期在 2 年以下的，扣留的比例不得超过该分项工程合同价款的 5%，2 年以上 5 年以下的，扣留的比例不得超过该分项工程合同价款的 2%。

建设工程项目主体结构和基础工程等以合理使用年限设定保修期限的，不适用前款规定。承包人对建设工程在保修范围和保修期限内发生的质量缺陷承担赔偿责任。

第二十三条 建设工程合同自签订之日起 30 日内，承包人应当将合同副本报工程项目所在地建设行政主管部门备案。

备案后的合同依法变更的，应当在 15 日内向原报备机关备案。

当事人就同一建设工程另行订立的合同与备案的合同内容不一致的，以备案的合同作为结算工程价款的依据。

第二十四条 建设项目竣工决算、审计，依照国家和自治区有关财务决算和审计的规定执行。

第二十五条 建设工程造价咨询机构和从事建设工程造价咨询活动的人员依照国家规定实行资质、资格管理。

第二十六条 有注册造价工程师的单位，可以自行编制投资估算、设计概算、施工图预算、工程量清单、招标标底、投标控制价、投标报价，编制、审核工程结算、决算等计价文件，并对工程造价全过程实行控制；没有注册造价工程师的单位，应当将相关业务委托具有相应资质的工程造价咨询机构。

计价文件由负责编制的注册造价工程师签字、加盖执业专用章和编制单位印章。

第二十七条 工程造价咨询机构不得有下列行为：

（一）以其他单位的名义从事造价咨询活动，或者允许其他单位以本单位名义从事造价咨询活动；

（二）为同一项目发包人和承包人提供计价服务；

（三）在编制、审核工程造价成果文件中弄虚作假、抬价、压价，或者附加其他不合理条件；

（四）法律、法规、规章禁止的其他行为。

第二十八条 承包人投诉发包人不按合同约定支付工程勘察、设计、监理定金和施工预付款、工程进度款。属于建设资金不落实的，由县级以上人民政府建设行政主管部门或者其他有关部门核查，责令发包人限期改正；逾期不改的，撤销施工许可，并予以不良行为记录。

第二十九条 违反本办法第十二条规定的，由县级以上人民政府建设项目审批部门督促纠正，对直接负责的主管人员和其他直接责任人员给予行政处分；构成犯罪的，依法追究刑事责任。

第三十条 违反本办法第十四条规定的，由县级以上人民政府建设行政主管部门或者其他有关部门认定计价行为无效，责令限期改正，并处1万元以上3万元以下罚款。

第三十一条 违反本办法第二十七条规定的，由县级以上人民政府建设行政主管部门责令改正，处1万元以上3万元以下罚款，并予以不良行为记录。

第三十二条 建设行政主管部门和工程造价管理机构的工作人员，在工程造价管理活动中玩忽职守、滥用职权、徇私舞弊的，由其所在单位或者有关主管部门给予行政处分；构成犯罪的，依法追究刑事责任。

第三十三条 违反本办法规定，应当给予处罚的其他行为，依照有关法律、法规和规章的规定予以处罚。

第三十四条 本办法自2006年7月1日起施行。